기후위기,
지구의 마지막 경고

SAVE THE PLANET

기후위기, 지구의 마지막 경고

• 반기성 지음 •

프리스마

프롤로그

급격한 기후변화는
지구가 보내는 경고 신호다

"우리도 늙어서 죽고 싶어요." 우리나라 청소년 기후활동가의 피켓에 씌어 있던 말이다. 기후위기로 인해 늙기 전에 죽을지 모른다는 위기감을 표현한 것이었을까? 계속되는 기후위기로 인해 생존에 위협을 받고 있다는 두려움, 기후위기로 지구 종말이 빠르게 다가오고 있다는 위기감, 개인의 노력으로는 기후위기를 막을 수 없다는 무력감, 희망 없는 미래에 대한 분노와 슬픔 등이 복합적으로 작용해 기후우울증Climate Depression 또는 기후불안증Climate Anxiety을 앓는 사람이 늘어나고 있다. 이러한 기후우울증은 심지어 출산율에도 영향을 미친다. 앞에서 말한 청소년 기후활동가의 걱정처럼 기후위기는 두려울 정도로 우리 곁으로 빨리 다가오고 있다.

2022년에도 전 세계는 살인적인 폭염과 대형 산불, 기록적인 폭우 등과 같은 이상기후로 막대한 피해를 입었다. 우리나라만 하더라도 2022년 8월 8일 강남 일대를 비롯한 서울과 수도권 지역에 115년 만의 기록적인 폭우가 쏟아져 도시 곳곳이 침수되어 그야말로 물바다가 되는

●●● 2022년 8월 8일 서울에 내린 기록적인 폭우로 도시 곳곳이 침수되어 퇴근길 시민들은 타고 있던 버스나 자동차에서 내려 물을 뚫고 안전한 곳으로 대피해야 했다. 최근에 전 세계에서 지구가열화로 인한 이상기후 현상이 너무 자주 일어나자, 세계기상기구(WMO)는 강력한 폭염, 대형 산불, 폭우 등과 같은 이상기후 현상이 이제는 기후의 새로운 표준인 '뉴노멀(New Normal)'이 되었다고 경고했다.

초유의 사태가 벌어졌다. 이 기록적인 폭우로 시민들은 지구가열화로 인한 기후위기를 더욱 절감하게 되었다.

　우리나라뿐만이 아니라 전 세계도 이미 살인적인 폭염과 대형 산불, 폭우로 인한 홍수 등을 겪고 있다. 2022년 7월 24일 존 케리 John Kerry 미국 기후특사는 "조 바이든Joe Biden, 대통령이 기후비상사태 선포를 고려하고 있다"고 전했다. 2022년 7월에 미국은 약 90년 만의 역대급 폭염으로 50개 주 중 28개 주에서 폭염주의보가 발령되었고, 요세미티 공

원에서는 산불이 확산되어 여의도 면적의 25배에 달하는 산림이 소실되었으며, 100년 만의 기록적인 폭우로 일부 지역이 물바다가 되는 등 3중고를 겪고 있어 기후비상사태 선포를 고려하지 않을 수 없는 상황이다. 케리 기후특사는 산업화 시대가 시작된 이래 세계는 약 1.1℃ 정도 따뜻해졌고, 전 세계 정부가 탄소배출량을 급격히 줄이지 않는 한 기온은 계속 상승할 것이라고 경고했다.

유럽도 역대급 폭염으로 신음하고 있다. 영국, 스페인, 포르투갈, 독

●●● 바이든 대통령의 소집 요청으로 2021년 4월 22~23일에 개최된 기후정상회의(Leaders Summit on Climate) 모습이다. 코로나19 팬데믹으로 인해 화상회의로 진행된 2021년 기후정상회의에서 40개국 정상들은 기후변화에 대응하기 위한 국제협력 방안을 논의했다. 바이든 대통령이 개막 연설에서 "2030년까지 미국 온실가스 배출을 2005년 대비 절반 수준으로 낮추겠다"는 목표를 제시하며 국제적 협력을 촉구하자, 각국 정상들도 자국의 실정에 맞게 온실가스 배출량 감축 목표를 상향해 제시했다. 〈출처: WIKIMEDIA COMMONS | Public Domain〉

일, 프랑스 등 유럽 전체가 40℃가 넘는 폭염으로 고통받고 있다는 뉴스가 연일 보도되고 있다. 유럽 대륙과 떨어져 있어 괜찮을 거라고 생각했던 영국조차도 지금까지 한 번도 겪어보지 못한 40℃에 육박하는 폭염으로 많은 피해가 속출했다.

이러한 급격한 기후변화는 "지구가 보내는 경고 신호다." 이제 기후변화는 어느 한 나라에 국한된 문제가 아니라 전 세계인이 살고 있는 지구의 문제가 되어버렸다. 이러한 이상기후는 2022년에만 일어난 것이 아니다. 2022년 이전에도 예상치 못한 이상기후로 놀란 전 세계 국가들은 기후변화에 대한 대응 방안을 모색해왔지만 뚜렷한 성과를 내지 못하고 있고, 기후변화는 더욱 가속화하고 있다.

세계기상기구WMO, World Meteorological Organization는 기후변화 지표 4개가

역대 기록을 경신한 2021년을 돌아보며 '2021년 전 지구 기후 현황 보고서'를 발표했다. 2021년에 폭염, 대형 산불, 가뭄, 폭우로 인한 대홍수, 슈퍼허리케인, 토네이도, 이상한파 등이 잇달아 발생하면서 전 세계는 극심한 몸살을 앓았고, 이러한 이상기후 현상이 인간과 경제, 그리고 환경에 미친 영향은 역대 최대치를 기록했다. 최근에 전 세계에서 지구가열화로 인한 이상기후 현상이 너무 자주 일어나자, 세계기상기구WMO는 강력한 폭염, 대형 산불, 폭우 등과 같은 이상기후 현상이 이제는 기후의 새로운 표준인 '뉴노멀New Normal'이 되었다고 경고하기도 했다. 2021년에 발생한 기후재난들을 잠시 살펴보자.

- 2021년 2월에 북미를 강타한 혹한과 폭설로 미국의 가장 남쪽인 텍사스주까지 큰 피해를 보았는데, 이는 100년 만의 한파였다.
- 5월에는 이산화탄소 농도가 420ppm을 넘어서면서 지구 역사상 450만 년 만에 최고치를 찍었다.
- 6월 말에 캐나다 브리티시컬럼비아주와 미국 서북부 지역인 워싱턴주, 오리건주를 강타한 최고 49.8℃의 폭염은 1000년 만의 대폭염이었다.
- 8월에 발생한 유럽 폭염은 이탈리아의 시라쿠사가 48.8℃를 기록한 것을 비롯하여 스페인, 그리스에서 역대 최고 기록을 세웠다.
- 7월에 발생한 북미 서부 지역의 대형 산불, 북극권 대형 산불, 유럽과 북아프리카 대형 산불은 사상 최악의 피해를 가져왔다.
- 7월에 1000년 만에 최악의 홍수가 서유럽에서 발생하여 독일과 벨기에 등이 수백 명의 인명피해를 입었다.
- 7월에 중국의 허난성河南]省 정저우시鄭州]市에 한 시간 동안 쏟아진 201.9mm의 폭우 기록은 중위도 지역에서 내린 가장 많은 강수량으

로 기록되었다.

- 9월에 미국을 강타한 슈퍼허리케인 아이다는 2021년 기후재난 피해액 중 1위를 기록할 만큼 극심한 강풍과 호우를 동반해 큰 피해를 주었다.

- 유엔식량농업기구는 코로나19와 기후위기로 인해 전 세계 영양부족 인구가 약 8억 1,000만 명 수준이며 극심한 식량부족으로 기아 인구가 최고에 달했다고 밝혔다.

- 세계기상기구는 현재 20억 명이 넘는 사람들이 물 부족 국가에 살고 있으며 안전한 식수와 위생시설에 대한 접근도 가장 어려운 상황이라고 밝혔다.

- 세계은행은 2021년 기후난민이 2억 1,600만 명에 이를 것으로 추정했다.

- 미 해양대기청은 지속적으로 해수 온도가 급상승하고 있으며 이로 인한 해양 산성화의 피해가 늘어나고 있다고 밝혔다.

- 미 해양대기청은 지구 평균 해수면이 1880년 이후 약 21~24cm 상승했으며, 그중 약 3분의 1이 지난 20년 동안 상승하면서 저지대 국가에 위험이 되고 있다고 밝혔다.

- 미 국립빙설자료센터는 2021년에 북극권 해빙이 역대 두 번째로 많이 녹았고, 남극 빙하도 가장 많이 녹았다고 발표했다.

- 세계자연기금은 1970년부터 2016년까지 관찰된 포유류, 조류, 양서류, 파충류 및 어류 등의 개체군이 68% 감소했다고 밝혔다.

- 미국 등의 공동연구진은 지구 위의 토지 중 97.1%는 생태학적으로 더는 온전하지 않다고 밝혔다.

- 유엔식량농업기구는 벌과 나비의 개체가 살충제와 기후위기의 영향으로 급격하게 줄어들고 있다고 밝혔다.

- 유엔인권이사회는 코로나19보다 인류가 내뿜은 독성물질 오염으로 인한 사망자가 더 많다고 발표했다.
- 세계자연기금은 인류가 배출한 플라스틱으로 인해 생태계가 파괴되고 동물이 죽어가며 사람이 병들고 있다고 밝혔다.

최근에 벌어지고 있는 기후재앙들을 보면서 기후이탈Climate Departure이 이미 시작된 것은 아닌가 걱정스럽다. 기후이탈이란 "기후가 정상 범위 내의 변화치를 벗어나 새로운 차원으로 옮겨지는 현상"을 말한다. 기후학자들은 "이에 대한 아무런 조치가 없다면 2030년에 기후이탈이 시작되면서 지구촌은 온갖 최악의 기상재앙으로 얼룩질 것"이라고 말한다. 『총, 균, 쇠Guns, germs, and steel』의 저자인 재레드 다이아몬드Jared Diamond는 "30년입니다. 예상보다 빠르게 진행되고 있어요. 상황이 나빠지는 속도, 세계 인구가 증가하는 속도, 숲이 잘려나가는 속도, 그리고 기후변화 진행 단계까지…. 약 30년 후에는 모든 것이 되돌릴 수 없는 지경이 됩니다. 제가 코로나19보다 더 크게 우리를 엄습하는 지구적 위기를 해결하자고 호소하는 이유입니다. 만약에 2050년까지 이 문제들을 풀지 못한다면, 죄송합니다만, 우리는 너무 늦을 겁니다. … 30년 후에는 지구 붕괴의 시간이 올 것입니다"라고 말한다.

그렇다면 기후위기 문제를 어떻게 해결할 것인가? 영화 〈킹스맨The King's Man〉의 빌런이나 악당 타노스처럼 사람 수를 줄여서 해결할까? 영화 〈킹스맨〉은 이산화탄소 증가로 기후위기가 심각해진다는 배경을 깔고 있다. 영화에 나오는 악당 '발렌타인'은 기후위기를 막기 위해 사람들을 대량으로 없애겠다는 계획을 세운다. 다행히도 젊은 전사의 맹활약으로 악당의 계획은 무산된다. 그런데 궁금한 것이 있다. 영화에서처럼 사람을 대량으로 죽이면 기후위기의 위험성이 줄어들까? 이론적으로는 '그렇다.' 인류의 역사에서 이산화탄소 농도가 가장 낮았던 때가 칭기즈칸Chingiz Khan의 정복전쟁 때와 14세기의 흑사병 때다. 당시 많은 사람이 죽으면서 이산화탄소 농도가 낮아졌었다. 그러나 이산화탄소 농도를 낮추기 위해 나쁜 방법으로 사람의 수를 줄일 수는 없다.

영국에서 '출산파업Birth Strike' 운동을 이끄는 사회운동가 블라이스 페피노Blythe Pepino는 "지금은 기후비상사태다. 극심한 기후위기로 인한 살기 힘든 환경을 다음 세대에게 물려주고 싶지 않다. 재앙 직전의 세계에서 아이를 낳고 키우는 것이 얼마나 잘못된 일인가?"라며 출산파업 운동을 시작했다. 그것에 대한 이론적 근거를 제시한 학자가 미국 존스홉킨스대학교Johns Hopkins University 트래비스 리더Travis Rieder 생명윤리학 교수다. 그는 기후위기로 금세기 말까지 지구 평균기온이 4℃ 이상 오르면 인간이 거의 살 수 없는 환경이 된다고 본다. 그런데도 사람들은 자기들의 대형 차, 고급음식, 의복 등을 즐기기 위해 탄소 배출을 줄이려는 생각이 없다는 것이다. 그래서 그는 마지막 수단으로 인구를 줄이는 방법을 사용하자고 주장한다. 인구를 줄이는 것이야말로 가장 효과가 크고 비교적 쉬운 이산화탄소 저감 방법이라는 것이다.

"신재생에너지, 전기차, 탄소 저감 이노베이션 등의 모든 방법을 사용해도 미국인 한 명이 전 생애에 걸쳐 줄일 수 있는 이산화탄소 총량은 488톤입니다. 그러나 아이 한 명을 덜 낳으면 이산화탄소 9,441톤을 줄일 수 있습니다."

다른 방법에 비해 사람 한 명을 안 낳는 것이 이산화탄소의 양을 무려 20배나 더 감소시킬 수 있다는 것이다. 그러나 이것은 어디까지나 학자들의 생각일 뿐 우리가 동의하기는 어렵다.

그렇다면 어떻게 해야 할까? 우리의 삶뿐만 아니라 우리 아이들의 삶을 위해서 기후변화를 막는 일에 우리 모두 동참해야 한다. 현재 전 세계적으로 벌어지고 있는 2050탄소중립$^{carbon\ neutral}$[1], 신재생에너지 확충과 수소경제, 대기오염과 온실가스 배출원인 석탄발전 폐지, 산림과 블루카본[2]의 보호 등 국가정책에 적극적으로 동참하고 후원해야 한다. 그리고 기후위기의 원인이 되는 화석 연료의 사용은 줄이고 에너지 믹스$^{energy\ mix}$[3]에서 원자력발전을 확대해야 한다. 마지막으로 기후재앙으로부터 국민의 생명과 재산을 지키기 위한 적극적인 방법을 모색해야 한다.

가장 중요한 것은 말만 하는 것이 아니라 행동하는 것이다. 정치인들이 기후위기 저지와 환경보호에 관심을 갖도록 목소리를 좀 더 높이자. 기후위기에 잘 대응하겠다고 약속하는 정치인에게 투표하자. 우리 스스로 생활 속에서 물이나 전기 등 자원 소비를 줄여나가자. 플라스틱과 종이컵 사용을 자제하는 등 환경을 보존하는 운동에도 동참해보자. 국가는 국가대로 개인은 개인대로 기후변화를 막고 환경과 생태계를 보전하려는 작은 행동부터 실행에 옮겨야 한다. 만약 행동하지 않는다면, 지금 살고 있는 사람들은 물론이고 미래 세대까지 위험에 처할 수 있기 때문이다.

이 책을 출간할 수 있도록 도움을 주신 도서출판 프리스마, YTN 사이언스, 서울경제TV 관계자분들께 깊은 감사를 드린다. 자료정리를 도와

---

1 탄소중립: 이산화탄소를 배출한 만큼 이산화탄소를 흡수하는 대책을 세워 이산화탄소의 실질적인 배출량을 '0'으로 만든다는 개념이다.

2 블루 카본: 어패류, 잘피, 염생식물 등 바닷가에 서식하는 생물은 물론 맹그로브숲, 염습지와 잘피림 등 해양 생태계가 흡수하는 탄소를 뜻한다. 블루카본의 탄소 흡수 속도는 육상 생태계보다 최대 50배 이상 빠른 것으로 알려져 있어 지구온난화가 심각한 문제로 떠오른 현재 매우 주목받고 있다.

3 에너지 믹스: 인구 증가와 더불어 급증하는 전력 사용량을 감당하기 위해 조정되는 전력 발생원의 구성비. 온실 가스 발생량을 저감하는 대책의 하나로, 석유와 석탄 같은 화석 연료의 사용량은 감소하고 원자력, 태양열, 바이오 에너지 같은 신재생 에너지의 사용량은 점차 늘어나는 추세다.

준 이혜지님에게도 고맙다는 말을 전하고 싶다. 기도와 격려로 후원해주는 아내 심상미와 내 아이들인 수현, 윤미, 찬양이에게도 고마움과 사랑을 보낸다. 그리고 이 모든 것을 있게 해주신 하나님께 영광을 바친다.

2022년 8월

반기성

| 차 례 |

제1장

기후위기,
지구상의 모든 것을
위협하다

●●● 세계적인 석학 재레드 다이아몬드 교수는 "현 인류는 핵전쟁, 기후변화, 자원 고갈, 불평등, 이 네 가지를 위기를 겪고 있다"고 지적한다. "기후위기로 인해 점진적으로 모두 죽음을 맞이하게 될 것이고 그 상황에 다다르기 훨씬 전부터 모두의 삶은 참혹히 무너질 것"이라고 말하면서 "이러한 지구적인 문제에 대한 지구적인 해결책을 찾아야만 한다"라고 주장한다. 〈출처: WIKIMEDIA COMMONS | CC BY—SA 4.0〉

1

기후위기에 대한 답을 찾는 노력은 전 인류의 최대 과제

"2050년! 우리 문명은 이제 30년 남았다."

필자가 정말 좋아하는 세계적인 석학 재러드 다이아몬드의 말이다. 《한겨레신문》은 2021년 7월 12일에 실시한 그와 화상 인터뷰 내용을 다음과 같이 보도했다.[4]

"코로나19가 준 중요한 가르침은 모든 나라가 안전하지 않을 경우 아무리 초강대국일지라도 안전할 수 없다는 것입니다. 지구적인 해법을 갖춰야 한다는 것을 알게 된 지금 그 시스템을 만들어야 해요. 우리에게는 코로나19보다 훨씬 더 심각한 지구적인 문제들이 있습니다. 코로나19는 세계인이 다 걸린다 해도 사망률은 2% 정도입니다. 모든 사람이 죽는 것은 아니에요. 지금 우리에게는 모두 죽을 수 있는 심각한 위협들

---

4 https://n.news.naver.com/article/028/0002553562?lfrom=kakao

●●● 위 사진은 2018년 8월 스웨덴 고등학생인 그레타 툰베리(Greta Thunberg)가 매주 금요일 스톡홀름의 의회 앞에서 "기후를 위한 등교 거부"가 적힌 손팻말을 들고 1인 시위를 하고 있는 모습이다. 이것을 계기로 기후변화 대응 행동에 나선 세계 청소년들의 연대 모임인 '미래로 가는 금요일'이 시작되었다. 〈출처: WIKIMEDIA COMMONS | CC BY–SA 4.0〉

이 있습니다. 핵무기가 즐비합니다. 한국 사람들은 핵무기가 발사될 수 있는 끔찍하고 어리석은 조건에 대해 잘 알 거예요. 그리고 기후위기라는 위기 요소가 있습니다. 기후위기로 인해 점진적으로 모두 죽음을 맞이하게 될 겁니다. 그 상황에 다다르기 훨씬 전부터 모두의 삶은 참혹히 무너집니다. 여기에 자원 고갈 또한 서서히 세상 곳곳을 무너뜨리는 요인이죠. 코로나19가 가르쳐주는 수업을 제대로 배우고 있다면, 우리는 지구적인 문제에 대한 지구적인 해결책을 찾아가고 있어야만 합니다. 이는 기후변화와 자원 고갈, 불평등에 대한 수업이기도 합니다. 코로나19는 우리에게 지구적인 답을 찾는 과제를 주는 막강한 스승님이에요. 이런 점에서 코로나가 중대한 위기로 역사적 전환점을 만들어낼 거라는 것에 나는 '예스, 맞다'고 말하겠어요. 단, 우리에게 지구적 문제에 대한 지구적 답을 찾는 과제를 완수하게 한다면요."

다소 길기는 하지만 우리가 꼭 알아야만 하는 이야기다. 그는 2013년에는 우리의 문명이 50년 남았다고 말했었다. 그런데 겨우 8년이 지났는데 이젠 30년밖에 남지 않았다고 말한다. 기후와 환경 변화로 인한 문명의 성쇠에 관한 그의 탁월한 인식을 신뢰하는 필자로서는 인류가 기후위기에 관한 답을 찾는 노력은 더는 미룰 수 없는 전 인류의 최대 과제라고 생각한다.

이러한 위기의식은 독일의 사례에서도 살펴볼 수 있다. 2021년 11월 독일 헌법재판소는 독일 정부의 기후변화대응법이 기후위기에 대응하기에 불충분하다며 일부 위헌 결정을 내렸다. '미래를 위한 금요일Fridays for Future,FFF' 등 환경단체들이 독일의 기후변화대응법을 상대로 제기한 위헌소송에서 나온 결정이다. 헌재는 판결문에서 "국가는 미래 세대를 위해 자연적 삶의 여건과 동물을 보호해야 한다. 부실한 기후변화 대응은 '자유권'을 침해하게 된다. 삶의 거의 모든 영역이 온실가스 배출과 연관되어 있다"라고 하면서 2030년 이후로 미룬 온실가스 감축 목표를 구체적으로 앞당겨 세우라고 명령했다.

2

인류가 자초한 기후위기

그렇다면 기후위기는 인류만의 탓일까? 2021년 8월 9일 '기후변화에 관한 정부 간 협의체IPCC, Intergovernmental Panel on Climate Change'가 발표한 6차 보고서 요약본[5]을 보자. 이전의 보고서와 가장 큰 차이는 '기후위기와 인류의 영향 정도' 항목이다. 2013년 제5차 평가보고서 제1실무그룹 보고서에서는 "기후시스템에 대한 인간의 영향은 확실하다clear"라고 선언했었다. 그런데 8년이 지난 2021년에 발표한 제6차 보고서 요약본에서는 "인간의 영향으로 대기와 해양, 육지가 온난화한 것은 자명하다unequivocal"라고 지적했다. '자명하다'는 말은 인간이 배출한 온실가스에 의한 지구온난화global warming(영국의 언론 《가디언The Guardian》은 '지구온난화'가 수동적이고 공손하게 들린다며 '지구온난화'를 '지구가열화global heating'로 바꿔 부르기로 했다. 이후 2021년 세계적인 영어사전 옥스퍼드 사전이

---

5   IPCC, Summary of IPCC's 6th Report. IPCC, Aug 9, 2021.

'global heating'을 등재하며 공식적으로 '지구가열화'에 힘을 실어줬다. 이후부터는 '지구가열화'로 표기하겠다)가 과학적 사실이라는 점을 더욱 강하게 강조한 말이다. 평가 결과 99~100% 가능성이 있으면 '사실상 확실', 95~100%면 '대단히 가능성 높음', 90~100%면 '매우 가능성 높음' 식으로 단서를 달고 있다. 그런데 6차 보고서는 "최근 10년 동안 관측된 일부 고온 현상은 인간 영향 없이는 발생하기 어렵다"라고 밝히면서 '대단히 가능성 높음'이라는 단서를 붙였다. 즉, 최근의 폭염 등 기후위기는 인간이 만든 것일 가능성이 95~100%라는 말이다.

몇 년 전만 해도 기후위기를 인간이 초래했다는 주장에 반대하는 학자들도 있었다. 그러나 이제는 과학자들의 99.9%가 기후위기를 인간이 초래했다는 주장에 동의한다. 미국 코넬대학교Cornell University 연구팀이 세계 주요 학술지에 발표된 기후 관련 논문 9만여 편을 분석해보았다.[6] 분석 결과, 9만여 편의 논문 중에서 기후변화의 원인을 인류의 활동이 아닌 자연현상으로 보는 논문은 군소 학술지에 발표된 28편뿐이었다. 코넬대 연구팀은 "이제는 과학계에서 인간이 기후변화를 초래한다는 것을 의심하는 사람은 아무도 없다. 기후변화 원인 논란은 사실상 종결되었다"라고 말하고 있다.

6 Cornell Univ, Climate change is now evolutionary, believe in 99.9% of scientists., Environmental Research Letters, Oct 2021.

3

지구가열화란 무엇인가

기후위기 문제를 우리에게 생생하게 알려주는 환경 저널리스트 마크 라이너스Mark Lynas는 2008년에 『6도의 멸종Six Degrees』을 출간하여 큰 충격을 준 바 있다. 그런 그가 2020년에 『최종 경고Our Final Warning』(우리나라에서는 『최종 경고: 6도의 멸종』이라는 제목으로 2022년에 번역서 출간됨)라는 새 책을 출간했다.[7] 이 책에서 그는 15년 전에 예측했던 기후붕괴가 현실이 되었다고 밝히면서 대형 허리케인이 그의 예측보다 30년이나 앞당겨 나타났고, 지구가열화 속도는 과학계의 예측을 넘어섰으며, 현실의 대기 상태는 더 폭발적이라고 분석했다. 전 지구적인 지표면 평균온도가 처음으로 산업화 이전 수준보다 1℃ 올라갔다는 뉴스가 처음 발표된 것은 2015년이었다. 이로써 1℃ 상승한 세계가 현실이 된 것이다.

---

7 마크 라이너스, 김아림 옮김, 『최종 경고 : 6도의 멸종』, 세종서적, 2022.

"지구가열화 속도는 과학자들의 예측을 뛰어넘었다. 과거 지구 온도가 1℃ 상승하는 데 150년이 걸렸지만, 추가로 1℃ 올라갈 것으로 예상되는 시간은 고작 15년밖에 남지 않았다."

기온이 2℃ 상승하면 북극의 얼음이 모두 녹는 '북극의 데이 제로' 현상이 벌어지는데, 이 역시 눈앞으로 다가왔다는 얘기다. 북극을 비롯한 영구동토층이 녹으면 기후붕괴가 가속화하면서 3℃에서 4℃ 상승하는

●●● 기온이 2℃ 상승하면 북극의 얼음이 모두 녹는 '북극의 데이 제로' 현상이 벌어지는데, 그렇게 되면 북극에 사는 북극곰은 멸종하게 되고 지구 해수면 상승으로 저지대 국가들이 바닷속으로 침몰하며 기후붕괴가 가속화하면서 기온이 3℃에서 4℃ 상승하는 시점도 앞당겨지게 될 것이다. 〈출처: WIKIMEDIA COMMONS | Public Domain〉

시점도 앞당겨질 것이라고 마크 라이너스는 말한다. 또한 지구의 평균 온도가 4℃ 오르면 지구의 상당 부분은 생물학적으로 사람이 살기 어려워지며 생물종 6분의 1이 멸종 위험에 처하고, 6℃ 오르면 세계의 모든 숲이 불타오르고 생태계나 먹이사슬 같은 개념이 사라지면서 '멸종'이 현실화한다. 현재의 탄소 배출 추세대로 간다면 금세기 말에는 평균 온도가 6℃ 상승하게 된다고 그는 경고한다.

기후위기를 이해하기 위해서는 이러한 이상고온, 즉 '지구가열화'를 알아야 한다. '지구가열화'를 가져오는 온실효과 개념이 세계적으로 통일된 개념으로 사용된 것은 로마 클럽$^{Club\ of\ Rome}$[8]의 1972년 '인간, 자원, 환경 문제에 관한 미래 예측 보고서'에서다. 인간에 의한 지구가열화는 1970년대부터 세계적 이슈로 거론되었다. 지구가 점점 더워지는 것은 대기 중에 있는 온실가스 때문이다. 온실가스는 크게 7가지가 있는데, 이산화탄소(CO_2), 메탄(CH_4), 아산화질소(N_2O)가 3대 온실가스로서 온실효과에 미치는 영향이 가장 크고, 그 외 수소불화탄소(HFCs), 과불화탄소(PFCs), 육불화황(SF_6), 삼불화질소(NF_3)가 있다. 이산화탄소와 메탄, 아산화질소, 수소불화탄소, 과불화탄소, 육불화황, 이 6가지는 교토의정서에 온실가스로 규정된 물질이다. 이 중에서도 이산화탄소의 영향이 74% 이상을 차지하기 때문에 지구가열화 문제를 언급할 때 이산화탄소를 주범으로 거론하는 것이다.

그렇다면 온실가스 문제는 최근에 생긴 것일까? 그렇지 않다. 온실효과는 지구가 탄생하고 나서 지구에 대기가 형성됨에 따라 거의 매순간 존재했던 하나의 현상이었다. 그런데 최근에 와서 문제가 되는 것은 온실가스가 인간의 활동에 의해 급격히 증가하면서 심각한 지구가열화를 초래했기 때문이다.

산업혁명 당시 대기 중 이산화탄소량은 280ppm(공기 100만 개 중에 이산화탄소 280개)이었다. 2021년 5월 현재는 420ppm까지 상승했다. 지난 250년간 무려 50%나 늘어났다. 앞으로 화석연료 사용을 획기적으로 줄이지 않는 한 이산화탄소량은 2050년에 550ppm을 넘을 것이

---

8 로마 클럽: 저명한 학자와 기업가, 유력 정치인 등 지도자들이 참여해 인류와 지구의 미래에 대해 연구를 하는 세계적인 비영리 연구기관으로 1968년 4월에 창립되었다.

다. 2050년 탄소중립carbon neutral[9]을 달성한다고 해도 지금까지 배출되어 공기 중에 쌓여 있고 앞으로 30여 년간 추가로 쌓일 온실가스의 영향으로 기후위기는 앞으로 필연적으로 나타날 수밖에 없다.

이렇게 늘어나는 온실가스는 강한 온실효과를 만들어낸다. 지구에 들어오는 태양의 가시광선 파장은 태양 표면의 온도 약 6,000K에 대응한다. 반면에 지구에서 우주로 복사하는 적외선의 파장은 지구 표면의 온도 약 300k에 대응한다. 물체가 고온일수록 높은 열에너지와 짧은 파장을 가지는데, 태양 빛이 여기에 속한다. 그러나 지구에서 복사하는 온도는 낮기에 광선의 에너지가 작고 파장도 길어진다. 이 차이가 지구가 열화를 만든다. 태양으로부터 지구로 오는 복사에너지 중에서 구름과 지표 반사 등으로 30% 정도가 대기권 밖으로 나간다. 그리고 대류권 수증기와 구름, 성층권 오존에 의해서 20% 정도가 대기에서 흡수된다. 나머지 50%가 지표면에서 흡수되어 지표면을 데운다. 지구 표면이 대기권에서 기온이 가장 높은 이유다.

한편, 지표면은 에너지를 우주로 돌려보내는 장파복사인 적외선 복사를 한다. 그런데 지표면에서 복사되는 이 적외선이 대기 중의 이산화탄소 등 온실가스에 의해 흡수되어 지구 대기권 밖으로 나가지 못하게 된다. 결국 지구 대기 기온이 상승하게 되며, 이 효과가 온실효과다.

기온이 1.5℃와 2℃ 상승하면 어떤 일들이 일어나는가

빌 게이츠Bill Gates는 "기후변화와 관련하여 당신이 기억해야 할 숫자가

---

9 탄소 중립: 이산화탄소를 배출한 만큼 이산화탄소를 흡수하는 대책을 세워 이산화탄소의 실질적인 배출량을 '0'으로 만든다는 개념이다.

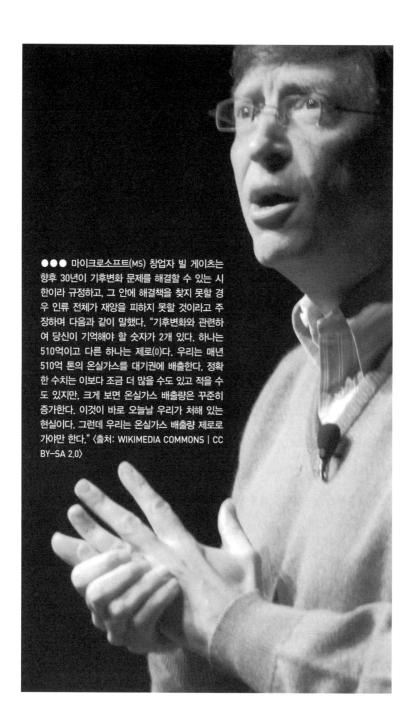

●●● 마이크로소프트(MS) 창업자 빌 게이츠는 향후 30년이 기후변화 문제를 해결할 수 있는 시한이라 규정하고, 그 안에 해결책을 찾지 못할 경우 인류 전체가 재앙을 피하지 못할 것이라고 주장하며 다음과 같이 말했다. "기후변화와 관련하여 당신이 기억해야 할 숫자가 2개 있다. 하나는 510억이고 다른 하나는 제로(0)다. 우리는 매년 510억 톤의 온실가스를 대기권에 배출한다. 정확한 수치는 이보다 조금 더 많을 수도 있고 적을 수도 있지만, 크게 보면 온실가스 배출량은 꾸준히 증가한다. 이것이 바로 오늘날 우리가 처해 있는 현실이다. 그런데 우리는 온실가스 배출량 제로로 가야만 한다." 〈출처: WIKIMEDIA COMMONS | CC BY-SA 2.0〉

2개 있다. 하나는 510억이고 다른 하나는 제로(0)다. 우리는 매년 510억 톤의 온실가스를 대기권에 배출한다. 정확한 수치는 이보다 조금 더 많을 수도 있고 적을 수도 있지만, 크게 보면 온실가스 배출량은 꾸준히 증가한다. 이것이 바로 오늘날 우리가 처해 있는 현실이다. 그런데 우리는 온실가스 배출량 제로로 가야만 한다"고 말한다.[10] 온실가스의 배출량을 줄이지 못한다면 재레드 다이아몬드나 마크 라이너스의 말처럼 지구 멸망의 날로 갈 수밖에 없다. 그러나 지구 기온이 당장 4℃나 6℃ 오르지는 않을 것이다. 그럼에도 많은 기후학자들은 당장 1.5℃나 2℃만 상승해도 기후재앙이 끊이지 않을 것으로 전망한다.

2021년 8월 발표된 기후변화에 관한 정부 간 협의체IPCC 보고서는 20년 안(~2041년)에 1.5℃ 기온 상승을 기록할 것이며 그 결과는 끔찍할 것이라고 예측했다.[11] 전 지구가 합심해서 기후위기를 극복하는 탄소중립이 이루어져 1.5℃ 상승에서 억제하는 것이 인류의 소망이다. 그러나 일부 과학자들은 탄소중립을 하더라도 2℃ 이상 상승할 것으로 전망한다.

그렇다면 지구 평균기온이 세기말에 산업화 이전보다 1.5℃ 상승하는 것과 2℃ 상승하는 것은 무슨 차이가 있을까? 세계자연기금WWF, World Wide Fund for Nature은 정말로 엄청난 차이가 있다고 말한다.[12] 예를 들어보자. 기온이 1.5℃ 상승했을 때 극한적인 홍수가 올 가능성이 100% 상승한다면, 기온이 2℃ 상승했을 때는 170% 상승한다. 비가 더 많이 오면서 강수량 증가로 고위도 지역에서는 홍수나 산사태 등 자연재해 발

---

10 빌 게이츠, 김민주·이엽 옮김, 『기후재앙을 피하는 법』, 김영사, 2021.

11 IPCC, WG1 Report, IPCC, Aug 2021.

12 WWF, Our warming world: How much difference will half-a-degree really make?, WWF, Oct 8, 2018.

생 빈도가 높아지지만 다른 지역은 가뭄을 겪게 되고, 해안 저지대에서는 더 파괴적인 폭풍해일로 인한 침수·침식이 발생한다. 또한 지구 평균기온이 1.5℃ 상승하는 경우에는 세기말까지 곤충의 6%, 식물의 8%, 척추동물의 4%가 영향을 받고, 2℃ 상승하는 경우에는 곤충의 18%, 식물의 16%, 척추동물의 8%가 영향을 받으면서 생태계가 더 크게 파괴될 것으로 전망된다. 그리고 심각한 가뭄에 노출된 인구수는 전자의 경우 250만 명이지만 후자의 경우는 410만 명으로 늘어난다. 극심한 폭염에 노출되는 인구수는 전자가 9%인 7억 명인 데 비해, 후자는 28%인 20억 명이 될 것으로 본다. 산호는 전자의 경우 70%가 사라지지만, 후자는 100% 전부 다 사라진다.

사라지지 않고 대기 중에 남아 지구가열화를 만드는 온실가스

대기 중에 배출된 온실가스는 바로 사라지는 것이 아니고 대기 중에 남아서 지구가열화를 초래한다. 이산화탄소의 경우 대기 중에 배출된 양 중 50% 이상이 100년 이상 대기에 머물게 되며, 메탄을 제외한 다른 물질들은 더 오래 남는다. 그러다 보니 우리가 지금부터 온실가스 사용을 줄이더라도 이미 배출한 온실가스로 인해 오랜 세월 동안 영향을 받을 수밖에 없다. 미 국립해양대기청NOAA, National Oceanic and Atmospheric Administration은 대기 중에서 분해되거나 외기로 배출되지 않고 남아 있는 온실가스에 의해 발생하는 열을 '초과열'이라고 부른다. 미 국립해양대기청은 글로벌 온실가스 기준 네트워크가 수집한 샘플을 분석한 결과, 온실가스로 대기 중에 갇힌 초과열을 측정할 수 있게 되었다고 발표했다.

온실가스는 종류에 따라 오랫동안 대기에 남아 영향을 주는 시기가 다르기 때문에 미 국립해양대기청은 시간이 지남에 따라 온실가스가 기후에 미치는 누적적 영향을 한눈에 알 수 있도록 AGGI[Annual Greenhouse Gas Index](연간 온실가스 지수)를 발표한다. AGGI는 이산화탄소, 메탄, 아산화질소, 클로로플루오로카본 등 인간 활동에 의해 대기에 추가되는 온실가스의 영향을 측정하기 위해 만든 것으로, 매년 인간이 초래한 온실가스 방출에 의해 대기 중에 얼마나 많은 여분의 열이 갇혀 있는지 쉽게 비교할 수 있도록 단일 숫자로 변환하여 지수화한 것이다.

꾸준하게 온실가스를 추적해오고 있는 미 국립해양대기청은 온실가스가 2020년에 지구가열화를 어떻게 증폭시켰는지 추적하는 보고서를 2021년 5월에 발표했다.[13] 미 국립해양대기청은 2020년에도 높은 온실가스 배출량으로 인해 지구가열화가 악화되었다고 밝혔다. 미 국립해양대기청은 산업혁명이 시작된 1750년 이후로 인간의 활동으로 인해 대기 중에 갇혀 지구가열화에 약 96% 영향을 미치는 상위 5개 온실가스와, 지구가열화에 4% 영향을 미치는 16개의 2차 온실가스를 추적하고 있다.

〈그림 1-1〉(36쪽)은 1979년 초 이후 미 국립해양대기청 지구 대기 표본 추출 네트워크의 주요 혼합형 장기 온실가스인 이산화탄소, 메탄, 아산화질소, 프레온가스(CFC-12 및 CFC-11)의 전 지구 평균농도 변화를 보여주고 있다.

AGGI 지수는 미 국립해양대기청의 글로벌 온실가스 기준 네트워크로부터 매년 전 세계 사이트에서 수집한 수천 개의 공기 샘플을 기반으로 만든다. 그리고 이러한 온실가스 및 기타 화학물질의 농도는 콜로라도 볼더[Boulder]에 있는 미 국립해양대기청의 글로벌 모니터링 연구소에

---

13 NOAA, NOAA index tracks how greenhouse gas pollution amplified global warming in 2020, NOAA, May 24, 2021.

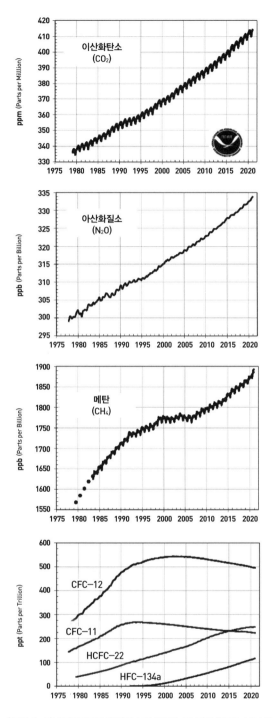

〈그림 1-1〉 4가지 주요 온실가스의 평균농도 변화 (출처: NOAA)

서 이 샘플을 분석하여 결정한다. 과학자들은 지난 1년 동안 인간의 활동으로 인해 방출된 온실가스가 대기 중에 갇혀 생긴 여분의 열의 양을 측정하고, 시간이 지남에 따라 얼마나 변했는지 계산한다.

〈그림 1-1〉을 보면 지구가열화를 초래하는 주된 온실가스인 이산화탄소, 아산화질소, 그리고 메탄의 평균농도는 증가하고 있는 데 반해, 프레온가스라 불리는 CFC-11, CFC-12의 평균농도는 줄어들고 있다. 프레온가스는 몬트리올 협정에 의해 배출이 제한되면서 2000년대에 들어서 평균농도가 줄어들었다. 반면에 이산화탄소, 아산화질소, 메탄은 지속적으로 평균농도가 증가하면서 온실가스로 인한 기후위기가 더욱 심각해지고 있다고 과학자들은 보고 있다.

한편, 2020년에 특히 많이 증가한 물질이 메탄이다. 미 국립해양대기청은 프레온가스의 감소로 전체적인 총 온실가스는 2020년에 약간 줄어들었지만, 메탄 농도는 급격히 증가했다고 밝혔다. 2021년 대기 중 메탄 농도는 하와이 마우나 로아 관측소 기준 전년 대비 16.9ppb 증가한 1895.7ppb를 기록하면서 1983년 이후 가장 큰 증가폭을 보였다. 메탄은 이산화탄소 다음으로 배출량이 많은 온실가스지만, 기후위기에는 28배 더 큰 영향을 미친다.

〈그림 1-2〉(38쪽)는 1750년에 비해 수명이 긴 모든 온실가스의 열 트래핑 영향(또는 복사강제력)을 잘 보여준다. 제일 윗부분은 이산화탄소인데, 현재까지 누적열 영향이 가장 큼을 알 수 있다. 이산화탄소는 매년 400억 톤이 운송 부문, 전기발전. 시멘트 제조, 삼림 벌채 등에 의해 발생한다. 미 국립해양대기청 측정 결과 2020년 전 세계 평균 이산화탄소 수준은 412.5ppm으로 2019년에 비해 2.6ppm 증가했다. 이것은 1980년 미 국립해양대기청의 측정치였던 338.9ppm 이후 여섯 번째로 큰 연간 증가율이다. 2020년의 증가폭은 코로나19로 인한 경기

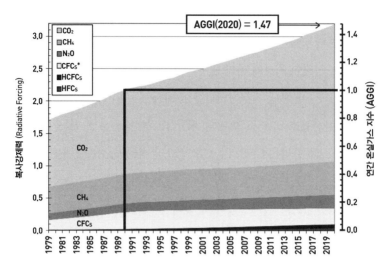

〈그림 1-2〉1750년에 비해 수명이 긴 모든 온실가스의 열 트래핑 영향 (출처: NOAA)

침체가 아니었다면 사상 최대였을 것이라고 미 국립해양대기청 과학
자들은 말하고 있다. 〈그림 1-2〉에서 검은색 실선은 1990년의 AGGI
가 1.0임을 표시한 것이다. 과학자들은 산업혁명이 시작된 1750년의
AGGI를 0으로 정하고, 교토의정서의 해인 1990년의 AGGI를 1.0으로
정했다. 그러니까 AGGI는 교토의정서 이후 인간이 배출한 온실가스가
대기 중에 갇혀 생성된 열의 상대적 변화를 추적하는 데 매우 유용하다
고 할 수 있다. 그런데 2020년의 AGGI는 1.47에 도달했다. 코로나19
대유행으로 인한 경기 침체에도 불구하고 2019년에서 2020년까지의
변화는 예년과 비슷했다.

4

온실가스와 기후위기

이산화탄소, 지구가열화의 첫 번째 주범

이산화탄소 농도는 공기 분자 100만 개 중 이산화탄소가 몇 개인지 (ppm)로 표시한다. 이산화탄소의 농도 증가를 이해하려면 '킬링 곡선 Keeling Curve' 정도는 상식으로 알아두는 것이 좋다. 킬링 곡선은 1958년부터 현재까지 지구 대기 중 이산화탄소 농도가 심각한 수준으로 증가하고 있음을 보여주는 지구과학계에서 가장 유명한 그래프다. 이 그래프는 1958년부터 남극과 하와이 마우나 로아 관측소Mauna Loa Observatory에서 이산화탄소 농도를 측정해 자료를 남긴 미국의 과학자 찰스 데이비드 킬링Charles David Keeling의 이름을 따서 킬링 곡선이라고 부르게 되었다. 이 그래프는 톱니 모양으로 오른쪽 위를 향한다. 산업화가 시작될 때 이산화 탄소 농도는 280ppm이었고, 1958년 하와이 마우나 로아 관측소에서 처음 측정했을 때는 315ppm이었으며, 1986년에는 350ppm을

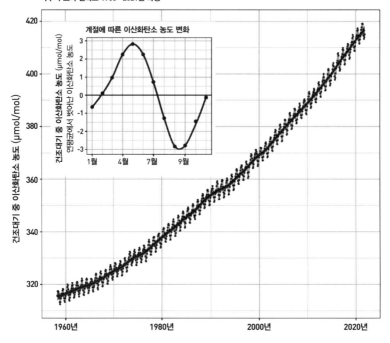

월 평균 이산화탄소 농도
마우나 로아 관측소 1958~2021년 측정

〈그림 1-3〉하와이 마우나 로아 관측소에서 측정한 이산화탄소 농도를 그래프로 나타낸 킬링 곡선
(출처: WIKIMEDIA COMMONS | CC BY-SA 4.0)

넘었다.

　이산화탄소 농도가 상승하자 세계적 기상학자인 제임스 핸슨[James Hansen]은 2008년 이산화탄소 농도가 350ppm 수준에서 관리되어야 한다며 '마지막 경고'라는 광고를 많은 나라의 주요 신문에 내기도 했다. 2008년의 이산화탄소 농도는 385ppm이었는데 불행히도 5년 뒤인 2013년에 400ppm을 넘었다. 최근 3년간 마우나 로아의 5월 평균값을 보면 2019년 5월에 414.7ppm이었고, 2020년 5월에 417.1ppm, 2021년 5월에 419.1ppm으로 매년 큰 값으로 상승하고 있다. 2021년 5월 중 하루 최고농도는 420ppm을 넘어서기도 했는데, 지구 역사에

●●● 온실가스의 효과를 처음 주창하여 '기후변화의 선지자'로 불리는 전(前) 미 항공우주국(NASA) 과학자 제임스 핸슨 박사는 1988년 6월 23일 미국 상원의 한 위원회에서 "지구는 인간이 만든 온실가스로 인해 영향을 받고 있으며, 우리의 행성은 이미 장기적인 온난화 기간에 접어들었다. 더 이상 미적거릴 때가 아니라는 것에 대해 99%의 확신을 갖고 있다"라고 자신이 목격한 것을 분명하게 증언했다. 이후 이산화탄소 농도가 상승하자, 그는 2008년에 많은 나라의 주요 신문에 '마지막 경고'라는 광고를 내기도 했다. 〈출처: WIKIMEDIA COMMONS | Public Domain〉

서 450만 년 만에 최고치를 기록한 수치였다. 450만 년 만의 최고치라면, 450만 년 이전에 이 수치를 넘어선 적이 있다는 말이 된다. 과연 어떤 시대였을까?

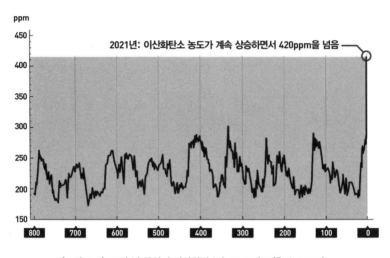

〈그림 1-4〉 80만 년 동안의 이산화탄소 농도 그래프 (출처: NOAA)

〈그림 1-4〉는 미 국립해양대기청이 공개한 80만 년 동안의 이산화탄소 농도 변화 그래프다. 현대 기후변화 연구의 기초라고 여겨지는 '킬링곡선'을 활용한 것으로, 그래프를 보면 최근 들어 이산화탄소 농도가 급격히 증가하고 있다. 미 국립해양대기청의 측정치에서 2021년 5월 평균 이산화탄소 농도는 419.13ppm이었지만 2021년에 일일 수치를 보면 420ppm을 두 번 초과했다. 2020년에 코로나19로 인해 이동 제한, 산업체 가동 중단 등으로 에너지 부문 이산화탄소 배출량이 1940년대 이후 가장 큰 폭으로 감소했음에도 불구하고 지구의 대기 중 이산화탄소 농도는 심각하게 증가하고 있다.

미 국립해양대기청은 지구의 이산화탄소 농도가 420ppm보다 높았던 시기는 지금으로부터 약 450만 년 전인 신생대 제3기 후반에 해당하는 플라이오세$^{\text{Pliocene Epoch}}$ 시기로 본다. 당시 지구의 평균기온은 산업화 이전보다 7℃ 이상 높았고 해수면도 지금보다 24m가량 더 높았다고 한다. 또 지구 역사 5억 년을 돌아보더라도 지금의 기후변화 속도는 너무 빠르다. 가장 극적으로 온난화가 이루어졌던 시기가 에오세^{Eocene} 때인 5,500만 년 전으로, 당시 평균기온이 8℃가량 올랐었다. 이러한 상승은 2만 년에 걸친 결과인데, 지금은 14℃에서 15℃로의 상승이 불과 150여 년(1850년~현재) 만에 이루어졌다. 에오세 때의 '최대 온난기'보다 20배 이상 빠르게 온난화(지구가열화)가 진행되고 있다는 뜻이다.

그렇다면 코로나19로 에너지 부문 이산화탄소 배출량이 줄었는데도 지구의 이산화탄소 농도가 지속적으로 증가하는 원인은 무엇일까? 에너지 부문 이산화탄소 배출량은 줄었지만, 우리 생활에서의 이산화탄소 배출량은 오히려 증가한 것이 가장 큰 원인이다. 또 이런 문제가 발생하는 것은 이미 배출된 이산화탄소의 분자가 대기 중에 오랫동안 남아 축적되기 때문이다(이산화탄소의 축적성).

시카고대학교 데이비드 아처$^{\text{David Archer}}$ 교수는 "인간이 궁극적으로 1~2조 톤의 이산화탄소(탄소 중량 기준)를 배출할 경우 29%는 1,000년이나 지나도 대기 중에 남아 있고 14%는 1만 년이 넘어도 남게 된다"면서 "10만 년의 세월이 지나도 인간이 배출한 이산화탄소의 7%는 대기 중에 남아 있게 된다"고 말한다. 그러니까 지금 열심히 이산화탄소 배출량을 줄이더라도 그 전에 이미 배출된 이산화탄소의 피드백을 상당 기간 계속 받을 수밖에 없는 것이다. 이산화탄소의 축적성에 관한 또 다른 연구인 독일과 스위스 과학자들의 모델에 따르면, 배출 이산화탄소의 35~55%는 100년 이후까지, 28~48%는 200년 이후까지, 15%는 1,000년 이후까지 남게 된다. 이런 이산화탄소의 오랜 수명 때문에 인간이 배출한 이산화탄소는 계속 쌓여가면서 대기 중의 농도를 끌어올릴 수밖에 없다.

미 국립해양대기청의 발표와 마찬가지로 세계기상기구$^{WMO, World}$ $^{Meteorological\ Organization}$는 2021년 10월 25일에 발간한 보고서에서 2020년 대기 중 이산화탄소 농도가 2019년보다 2.5ppm 증가한 413.2ppm을 기록했다고 밝혔다.[14] 산업화 이전인 1750년 대비 149% 수준이다. 코로나19 기간 온실가스 배출량이 일시적으로 감소했음에도 불구하고 지난 10년 평균보다 더 증가한 수치이기도 하다. 이에 페테리 탈라스$^{Petteri\ Taalas}$ 세계기상기구^{WMO} 사무총장은 "온실가스 배출이 지금처럼 계속 증가한다면, 2015년 파리기후변화협약에서 정한 온도 상승 폭 제한(1.5℃ 이내) 목표를 훨씬 초과하는 기온 상승을 겪을 수도 있다"라고 우려했다.

우리나라 이산화탄소 농도

그럼 우리나라 이산화탄소 농도도 급증하고 있을까? 기상청은 2021년 7월에 '2020 지구대기감시 보고서'를 발표했다.[15] 이 보고서에 따르면, 안면도 기후변화감시소의 경우 2021년에는 이산화탄소 농도가 2020년보다 2.7ppm 높아 역대 연평균 최고농도(423.1ppm)를 경신했다. 우리나라는 2019년 이후 이산화탄소 농도가 연간 2.7ppm으로 유지되고 있다.

또한 우리나라 연평균 입자상 물질(PM_{10})의 질량농도는 안면도 기후변화감시소의 경우 2004년 이후 감소 추세이나, 2021년에는 빈번하게

---

14 WMO, In 2020, the concentration of carbon dioxide in the atmosphere reached 413.2ppm, up 2.5ppm from 2019. WMO, Oct 2021.

15 기상청, 2020 지구대기감시 보고서, 기상청, 2021년 7월.

관측된 황사로 인해 2020년($27\mu g/m^3$)보다 약 22% 증가한 $33\mu g/m^3$으로 관측되었다. 이산화탄소와 PM_{10} 모두 증가한 것이다.

기후위기의 주범인 이산화탄소 농도가 우리나라에서 계속 증가하고 있는 것은 중국의 영향이라는 연구 결과가 나왔다.[16] 서울대 정수종 환경대학원 교수와 환경계획연구소 윤정민 박사는 한반도 이산화탄소의 농도를 높이는 다양한 원인을 통합 진단할 수 있는 모델링 시스템을 국내 최초로 개발해 분석했다. 그랬더니 우리나라 이산화탄소 농도의 급속한 증가는 중국의 영향 때문이라는 결과가 나왔다. 연구팀은 2000년부터 2016년까지 한국과 북한의 대기 속 이산화탄소 농도의 상승 원인을 규명해냈다. 이들은 한국과 북한의 대기 중 이산화탄소량 증가에 기여하는 인자들의 기여율을 정량적으로 산출했다. 그 결과, 2000~2016년 동안 한국과 북한이 다른 지역보다 이산화탄소 농도가 빠르게 증가하고 있는 것은 중국의 풍하측(바람이 불어가는 측)에 위치해 있기 때문인 것으로 밝혀졌다. 우리나라의 경우 대기 중 이산화탄소 농도는 전 지구 평균 상승률(2.05ppm)보다 연평균 13%(0.27ppm) 가파르게 상승하면서 2.32ppm을 기록했다. 우리나라의 화석연료 에너지 공급이 대기 중 이산화탄소 농도를 0.12ppm만큼 증가시키는 역할을 했고, 육상 생태계의 흡수량이 연평균 0.02ppm 감소시켜주는 효과가 있다고 밝혔다. 그리고 중국에서 우리나라 이산화탄소 농도에 기여하는 수치가 2.23ppm이라고 밝혔다. 다시 말해 우리나라에서 연간 증가하는 이산화탄소 농도 증가분 2.32ppm의 96%가 중국의 영향이라는 것이어서 매우 충격적이다.

---

16 정수종 등, "한국과 북한의 대기 이산화탄소 농도 상승 원인 규명", 서울대학교, 2021년 7월.

이산화탄소를 줄이면 좋아질까

2020년 말에 국제학술지 《사이언스Science》는 '2020년 10대 과학 성과' 를 발표했다. 그런데 이 중의 하나가 세계기후연구프로그램WCRP, World Climate Research Program 연구팀의 논문으로, 기후 민감도의 범위가 2.6~3.9℃ 라는 내용이었다. 기후 민감도란 대기 중의 이산화탄소 농도가 산업혁 명 이전의 2배가 될 때의 지구 평균기온 변화를 의미한다. 연구팀은 대 기 이산화탄소 농도와 연관된 지구 평균기온의 변화를 예측할 수 있는 다양한 데이터를 활용해 이런 결론을 찾아냈다. 이전에는 줄 그레고리 차니Jule Gregory Charney가 주도했던 1979년 연구에서 기후 민감도 범위를 1.5~4.5℃라고 예측했던 적이 있었다. 그리고 2013년에 기후변화에 관 한 정부 간 협의체IPCC가 발표했던 기후 민감도 예측 결과도 이와 같았 다. 그런데 당시에도 상한선과 하한선의 기온 차이가 3℃나 난다는 데 여러 의견이 있었다. 그런데 이번 세계기후연구프로그램의 연구는 상하 한선의 기온 차이가 1.3℃밖에 되지 않는 정교한 예측을 한 것이다.

기후과학자들은 지구 평균기온이 산업혁명 이전보다 1.5℃만 올라가 면 그래도 견딜 만하다고 주장한다. 현재 탄소중립의 목표를 전 지구 평 균기온 1.5℃ 상승을 막는 것으로 정한 이유는 바로 이 때문이다. 그러 나 만일 이산화탄소 농도가 산업혁명 기준으로 2배 이상 올라가면 지 구 평균기온은 최고 5℃ 상승하게 된다. 지구 평균기온이 5℃ 상승하 면 지구가 견디기 어려운 핫 하우스 상태가 된다. 현재 이산화탄소 농도 가 1.5배 정도 상승했는데 이미 지구 평균기온은 1.1℃ 상승했다. 그렇 다면 이산화탄소 농도가 2배가 될 때 겨우 0.4℃만 상승할까? 이번 연 구의 하한선을 적용한다고 하더라도 지금보다 지구 평균기온은 2.6℃ 상승하게 된다. 2℃ 상승하면 인류가 기후를 통제하기 어려운 기후이탈

시대가 올 것이라고 하니 걱정이 앞선다.

부경대 김백민 교수는 2030년까지 지구 평균온도가 약 2.5~3℃ 오를 것이라고 내다봤다.[17] 다만 전 세계인이 최선의 노력을 다한다면 지구 평균기온이 2.5℃ 이상 상승하는 것을 막을 수 있을지도 모른다. 그러나 지구 평균기온이 2.5℃만 상승해도 그것이 지구에 미치는 피해는 실로 막대하다. 그 피해를 이해하기 쉽게 설명하면, 100년에 한 번꼴로 일어나던 폭염, 홍수, 한파 등과 같은 이상기후 현상이 지구 평균기온이 2℃ 더 오르면 10년에 한 번꼴로 일어나고, 3℃ 오르면 5년에 한 번꼴로 일어날 수 있다고 한다.

과학자들은 대기 중에 포함된 이산화탄소의 총량을 약 3.16조 톤으로 추정한다. 그리고 1년 동안에 자연적으로 발생하는 이산화탄소의 양이 약 4,000억 톤, 인류가 발생시키는 양이 약 3,000억 톤(2019년)이라고 추정한다. 도저히 지구가 잉여 이산화탄소를 해결할 수 없다 보니 최근에 탄소중립 등 이산화탄소를 획기적으로 줄이자는 움직임이 일고 있는 것이다.

이렇게 빨리 이산화탄소를 줄이면 과거의 좋았던 기후로 되돌아갈 수 있을까? 이산화탄소를 줄여도 과거 기후로 돌아갈 수 없다는 연구 결과를 포스텍의 국종성 등이 발표했다. 이산화탄소가 줄어들면서 열대수렴대의 위치가 남쪽으로 이동해 지속적인 엘니뇨El Niño를 유발할 수 있다는 것이다. 이들은 대기 중 이산화탄소 농도를 늘렸다가 감소시키는 지구 시스템 모형 시뮬레이션을 수행했다. 이를 통해 열대수렴대의 위치를 확인한 결과, 이산화탄소 농도가 늘어날 때는 거의 변하지 않았던 열대수렴대 위치가 이산화탄소 농도가 줄어들 때는 급격히 남하했

---

17 김백민, 『우리는 결국 지구를 위한 답을 찾을 것이다』, 블랙피쉬, 2021.

다. 열대수렴대의 이동은 열대지방과 아열대지방의 강수량을 결정하는 매우 중요한 요소로서, 전 지구 대기대순환을 변화시켜 전 지구적인 이상기후를 초래할 수 있다. 대기 중 이산화탄소를 줄이면 지구의 평균기온과 강수량은 서서히 예전과 같이 회복되겠지만 지역적으로는 기후가 전혀 다르게 나타날 수 있다는 것이다. 예컨대 이산화탄소 농도를 줄일 때 한반도를 포함한 동아시아 지역의 여름철 강수량이 늘면서 장마철에 호우가 내릴 가능성이 있다고 한다. 그나마 위로가 되는 것은 이산화탄소 농도를 줄이면 기온이나 강수량은 예전과 비슷하게 돌아갈 가능성이 있다는 것이다. 해결 방법은 단 하나밖에 없다. 이산화탄소 사용을 줄이거나 획기적으로 감축하는 기술을 개발하는 것이다.

메탄, 지구가열화의 두 번째 주범

메탄은 이산화탄소에 이어 지구가열화(지구온난화)의 두 번째 주범이며 지구가열화(지구온난화)의 16% 정도를 담당한다. 메탄 한 분자는 이산화탄소 한 분자보다 열을 더 효과적으로 가둔다. 메탄의 온난화 잠재력 GWP, Global Warming Potential 은 이산화탄소에 비해 약 21배, 아산화질소에 비해 약 31배나 더 크다.

이산화탄소는 주로 화석연료를 태울 때 많이 발생하는 반면, 메탄은 인간 활동을 통해 많이 발생한다. 메탄이 발생하는 원인을 보자. 프랑스 기후환경과학연구소LSCE, Laboratoire des sciences du climat et de l'environnement에 따르면 메탄가스가 발생하는 원인 가운데 82%가 화석연료 사용과 축산업 등 인간 활동에서 비롯된다. 소와 양 등 되새김질을 하는 가축에서 나오는 경우가 약 30%, 농업 활동이나 쓰레기 매립지에서 나오는 경우가 약 30% 정도, 화석연료를 채굴하고 사용하는 과정에서 나오는 경우가

22% 정도다.

메탄 발생원에 대한 또 다른 연구도 있다. 미 항공우주국[NASA, National Aeronautics and Space Administration] 과학자들은 메탄 배출의 주요 원천과 메탄 배출원이 기후변화에 어떻게 기여하는지 이해하기 위해 전 세계 메탄 예산을 연구한다.[18] 메탄은 자연환경에서도 생산되는데, 가장 주요한 공급원이 습지다. 습지는 전 세계 메탄 배출량의 30%를 차지한다. 기타 메탄 배출의 다른 자연적 공급원으로는 해양, 흰개미, 영구동토층, 식물, 산불 등이 있다.

산업혁명 이후 석유, 가스, 석탄의 집중적인 사용, 쇠고기와 유제품의 수요 증가, 식품 및 유기 폐기물 생산 증가 등으로 대기 중의 메탄 농도는 2배 이상 증가했다. 대기 중 메탄 농도는 20세기 말에 이르러 그 증가세가 현저하게 둔화되는가 싶더니 2006년 이후 다시 급격한 증가세를 보이기 시작했는데, 이는 가축 사육으로 인한 메탄 배출량 증가, 천연가스 다량 사용, 습지와 지구가열화 때문이다. 미 국립해양대기청은 전체적인 온실가스는 2020년에 약간 줄어들었는데 메탄 농도는 급격히 증가했다고 밝혔다. 2021년 대기 중 메탄 농도는 하와이 마우나 로아 관측소 기준 전년 대비 16.9ppb 증가한 1895.7ppb를 기록하면서 1983년 이후 가장 큰 증가폭을 보였다.[19] 미 국립해양대기청의 연구에서는 습지 등 생물학적 공급원으로부터 발생한 메탄의 양은 늘어났고 대기의 메탄 자연분해능력은 떨어졌다고 분석했다. 가장 대표적인 메탄 배출 현상은 고온 현상이 심했던 북극권 영구동토층의 해빙으로 인한 메탄 배출이다. 알래스카와 캐나다 북서부에서는 미 항공우주국[NASA]의

---

18 NASA at Your Table: Where Food Meets Methane, NASA, Aug 14, 2021.

19 에너지경제연구원, "세계 에너지시장 인사이트", 에너지경제연구원, 2021.

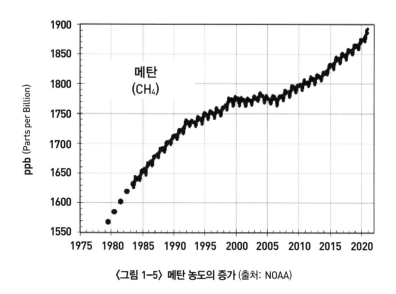

〈그림 1-5〉 메탄 농도의 증가 (출처: NOAA)

연구원들이 북극 한대 및 취약성 실험ABoVE, Arctic Boreal Vulnerability Experiment 의 하나로 영구동토층 해빙으로 인한 메탄 배출을 위성이나 항공기, 현장 연구를 통해 측정하고 있다. 연구진은 탄소가 풍부한 영구동토층이 점점 더 빠른 속도로 해동되고 있으며, 결국 북극이 메탄 배출의 중요한 잠재적 원천이라는 것을 밝혀냈다. 과학자들은 이 지역의 토양이 지난 200년 동안 모든 인간의 활동에서 배출된 것보다 5배나 많은 탄소를 저장하고 있다고 추정한다. 참고로 영구동토층에 저장된 탄소량은 최대 1조 6,000억 톤으로 추정되는데, 이는 현재 대기 중 존재하는 탄소량보다 2배나 많은 것이다. 따라서 기온 상승은 북극의 영구동토층을 더 빨리 녹이면서 더 많은 양의 메탄을 배출하게 만들어 기후위기를 증폭시킬 수 있다.

메탄을 줄이기 위한 각국의 노력과 정책

메탄이 기후위기에 큰 영향을 미치는 데다가 최근 들어 농도가 급증하면서 국제회의에서 메탄 감축에 대한 논의가 잇따르고 있다. 문재인 전 대통령은 2021년 9월 17일 밤 조 바이든 미국 대통령이 주관한 '에너지 및 기후에 관한 주요 경제국 포럼MEF, Major Economies Forum on Energy and Climate' 화상회의에 참석했다. 조 바이든 미국 대통령은 전 세계적인 기후위기가 적색경보 수준에 도달했다고 경고하면서 각국이 온실가스 감축 목표NDC,Nationally Determined Contribution를 제출해줄 것과 '국제 메탄 서약Global Methane Pledge' 참여를 요청했다. 문재인 전 대통령은 "한국은 국제적 메탄 감축 협력에도 적극 공감하고 있다. 한국은 지금 에너지, 농업, 폐기물 분야에서 구체적인 메탄 감축 계획을 세우고 있으며, 2030 온실가스 감축 목표NDC 상향 과정에서 메탄 감축 방안을 적극적으로 모색할 예정이다"라고 밝혔다.

그리고 2021년 11월 초에 영국 글래스고Glasgow에서 개최되었던 제26차 유엔기후변화협약UNFCCC, United Nations Framework Convention Climate Change 당사국총회COP26에서 많은 나라가 메탄가스를 감축하기로 약속했다. 메탄 공약 지지는 11월 9일 기후및청정공기연합CCAC, Climate & Clean Air Coalition의 각료회의에서 발표되었는데, 46개국의 장관들은 2030년까지 메탄, 불화탄소(HFC)와 같은 수명이 짧은 기후 오염물질을 크게 줄이기로 합의했다. 미국 및 유럽연합EU, European Union이 2030년까지 메탄가스 배출량을 최소 30% 줄이기로 제안하면서 최종적으로 100여 개 국가가 메탄가스 감축을 약속했다. 다만 주요 메탄 배출국인 중국, 러시아, 인도는 찬성하지 않았다.

많은 나라가 메탄에 대해 관심을 보이는 것은 무엇 때문일까? 미 항공우주국은 2021년 8월 24일에 메탄에 관한 보고서를 발표했다.[20] 이 보고서에 따르면, 대기 중에서 메탄의 수명이 10년에서 12년 정도이므로 메탄 배출량이 감소한다면 대기 중의 메탄은 불과 10년 안에 급격히 감소할 수 있다는 것이다. 즉, 메탄 배출량을 줄이면 대기 중의 메탄량이 급격히 감소하여 지구 기온 상승을 억제할 수 있으며, 그렇게 되면 짧은 기간 내에 기후위기에 미치는 영향을 어느 정도 줄일 수 있다는 것이다. 이산화탄소는 100년이 지나도 배출된 50% 이상은 대기 중에 남아 있는 데 반해, 메탄은 10년이면 거의 사라지기 때문에 메탄 감축은 단기적인 기후위기 저지에 효과적이다. 그러므로 메탄 감축은 단기적으로 지구가열화를 늦추기 위한 핵심 전략인 셈이다. 우선 당장 이산화탄소 감축이 어렵다면, 차선책으로 메탄 감축이라도 빠르게 시행하는 것이 좋다.

메탄 농도가 급증하자 유엔환경계획UNEP, United Nations Environment Program 은 메탄 배출 규제를 위한 유엔 '메탄 관측소'를 2021년 11월에 출범시켰다.[21] 최근에 발표된 'UNEP-CCAC(기후및청정대기연합) 글로벌 메탄 평가'에 따르면, 메탄 순비용을 제로로 만들거나 낮추면 인위적인 메탄 배출량을 거의 절반으로 줄일 수 있으며, 입증된 조치를 통해 2050년까지 예상되는 지구의 평균기온 상승을 0.28℃ 줄일 수 있다고 한다. 따라서 국제메탄배출관측기구IMEO, International Methane Emissions Observatory는 2030년까지 메탄 배출량을 30% 줄이기 위해 24개국 이상이 참여하는 글로벌 메탄 서약Global Methane Pledge에서 행동의 우선순위를 정하고 각국의 서약을 모니터링할 수 있는 수단을 제공할 계획이라고 한다.

---

20 NASA at Your Table: Where Food Meets Methane, NASA, Aug 14, 2021.

21 https://m.post.naver.com/viewer/postView.naver?volumeNo=32662748&memberNo=30120665

그렇다면 메탄을 줄이기 위한 방법이나 정책에는 어떤 것이 있을까? 다양한 분야의 연구원들은 전 세계 메탄 배출을 줄일 수 있는 잠재적 해결책을 연구해왔다. 예를 들어, 바이오가스 시스템은 가축, 농작물, 물, 음식에서 나오는 쓰레기를 에너지로 전환함으로써 메탄 배출을 감소시키는 방법이다. 바이오가스 시스템은 생산된 가스를 온실가스로 대기 중에 방출하는 대신 깨끗하고 재생 가능하며 신뢰할 수 있는 에너지원으로 활용할 수 있기 때문에 메탄을 줄이는 좋은 방법이다. 한 예로 소 방귀에 방귀세를 매기는 나라가 있다. 에스토니아에서는 소 방귀에 세금을 매겨 목축을 제한하는데, 소 방귀에서 메탄이 많이 방출되기 때문이다. 캘리포니아대학 데이비스 캠퍼스University of California-Davis의 어미어스 케브리브Ermias Kebreab 교수가 주도한 연구는 육우 식단에 약간의 해초를 가미하면 소에서 배출되는 메탄 배출량을 82% 이상 줄일 수 있다고 한다.

2021년 11월 12일에 과학저널 《네이처Nature》는 "넷 제로로 가기 위해서는 이산화탄소와 메탄을 같이 관리해야 한다"라고 천명했다.[22] "우리는 이산화탄소와 메탄의 배출을 동시에 줄이기 위한 '초기 조치'가 모든 기간에 걸쳐 최상의 기후 결과로 이어진다는 사실을 발견했다. 따라서 기업과 국가는 이산화탄소와 메탄 모두 조기 조치가 취해지도록 2개의 온실가스 저감 조치를 보완할 것을 권고한다"라고 밝히면서 "이산화탄소만 줄이는 정책은 탄소중립 달성을 지연시킨다"라고 주장했다. 이런 기술적인 문제 해결도 중요하지만 결국 각국이 얼마나 적극적으로 메탄을 줄여나갈 것인가가 더욱 중요하다.

---

22 Nature, "Path to net zero is critical to climate outcome", *nature*, Nov 12, 2021.

인류가 스스로 '비극의 길'로 들어서고 있다. 필자가 주목하고 있는 기후위기의 특징은 예전과 다른 모양의 위도 간 에너지 불균형이 만들어지고 있다는 것이다. 대기 중의 열 수송 형태가 바뀌고 세기가 바뀌면서 비정상적인 기후위기가 발생하고 있는 것이다. 예를 들어, 흐르는 강 위에 커다란 돌무더기가 쌓이면 물길이 휘어지고 유속이 변한다. 물길이 휘고 유속이 떨어지면 모래나 흙이 쌓이면서 유속은 더욱더 느려지게 된다. 이처럼 온실가스가 증가하면 지구 대기에도 이와 같은 현상이 나타나게 된다. 대기 흐름이 약해진 지역, 즉 제트 기류가 길게 사행해서 남쪽에서 올라가는 지역에서는 극심한 열돔 현상이 일어나면서 폭염이 발생한다. 반대로 북쪽에서 남쪽으로 길게 제트 기류의 흐름이 내려오면 혹한과 대홍수가 발생한다. 2021년 2월에 미국 텍사스주를 강타했던 혹한과 폭설, 6월에 발생한 미 서부와 캐나다 서부의 이상폭염, 그리고 북극권의 이상고온, 7월에 발생한 독일과 서유럽의 대홍수, 7월의 중국 허난성河南省 대홍수 등은 모두 1000년에 한 번 있을까 말까 한 너무나 비정상적인 대기의 흐름 때문에 발생했다. 대기의 기온이 올라가면 갈수록 위도 간 에너지 불균형은 더욱더 심해지게 되는데, 온실가스로 인한 지구가열화가 심해지면서 비정상적인 이상기후(이상고온, 폭염, 대홍수, 집중호우, 혹한, 폭설 등)가 기후의 새로운 표준인 뉴노멀New Normal이 되었다는 경고까지 나오고 있다. 그럼에도 불구하고 다행스러운 것은 기후위기를 대하는 우리나라 국민들의 태도가 크게 바뀌었다는 것이다. 환경보건시민센터가 여론조사 전문기관 리서치뷰에 의뢰해 전국 성인 1,000명을 상대로 2020년 12월 14일부터 18일까지 실시한 주요 환경정책 관련 여론조사 결과, 응답자 가운데 89.2%는 "기후위기를 체감한다"라고 답했다. 또 응답자의 88.5%는 "기후위기 해결을 위해 도입되는 정책으로 인한 불편함을 감수할 의향이 있다"라고 답했다.

만약 우리가 좀 더 적극적인 행동을 하지 않는다면 지금 초등학교 다니는 어린이들이 어른이 되었을 때, 이들은 매일매일 기후재난과 맞닥뜨리게 될 것이다. 이런 비정상적인 흐름을 막는 방법은 하루빨리 온실가스 배출을 제로로 줄이는 것이다. 미래 세대에게 기후위기라는 시한폭탄을 떠넘겨서는 안 된다. 현재 진행 중인 기후위기를 해결하기 위해 우리 세대가 적극적으로 행동하지 않는다면 다음 세대에게 미래는 없다. 기후위기는 어느 한 나라에 국한된 문제가 아니라 전 지구의 문제다. 전 지구인이 합심해서 기후위기를 해결하기 위해 적극적으로 행동하지 않는다면 인류는 기후위기라는 시한폭탄의 폭발과 함께 사라지게 될 것이다.

SAVE THE PLANET

제2장
기후위기,
경제를
위협하다

1

기후위기는
식탁 물가를 끌어올린다

현실로 다가온 기후위기 시대, 전 세계 곳곳에서 예측이 어려운 비정상적인 기후 흐름이 나타나고 있다. 2021년 우리나라의 기후 흐름을 살펴보면, 3월에는 이상고온 현상이 발생했고, 5월에는 평년보다 2배 이상 많은 비가 내리면서 기온이 낮은 현상을 보였다. 5월의 습한 날씨로 인해 제습기 판매량이 2020년보다 3배 이상 증가하고, 의류건조기 판매량이 28% 증가할 정도였다. 우리나라뿐만이 아니라 중국 남부지방에서도 5월 11일에 장마가 시작되면서 역대 최악의 비 피해가 발생했다.

이로 인해 농산물 작황이 나빠지면서 농작물 가격이 급등했고, 중국 농산물을 많이 수입하고 있는 우리나라의 물가도 올랐다. 통계청에 따르면, 2021년 5월의 소비자물가는 전년 동월 대비 2.6% 상승하며 2개월 연속 2%대 상승폭을 보이면서 9년여 만에 가장 큰 폭으로 뛰어올랐다. 물가상승폭이 커진 것은 전년 동월 대비 45.4%나 상승한 계란 가격을 포함해 농축산물 가격의 영향이 적지 않다고 전문가들은 분석하고 있다. 우리나라에서 유일하게 식량 자급품목인 쌀도 가격이 오르면서 국내 유명 식품회사들은 즉석밥 가격을 올렸다. 우리네 식탁 물가도 기후위기의 영향을 피해 가지 못했던 것이다.

2021년 이상기후로 농작물 가격이 급등했다

많은 농작물을 중국에서 수입하는 우리나라는 동아시아 날씨에 민감하다. 그런데 2021년의 경우 전 세계적으로 이상기후가 발생하면서 피해가 극심했다. 그러다 보니 농작물 가격이 급등했다. 2020년 10월 기준 톤당 185달러였던 옥수수 가격은 2021년 5월에 397달러로 2배 이상 올랐다. 밀가루 가격이 29%, 콩 가격이 70%, 원당 가격이 65% 상승하면서 주요 수입 곡물 가격은 2020년 대비 29~82% 상승했다. 이렇게 세계적인 식량 가격이 급등한 배경에는 남미의 가뭄과 호주의 한파 등 이상기후의 영향이 가장 컸다. 세계 식량 가격이 이례적으로 12개월 연속 상승하자, 농축산물 가격 상승이 인플레이션을 야기하는 '애그플레이션Agflation' 공포가 점점 커지고 있는 것 아니냐는 우려의 목소리가 경제전문가들 사이에서 들리고 있다.

2021년 6월 3일 유엔식량농업기구FAO, Food and Agriculture Organization of the United Nations는 2021년 4월 기준 세계식량가격지수가 120.9포인트로 전월 대비 1.7% 포인트 상승했다고 발표했다.[23] 세계식량가격지수는 유엔식량농업기구가 24개 주요 식량 품목의 국제가격 동향을 모니터링하여 발표하는 지수로, 2014~2016년 평균가격을 100포인트로 설정하고 이를 기준으로 현재의 가격 수준이 이보다 높거나 낮음을 지수로

---

23 FAO, World food prices rise for one year in a row in April, FAO, Jun 6, 2021.

표현한 것이다. 그런데 2020년 5월의 91.0포인트 이후 1년 연속 상승세가 꺾이지 않고 있다는 것이다. 유엔식량농업기구가 지수를 집계하기 시작한 1990년 이후로 15개월 연속 상승한 2007년 1월~2008년 3월 이후 두 번째로 긴 기간 동안 상승세가 이어지고 있으니 무려 30년 만의 이례적인 식량 가격 상승이다. 지금까지 상승 기간이 가장 길었던 2007~2008년 식량 가격 상승은 통화가치를 하락시키는 인플레이션까지 불러왔다.

식량 가격 상승으로 애그플레이션이 일어나면 당장 우리네 식탁에 많은 영향을 줄 수밖에 없다. 국제 곡물 가격 상승은 수입산 재료를 사용하는 가공식품의 소비자가격을 끌어올리기 때문이다. 국제적으로 9년 만에 최고가를 기록한 팜유 가격으로 필자도 좋아하는 라면의 소비자가격을 농심을 포함한 라면 3사가 인상했다. 설령 애그플레이션까지 일어나지 않는다 하더라도 곡물 가격이 계속 상승한다면 많은 곡물을 수입하는 우리나라 입장에서는 경제적으로 더 큰 부담이 될 수밖에 없다. 이처럼 기후위기는 식량부족으로 이어질 가능성이 크기 때문에 이제는 우리나라도 식량 문제를 안보적인 관점에서 다루어야만 한다.

식량 가격 급등에는 기후위기와 코로나 영향이 컸다

유엔식량농업기구FAO는 2021년 7월 말에 발표한 식량 물가 분석에서 2021년 5월에 전 세계 식량 가격이 1년 전보다 40% 올라 10년 만에 최고치를 기록했다고 밝혔다.[24] 이렇게 식량 가격이 급속하게 오르는 것

---

24 FAO, Famine relief blocked by bullets, red tape and lack of funding, warn FAO and WFP as acute food insecurity reaches new highs, FAO, Jul 30, 2021.

은 기후위기와 함께 코로나19 때문인 것으로 분석하면서 식량 가격 폭등으로 저소득 국가의 빈곤층이 직격탄을 맞았다고 밝혔다. 1년 전보다 옥수수는 88%, 대두는 73%, 곡물과 유제품은 38%, 설탕은 34%, 육류는 10% 가격이 올랐다. 미국 소맥협회에 따르면, 미국산 백맥(제과용)의 현물 가격은 전년 동기 대비 62% 상승했고, 강맥(제빵용) 역시 40% 가까이 올랐으며 선물 가격도 2021년 6월 현재 각각 34%, 52% 상승한 상태다.

유엔식량농업기구 관계자는 식량 가격이 오른 주요 원인으로 달러화 가치 하락, 바이오 연료 수요 증가, 동물 전염병 확산에 따른 살처분 등도 있지만, 가장 큰 원인은 기후위기라고 말한다. 세계경제포럼WEF, World Economic Forum은 "아르헨티나, 브라질, 러시아, 우크라이나, 미국 등 주요 식량 수출국에서 2020년부터 2021년까지 가뭄 등 기후변화로 인해 수확량이 대폭 줄었다"면서 수확량이 기대에 미치지 못했다고 분석했다. 미국 소맥협회에 따르면, 미국의 주요 밀 산지인 태평양 연안 북서부 지역과 북부평원 지역, 그리고 캐나다 남부 지역에 2021년 여름 기록적인 폭염과 가뭄으로 인해 백맥과 강맥의 작황 피해가 심각한 수준에 이르면서 밀가루 가격이 폭등했다는 것이다. 또 2021년 2월에 미국을 강타한 혹한과 폭설로 미국 텍사스주에서는 농부와 목장주들이 최소 6,778억 원의 손실을 보았던 것도 유제품을 비롯한 식량 가격 급등에 영향을 주었다고 한다.

식량 가격 폭등은 코로나19의 타격을 심각하게 받은 나라에서 더 컸다. 유엔세계식량계획WFP의 수석 경제학자 아리프 후세인Arif Husain은 "코로나19의 타격을 받은 여러 국가에서 식량 가격 상승률이 20%를 넘었다"면서 각국이 봉쇄에 들어가면서 식품 운송비가 늘어났고, 일부 국가는 경기 부양책을 펴면서 물가가 오른 영향도 있다고 밝혔다. 사실 기후

●●●앞으로 기후위기는 더 많은 지역에
상상하기 어려운 재난을 만들어낼 것인데,
문제는 동시다발적인 재난으로 인해 식량
가격 폭등과 함께 식량 전쟁이 발발할 가능
성도 있다는 것이다. 기후위기는 식량부족
으로 이어질 가능성이 크기 때문에 이제는
우리나라도 식량 문제를 안보적인 관점에서
다루어야만 한다.

위기에서 가장 큰 피해를 당하는 나라들이 저개발국가들이다. 유엔식량 농업기구FAO는 "극심한 식량 불안이 규모와 심각성에서 계속 증가하고 있기 때문에 앞으로 4개월 동안 23개 기아 지역에서 분쟁, 코로나19의 경제적 파급, 기후위기로 인해 극심한 식량 불안이 더 심해질 것으로 예상된다"고 밝혔다.

브라질의 가뭄과 한파가 세계 식량 가격 상승을 이끌었다

2021년에 전 지구의 식량 가격을 급등시킨 기후재난이 발생했다. 바로 브라질의 가뭄과 한파였다. 미 항공우주국NASA이 브라질의 가뭄에 대해 처음으로 경고했던 것이 2021년 6월이었는데, 미 항공우주국은 브라질 중부와 남부 지역의 계속되는 건조 상태로 인해 거의 한 세기 만에 최악의 가뭄이 발생했다고 밝혔다.[25] 미 항공우주국은 브라질의 이 가뭄으로 인해 아마존 열대 우림과 판타날 습지의 농작물 손실, 심각한 물 부족, 대형 산불의 증가가 예상된다고 밝혔다. 미 항공우주국은 파라나강Río Paraná 유역의 댐들과 큰 호수의 수위가 낮아지고 있다고 밝혔는데, 파라나강 인근 14개 주요 저수지 중 7개 저수지가 1999년 이후 최저치 수위를 기록했다. 파라나강의 수위가 브라질과 파라과이 국경 근처 평균보다 약 8.5m나 낮아서 많은 물류 운송을 강에 의지하는 이 지역의 경제에 어려움을 줄 것이라고 예상했다. 100년 만의 가뭄으로 인해 물이 부족해지면서 브라질의 수력발전 전기량도 줄어들면서 에너지 문제까지 발생했다.
　브라질에 대가뭄이 들면 당장 농작물에 가장 큰 영향이 발생한다. 이에 블룸버그 그린Bloomberg Green은 2021년 9월 28일에 보고서를 발표했

25　NASA, drought-stricken Brazil, NASA, Jun 17, 2021.

다.[26] 브라질은 세계적인 농업생산국으로, 대서양 연안의 광활한 평야와 고지대에 걸쳐 있는 농장들은 세계 오렌지 주스 수출의 5분의 4와 설탕 수출의 2분의 1, 커피 수출의 3분의 1과 사료용 콩과 옥수수의 3분의 1을 생산한다. 어마어마한 세계의 식량창고라고 할 수 있다. 그런데 2021년에 이 지역이 가뭄뿐 아니라 한파로 인해 불에 그을리고 얼어붙으면서 식량 생산이 크게 줄어들었다. 커피 원두인 아라비카 빈의 가격은 7월 말에 이미 30% 급등했고, 오렌지 주스의 가격은 3주 만에 20% 급등했으며, 설탕의 가격은 4년 만에 최고치를 기록했다. 문제는 이로 인해 국제 식량 인플레이션의 급등이 초래되면서 유엔식량지수가 지난 12개월 동안 33%나 급등했다는 것이다. 브라질의 대가뭄이 세계 경제에 큰 영향을 준 것이다. 식량 가격 폭등으로 인해 전 세계 수백만 저소득 가정은 식료품 구매를 줄일 수밖에 없었다.

예전에 필자가 썼던 글 중에 "브라질 고원에 비가 많이 내리면 커피가 감산되면서 최고 제품인 브라질 커피의 가격이 급등한다. 그러면 스타벅스Starbucks의 주가가 오른다"라는 얘기가 있었다. 그런데 이번에는 가뭄과 서리 피해로 고급 커피인 아라비카 원두가 무려 13억 파운드어치 사라지면서 세계 최대의 커피 소매상인 스타벅스나 네슬레Nestlé 등이 커피 공급물량을 확보하기 위한 치열한 경쟁을 벌이고 있다고 한다. 브라질 커피산업협회Abic는 2021년 8월 18일 발표한 보고서에서 그 다음 달 말까지 커피빈의 소비자가격이 35~49%가량 오를 것이라고 전망했는데,[27] 역시나 우리나라도 2022년 1월부터 스타벅스의 커피값이 5~10%

---

26 Bloomberg Green, Brazil's crops are being burned, frozen, and dried up in the worst drought in 100 years, fueling the global commodity market. Bloomberg Green, Sep 28, 2021.

27 Abic, By the end of next month, consumer prices of coffee beans will rise by 35 to 49 percent. Abic, Aug 18, 2021.

인상되었다. 세계 식량 가격 폭등은 커피값뿐만 아니라 우리의 모든 식품값을 올리고 있다. 앞으로 기후위기는 더 많은 지역에 상상하기 어려운 재난을 만들어낼 것인데, 문제는 동시다발적인 재난으로 인해 식량 가격 폭등과 함께 식량 전쟁이 발발할 가능성도 있다는 것이다. 1815년 탐보라 화산 폭발로 전 지구 평균기온이 고작 1℃ 내려갔을 뿐인데도 전 지구는 식량부족과 각종 전염병, 금융공황 등을 경험한 적이 있었다.

식량 생산 대안은 무엇일까

후마 겐지는 그의 책 『2030 지구의 경고』에서 정밀농업이 필요하다고 말한다.[28]

"세계적인 식량 관계 기업인 월마트나 맥도날드, 유니레버, 네슬레 등은 이들이 조달받는 품목을 생산하는 농장의 위치 및 경영자 특징은 물론 기후변화의 영향까지 면밀히 검토하여 대응하고 있다. 이들은 기후변화와 토양 변화, 환경오염을 세밀하게 측정하고 분석해 재배 품종부터 양, 그리고 신기술 농법을 적용해 수확량을 늘리기 위한 노력을 하고 있다. 우리나라에서 인기인 스타벅스도 세계적인 커피 재배지의 기후변화와 영향에 매우 민감하게 반응하는 경영을 한다. 이들은 정밀농업을 하고 있는데 기후 상황 등을 빅데이터로 예측하고, 심는 품목과 비료량, 살수량, 수확 시기 등을 세밀하게 조정하는 농업을 한다. 이런 방법을 사용하는 농업을 스마트농업 또는 정밀농업이라고 부른다. 정밀농업의 경우 기후변화 대응 측면에서도 매우 중요하다. 예를 들어 질소가 주성분인 화학비료를 과도하게 살포하면 아산화질소라는 온실가스가 발

---

28 후마 겐지, 『2030 지구의 경고』, 도서출판 큰그림, 2021.

생하여 지구온난화에 영향을 준다. 그런데 정밀농업을 하게 되면 기후 조건이나 토양조건에 따라 비료를 적정하게 주기에 아산화질소의 다량 발생을 막을 수 있다. 대기업은 스마트팜을 위해 엄청난 연구개발과 설비 투자에 막대한 돈을 쏟아붓고 있다."

우리나라에서도 스타트업 기업인 그린랩스가 '스마트팜Smart Farm'에 앞장서고 있다. 이들은 농산물 '생산'과 '유통' 두 가지 방면에서 기술 혁신을 추구한다. 생산 혁신에 적용되는 것이 스마트팜 기술로, 비닐하우스나 온실 환경에 적용된다. 각종 센서가 현재 습도와 온도, 강우량, 바람 등의 환경 요소를 실시간으로 측정하면, AI가 적용된 중앙통제장치가 자동으로 지붕 문을 여닫거나 냉난방 시설을 가동해 작물의 수확량이 극대화되는 최적의 생장 환경을 맞춰 준다. 농민은 집에서 스마트폰을 이용해 스마트팜 내부 환경을 실시간으로 확인하고, 원격 제어를 한다. 그런데 우리나라의 스마트팜 보급률은 1%밖에 되지 않는다. 시장조사기관 마켓앤드마켓 조사에 따르면, 네덜란드의 스마트팜 보급률은 99%, 캐나다는 35%에 달한다. ICTInformation and Communication Technologies(정보기술과 통신기술) 수준과 보급률이 세계 최고인 우리나라에서 유독 농업 분야에서는 혁신적인 농업 기술인 스마트팜 보급률이 저조한 것이다. 우리나라의 스마트팜 보급률이 낮은 것은 농업이 영세하여 농민들이 많은 돈을 들여 스마트팜을 도입하려 하지 않기 때문이다.

스마트팜뿐만 아니라 재생농업도 시급하다. 유엔식량농업기구는 2021년 10월 6일 홈페이지에 게재한 효율적인 식량 생산에 관한 글[29]을 통해 환경보호와 죽어가는 토양을 살리는 재생농업에 대해 소개했

---

29 FAO, Producing more with less – a new approach and a new business model in fighting hunger, FAO, Oct 06, 2021.

●●● 비닐하우스나 온실 환경에 적용된 스마트팜 기술은 각종 센서가 현재 습도와 온도, 강우량, 바람 등의 환경 요소를 실시간으로 측정하면, AI가 적용된 중앙통제장치가 자동으로 지붕 문을 여닫거나 냉난방 시설을 가동해 작물의 수확량을 극대화할 수 있는 최적의 생장 환경을 맞춰준다. 농민은 집에서 스마트폰을 이용해 스마트팜 내부 환경을 실시간으로 확인하고 원격으로 제어할 수 있다. 기후변화 시대에 스마트팜 기술은 이상기후에 영향을 받지 않고 효율적으로 농작물을 생산할 수 있는 혁신적인 기술로 각광받고 있다.

Smart Farm

다. 유전자 변형을 꺼리는 식품 대기업들은 농약이나 화학비료를 사용하지 않고 자연에 가까운 유기농 농업을 하고 있는데 이를 재생농업이라고 한다. 사실 지금까지 농약과 화학비료를 다량으로 사용하던 농가가 유기농으로 전환하기는 매우 어렵다. 농약을 많이 뿌린 토양에는 미생물이 다 죽어 있기 때문에 비료를 주어야만 한다. 토양에서 미생물이 자연적으로 회복되려면 거의 3년이 걸린다. 그 사이 농민들은 농업을 할 수 없게 되고 생계를 유지하기가 어렵다. 이런 문제를 해결하기 위해 유럽의 글로벌 식량 대기업들은 장기 계약을 맺은 농가에 자금과 기술을 제공하여 재생농업으로 전환할 수 있게 해준다.

2

기후위기로 인한
경제적 피해

"지구가열화가 경제에 미치는 영향에 관한 가장 흥미로운 연구는 화석
자본주의 역사가가 아님에도 자신들만의 암울한 분석을 내놓은 솔로몬
시앙, 마셜 버크, 에드워드 미구엘의 연구다. 이들의 분석에 따르면 다
른 나라에 비해 상대적으로 따뜻한 나라에서는 기온이 1℃ 상승할 때
마다 경제성장률이 평균적으로 약 1% 포인트 감소한다. 경제성장률이
낮은 한 자릿수만 나와도 '강한 성장세'라고 불린다는 점을 고려한다면
어마어마한 수치다. 결국 기후위기를 고려하지 않았을 때의 경제성장
곡선과 비교하면 세계 각국의 1인당 소득은 21세기 말까지 평균적으로
23% 감소할 것으로 예측된다."[30]

필자가 좋아하는 데이비드 월레스 웰즈David Wallace-Wells가 쓴 책『2050

---

30 데이비드 월러스 웰즈, 김재경 옮김,『2050 거주불능 지구』, 추수밭, 2020.

거주불능 지구The Uninhabitable Earth』에 나오는 말이다. 기후위기로 인해 내 지갑 속의 돈이 사라진다는 말이다.

맥킨지의 기후위기로 인한 경제적 영향 전망

세계적인 컨설팅회사인 맥킨지McKinsey가 2020년 1월 보고서를 하나 발표했다.[31] 맥킨지 보고서는 이젠 기후변화의 시대가 아니라 기후위기의 시대가 도래했다고 주장하면서 지구가열화에 대한 기업과 정부의 대처가 시급한 상황이라고 말한다. 예를 들어, 기후변화로 발생하는 천재지변 등이 산업의 공급망에 교란을 일으키면서 이로 인해 국가경제 GDP의 상당 부분이 손실을 입을 것이라는 것이다. 맥킨지는 이미 많은 나라에서 폭염으로 인해 근무시간이 줄어들고 건강 문제가 발생하고 있는데, 대표적인 사례로 인도를 꼽았다. 이상고온에 따른 근무 여건이 열악해지고 안전성이 결여되면서 이미 인도의 주요 기업들은 근로 시간을 단축하고 있는데, 이로 인해 인도의 연간 GDP가 4.5% 위축될 수 있다는 것이다.

  기후위기는 후진국만의 문제가 아니며 선진국도 예외가 아니다. 미국 플로리다의 경우 잦은 슈퍼허리케인의 내습과 해수면 상승으로 부동산 가격 하락이 불가피하게 되면서 주정부의 세수가 큰 폭으로 줄어들게 될 것으로 보았다. 맥킨지는 2050년까지 플로리다 지역의 집값이 15~30% 떨어질 것으로 내다보고 있는데, 해안에 인접한 다른 나라의 메가시티 사정도 비슷하다고 한다.

---

31 McKinsey, Global Economic losses from climate change will reach trillions of dollars, McKinsey, Jan 15, 2020.

맥킨지 보고서는 기후위기로 인한 산업 피해가 광범위할 것으로 본다. 예를 들어, 해수 온도가 상승하게 되면 바다의 산성화로 인해 어패류가 감소하게 되고, 그렇게 되면 수산업계는 큰 타격을 받게 될 것이다. 맥킨지 보고서는 어업에서만 8억 명에 달하는 인구가 직접적인 타격을 받을 것이라고 추산했다. 또 강력한 자연재난이 발생하면서 보험업계도 타격을 받게 될 것이고, 재난 지역에 위치한 생산시설이 파괴되면서 제조업체들도 상당한 리스크를 떠안게 될 것으로 보았다.

IT 업계도 예외는 아니다. 맥킨지 보고서는 미국의 경우 허리케인의 발생 빈도가 늘어나면서 반도체 업계의 피해가 2040년까지 4배 확대될 것으로 예상된다면서 해당 업체들이 철저한 대비에 나서지 않을 경우 연간 매출액이 최대 35%까지 줄어들 수 있다고 경고했다.

맥킨지는 총 105개 국가를 조사 대상으로 했는데, 2030년까지 조사대상 국가가 전부 다 기후변화로 인한 리스크를 안게 될 것이라고 보았다. 따라서 기업과 정부가 기후변화로 인한 리스크 평가 시스템을 도입하고 물자의 공급망을 재배치하는 한편 부동산 개발 계획에도 환경적인 리스크 요인을 적극 반영해야 한다고 주장한다.

환경파괴로 인한 경제적 피해도 매우 크다

기후위기뿐만이 아니라 환경파괴로부터 받는 경제적 피해도 매우 크다. 세계적인 환경운동가 헬레나 노르베리 호지Helena Norberg-Hodge는 자신의 저서『오래된 미래Ancient Futures』에서 다음과 같이 말했다.

"우리의 소비로 얼마나 많은 자연이 죽어가는지, 부유한 도시를 부양하기 위해 지구촌 너머의 다른 사회가 얼마나 큰 희생을 치르고 있는지, 대도시 삶을 유지하기 위해 자연이 얼마나 착취당하고 있는지를 스스로 성찰할 수 있게 해줘야 한다."[32]

2020년 2월 12일에 국제 자연보전기관인 세계자연기금^WWF^은 '지구의 미래^Global Futures^'라는 보고서[33]를 발표했는데, 이 보고서를 보면 우리가 환경을 파괴하면서 얻는 경제적 피해가 막대하다는 것을 알 수 있다. 이 보고서는 환경피해 비용을 경제학 모델을 이용해 분석한 세계 최초의 보고서로, 지구 생태계 파괴로 매년 세계 총생산 중 최소 570조 원, 2050년까지 총 약 1경 1,710조 원의 손실이 발생할 것으로 예상했다. 지난 2년 동안 전 세계 140개국의 환경피해 비용을 경제학 모델을 이용해 분석하는 연구에 환경학자와 경제학자, 정책전문가 등 다양한 분야의 학자들이 참여했다.

이 보고서의 저자들은 현재와 같은 방식으로 자연자원이 소비된다고 가정했을 때 예상되는 현상으로 기후위기와 해수면 상승, 극심한 강우와 슈퍼태풍, 가뭄, 물 부족, 동식물종 멸종 등을 꼽았다. 이들은 이러한 현상들로 인해 향후 30년간 발생할 경제적 손실을 계산한 결과, 홍수와 태풍, 해수면 상승의 영향으로 2050년까지 매년 약 370조 원의 경제적 피해가 발생할 것이고, 기후변화에 대응할 자연의 탄소저장력 상실로 인한 피해액이 약 150조 원에 이를 것이라고 추산했다. 이 밖에 벌을 비롯한 수분 곤충의 개체수 감소로 18조 원, 농업용수 부족으로 23조 원, 산림생태계 파괴로 90조 원에 달하는 경제적 피해가 발생하면서 전 세계 경제에 큰 타격을 줄 것으로 예상했다. 이 보고서에서는 가장 큰 경제적 타격을 입게 될 것으로 예상되는 나라를 미국으로 꼽았다. 미국은 연간 GDP 손실액이 매년 100조 원 정도 될 것으로 보았으

---

32 헬레나 노르베리 호지, 양희승 옮김, 『오래된 미래: 라다크로부터 배우다』, 중앙북스, 2015.

33 WWF Report, Global Futures, WWF, Feb 12, 2020.

며, 그 다음은 일본이 매년 96조 원의 경제적 피해를 입게 될 것으로 보았다. 우리나라는 일곱 번째로 경제적 피해가 큰 나라로서, 매년 12조 원의 경제적 피해가 예상된다고 보았다. 우리나라 GDP가 세계 12위인 점을 고려하면 환경파괴로 인한 피해액은 GDP보다 더 크다고 할 수 있다. 이 보고서는 지금처럼 환경을 파괴하는 대신 생물다양성과 자연이 인간에게 주는 혜택을 보전하는 방식으로 발전이 진행되면 매년 전 세계가 588조 원의 경제적 이익을 얻을 것이라고 전망했다. 이제는 자연보호를 윤리적 측면에서 접근하기보다 경제적 관점에서 접근하는 것이 더 현실적이지 않을까 싶다.

세계기상기구의 경제적 피해 분석과 예측

세계기상기구WMO, World Meteorological Organization는 1970년부터 2019년까지 총 1만 1,000여 건에 이르는 재해가 있었고 이 때문에 200만 명이 사망했으며 약 2조 6,400억 달러의 피해가 발생했다고 집계했다.[34] 이 기간 발생한 재해 중 45%에서 사망자가 발생했고 74%에서 경제적 손실이 발생했다. 사망자의 91%는 주로 개발도상국에서 발생했는데, 조기경보 시스템의 빈익빈 부익부 현상이 심해졌기 때문이다.

지난 50년 동안 경제적 손실이 가장 컸던 기후재해 순위 10을 살펴보면, 1위가 허리케인 등 폭풍으로, 약 5,210억 달러의 경제적 피해를 입혔다. 2위는 홍수로, 1,150억 달러의 경제적 피해를 입혔다. 2010~2019년 하루 평균 경제적 손실액은 약 3억 8,300만 달러였는

---

34 WMO, WMO Atlas of Mortality and Economic Losses from Weather, Climate and Weather Extremes(1970-2019), WMO, Sep 2, 2021.

데, 1970~1979년에는 4,900만 달러에 불과했다. 무려 50년 만에 7배 이상 경제적 피해액이 늘어난 것이다. 상위 10개 기후재해 가운데 가장 큰 경제적 손실을 입힌 허리케인 중에서도 2017년 발생한 허리케인 하비Harvey가 969억 달러로 경제적 피해액이 가장 컸고, 그 다음으로 허리케인 마리아Maria가 694억 달러, 어마Irma가 582억 달러를 기록했다.

상위 10개 기후재해를 분석한 결과 가장 많은 사망자를 낸 것은 가뭄으로 65만 명이었으며, 두 번째가 태풍 등 폭풍으로 57만 7,232명, 세 번째가 홍수로 5만 8,700명, 네 번째가 극심한 폭염과 한파와 같은 이상기온으로 5만 5,736명이 사망한 것으로 드러났다.

페테리 탈라스 세계기상기구 사무총장은 "기후위기로 인해 극단적인 날씨와 기후, 수해는 늘어나고 있으며 앞으로 더 자주 더 심각한 피해를 줄 것"이라면서 "이것은 최근 우리가 목격하고 있는 것처럼 더 잦은 열파와 가뭄, 산불이 발생할 것이라는 뜻이다. 대기에 더 많은 수증기가 생겨나고 이것은 극단적인 폭우와 치명적인 홍수를 더 악화시킬 것이다"라면서 기후위기 저지에 나서야 한다고 주장했다.

유럽환경청은 2022년 2월에 자연재난의 피해에 관한 통계보고서를 발표했다. 이들은 지난 40년간 기후변화의 영향으로 자연재난이 늘어나면서 유럽이 극심한 인명 및 경제적 피해를 입었다고 밝혔다.[35] 1980년부터 2020년까지 자연재난으로 최대 14만 2,000명이 사망했고, 약 690조 원의 경제적 피해가 발생했다고 한다. 유럽환경청은 자연재난으로 인한 경제적 손실이 매년 늘어나고 있다고 강조했다. 자연재난 중 가장 큰 피해를 준 기후 현상은 홍수였는데, 전체 경제적 손실 중 44%를 차지했다. 사망자가 가장 많이 발생한 기후 현상은 폭염으로, 전체 사망

---

35 EEA, Prepare for the future ideal Climate, EEA, Feb 2, 2022.

자의 50~75%가 2003년 유럽을 강타한 폭염으로 인해 발생했다. 40년간 자연재해로 인해 발생한 1인당 손실이 가장 높은 국가는 스위스, 슬로베니아, 프랑스 순이었고, 면적 대비로는 스위스와 독일, 그리고 이탈리아 순으로 높았다.

2020년 여름 우리나라의 장마 역시 역대급이어서 많은 지역에서 최대강수량을 기록하기도 했는데, 기후변화로 인해 앞으로는 더 큰 피해가 예상된다. 기상청의 '2020 기후변화 평가 보고서'[36]에 따르면, 세기말에 이르면 하루 강수량이 1,000mm를 넘을 것으로 예상하고 있다. 2020년 여름 장마에서 1일 강수량이 가장 많았던 지역이 400mm 정도였는데 만일 1,000mm의 호우가 내린다면 그 피해는 상상하기도 어려울 것이다. 서울대 홍정호 교수 등의 연구팀이 몇 년 전 우리나라 강수량이 어떻게 변할 것인가를 예측한 후, 이것을 경제 모형에 투입해서 경제적 피해가 얼마나 발생할 것인지를 예측한 적이 있다.[37] 이들의 연구에 따르면 지금부터 2060년까지 어느 시점에 연간 피해액이 최대 23조 7,000억 원에 달할 수 있다는 결과가 나왔다. 이들은 2049년에 최악의 경제적 피해가 발생할 것으로 보았지만, 어느 시기가 아니라 당장 내년에라도 발생할 수 있다고 말한다. 이미 기후변화로 인한 극심한 피해가 우리 코앞에 다가왔다는 말이다.

재난단체와 보험사들의 경제적 피해 분석과 예측

유엔재난위험경감사무국UNDRR, United Nations Office for Disaster Risk Reduction은

---

36 기상청, 2020 기후변화 평가 보고서, 기상청, 2020년 7월.

37 https://www.sentv.co.kr/news/view/580389

2020년 11월에 재난으로 인한 피해 보고서를 공개했다.[38] 이 보고서에 따르면, 2000년부터 2019년까지 전 세계적으로 7,348건의 자연재해가 발생했고, 전체의 90.9%가 기후와 관련된 재난이었다고 한다. 유엔의 재난 통계치를 보면 21세기 직전의 20년인 1980년부터 1999년 사이에는 재난이 4,212건 발생했다. 그런데 2000년부터 2019년까지 같은 20년 동안에는 7,348건의 자연재난이 있었으니 20년 사이에 1.7배나 늘어난 것이다. 문제는 기후와 관련된 재난이 대폭 늘었다는 것으로, 보고서에 따르면 기후와 관련된 재난은 3,656건에서 6,681건으로 2배 가까이 늘었다. 특히 홍수의 경우 20년 전보다 3배 가까이 급증했고, 태풍과 산사태 발생 건수도 눈에 띄게 늘었다. 홍수의 피해가 급증하고 있는 것은 기온이 상승하게 되면 공기 중에 포함되는 수증기의 양이 늘어나서 강수량이 늘어나는 데다가 집중호우 형태로 변해가기 때문이다. 보고서는 "2019년 지구 평균온도가 산업화 이전보다 1.1℃ 올랐고, 그 영향으로 폭염, 홍수, 산불 등의 극한기후 현상의 빈도수가 증가했다는 분명한 증거"라고 주장했다.

그런데 이 보고서에서는 자연재난의 피해가 가장 큰 곳이 바로 아시아 지역이라고 했다. 국가별로는 중국이 577건으로 가장 많았고, 미국(467건), 인도(321건), 필리핀(304건) 순이었다. 불행하게도 상위 10개 재난이 많이 발생한 국가 중 아시아 국가가 8개국에 이를 정도로 아시아 지역에 피해가 집중되었다. 피해를 가장 많이 입힌 기상 현상은 홍수가 3,254건으로 가장 큰 비중을 차지했으며, 태풍이 2,043건, 지진이 552건으로 그 뒤를 이었다. 이 보고서에서는 지난 20년 동안 발생한 기

---

38 UNDRR, Human cost of disaster: Overview of the past 20 years (2000-2019), UNDRR, Nov 12, 2020.

후재난으로 인해 123만 명이 목숨을 잃었고, 42억 명이 재산 피해를 입었으며, 경제적 피해도 3,400조 원에 이른다고 추산했다. 경제적 피해도 20년 전보다 2배 이상 늘어난 것이다. 보고서를 작성한 연구팀은 "재난으로부터 많은 생명을 구하고 있지만, 더 많은 사람이 증가하는 기후재난으로 인해 피해를 당하고 있다"고 지적했다. 그리고 극한기후 현상의 증가가 앞으로 20년 동안 계속된다면 인류의 미래는 매우 암울해 보인다고 경고하고 나섰다. "이상기후와 기후변화의 빈도와 강도가 커지면서 피해 인구와 경제 손실이 점점 더 커지고 있다. 불행하게도 우리는 안전한 곳에 있지 않다." 미즈토리 마미水鳥真美 유엔 재난위험경감사무국 특별대표의 말처럼 이젠 누구도 안전한 곳에 있다고 말하기 어렵다.

지금까지 슈퍼태풍 피해가 크게 발생했던 사례 가운데 하나로 2005년 8월에 발생해 미국 뉴올리언스에 상륙하면서 엄청난 피해를 준 슈퍼허리케인 카트리나Katrina가 있었다. 허리케인 카트리나는 1,833명의 사망자와 150조 원의 경제적 피해를 남겼다. 이때 가장 큰 피해를 본 곳이 뉴올리언스로 완전히 도시가 물에 잠기면서 파괴되었고 크리센트는 80%가 물에 잠겼었다. 그 밖에 이 슈퍼허리케인이 지나간 루이지애나·미시시피·앨라배마·플로리다·조지아주 등의 피해도 엄청나게 컸다. 경제적 피해 외에도 보험사들의 보험금 지급도 기록을 세웠다. 보험사들은 주거지, 상업시설, 자동차 피해 등 170만 건의 청구로 약 50조 원의 보험금을 지불했으며 멕시코만 연안의 원유생산시설 피해로 약 10조 원의 보험금을 지급했다. 만일 2005년 수준의 강풍과 해일을 동반한 카트리나가 2020년에 미국을 강타했다면, 현재의 여러 인프라 등을 감안해서 추산한 보험료 지급만 72조 원 정도가 될 것이라고 세계적인 재보험사인 스위스리Swiss Re가 추정했다. 다만 이 액수는 멕시코만 연안의 손실액은 제외한 것이라고 한다. 그리고 보험금과 피해액 전체는 약 240조 원이 될 것이라고 예측했다. 필자는 강의할 때 슈퍼태풍이 북상하면 우리나라의 피해가 어느 정도 예상되느냐는 질문을 받는데 "도저히 예측이 불가능할 정도로 엄청난 피해가 발생할 것이다"라고 말한다. 따라서 태풍에 대비하는 인프라 구축도 중요하지만 결국 기후변화를 저지하기 위한 노력이 정말 중요하다고 하겠다.

3

기후위기가
금융에 미치는 심각한 영향

그린 스완이 온다

최근 세계적인 미래학자 제레미 리프킨Jeremy Rifkin이 "2028년이면 화석
연료 문명이 종말한다"라는 예언을 했다. 그는 수많은 사람이 기후위기
에 대해 인식하지 못하고 있다고 주장하고 있는데, 뜻밖에 금융계에서
도 전적으로 동의하고 있다.

2020년 2월 국제결제은행BIS, Bank for International Settlements은 '그린 스완The
Green Swan'이라는 보고서를 발표했다.[39] 국제결제은행은 각국의 중앙은행
간 자금결제를 시행하는 '중앙은행의 은행' 역할을 담당하며, 국제적인
금융감독과 금융 시스템 안정화를 주도하고 있다. 그렇다면 이들이 말

---

39 Patrick Bolton et al, The green swan: Central banking and financial stability in the age of
climate change, BIS Other, Jan 20, 2020.

하는 '그린 스완Green Swan'[40]이란 무엇일까? 금융업계에서는 평소에는 일어날 수 없지만 만에 하나 발생하면 파괴적인 손상을 주는 리스크를 흔히 '블랙 스완Black Swan'이라고 부른다. 2008년 미국의 금융위기 때 사용되었던 용어다. 그런데 국제결제은행은 다음에 올 블랙 스완은 기후위기로 인해 발생할 것이라면서 환경이라는 의미를 더해 이를 그린 스완이라 칭했다. 국제결제은행은 앞으로 도래할 그린 스완은 블랙 스완과는 비교가 되지 않을 정도로 대책을 강구하기 어렵다고 하면서 완전히 새로운 리스크 대책이 필요하다고 주장했다. 아울러 국제결제은행은 기후위기에 주목해야 한다고 전 세계 금융당국과 금융기관에 경고하고 나섰다.

기후위기는 실제로 금융계에 새로운 리스크를 가져오고 있다. 미국 서해안의 캘리포니아주는 건조해지는 기후위기로 대형 산불이 일어나면서 매출이 약 170억 달러에 달하는 지역 최대 전력회사가 2019년에 파산했다.[41] 기후위기로 인한 손해액(보험손해액과 무보험손해액의 합계)은 1990년경부터 상승하기 시작했으며, 이를 10년 이동평균한 결과 2010년 이후부터는 1990년까지의 4배 이상으로 늘어났다. 특히 2021년에는 전 세계적으로 기후재난이 끊이지 않았다. 2020년 9월에 미국 상품선물거래위원회CFTC, Commodity Futures Trading Commission의 보고서에서는 "기후위기가 미국 금융 시스템의 안정과 이에 따른 미국 경제의 지속성에 주요 위협이 될 수 있다"고 언급하고 있다.[42] 2021년 3월에는 미국

---

40 그린 스완: 기후변화로 인한 경제의 파괴적 위기를 말한다. 이는 미국 월스트리트의 투자 전문가 나심 니콜라스 탈레브(Nassim Nicholas Taleb)가 2007년 제시한 이후 '불확실한 위험'을 가리키는 용어로 자리 잡은 '블랙 스완(Black swan)'을 변형한 것이다.

41 후마 겐지, 『2030 지구의 경고』, 도서출판 큰그림. 2021.

42 CFTC, Climate-Related Market Risk Subcommittee Releases Report, CFTC, Sep 9, 2020.

중앙은행인 연방준비제도FED, Federal Reserve System도 토네이도, 홍수, 산불을 비롯한 극심한 자연재해의 위험이 경제 전망이나 금융자산 가치에 영향을 미칠 수 있다고 주장했다.[43] 연준은 보고서에서 "기후위험이 금융 시스템에 충격으로 나타날 수 있다. 경제·금융 리스크들이 서로를 증폭시킬 수 있다. 기후재난이 부동산 붕괴를 일으키면 은행이 손실을 입어 대출과 투자를 축소하는 등의 연쇄효과가 일어난다"고 경고하기도 했다.

국제통화기금IMF, International Monetary Fund도 기후위기발 금융위기가 온다고 발표했다. 토바이어스 에이드리언Tobias Adrian IMF 통화자본시장국장은 2021년 7월 3일 '그린 스완 컨퍼런스'에 참석 중 가진 기자회견에서 "기후위기는 느리게 진행되고 있지만, 잠재적으로 재앙이 될 것이며 기후변화가 틀림없이 금융위기를 촉발할 것"이라고 밝혔다.[44] 그는 바하마, 필리핀 등 최근 허리케인과 태풍이 강타한 나라들을 거론하며 "많은 나라에서 기후재앙이 금융 시스템에 재앙적인 결과를 초래했다"고 주장했다. 그는 최악의 시나리오에서라도 생존하려면 위험 관리를 확실히 해야 할 것이라고 강조한다.

금융위원회에서는 기후위기로 인해 발생 가능한 금융 리스크 사례를 발표하기도 했다.[45] 첫 번째 사례가 미세먼지로, 미세먼지는 기후변화로 인해 매년 농도가 짙어지고 있는데, 미세먼지 영향으로 호흡기질환 발병률이 높아져 질병 보험금 지급 규모가 커지고 손해율이 올라간다는 것이다. 참고로 질병관리본부는 미세먼지 농도가 제곱미터당 10

---

43 Fed, Climate disasters can lead to financial crises, Fed, Mar 22, 2021.

44 Tobias Adrian, Coordinating Finance on Climate, BIS, July 3, 2021.

45 금융위원회, 녹색금융 추진 전담팀(TF) 첫 회의(Kick-off) 개최, 국제협력팀, 2020/8/13.

●●● 기후위기는 실제로 금융계에 새로운 리스크를 가져오고 있다. 미국 서해안의 캘리포니아주는 기후위기로 대형 산불이 일어나면서 매출이 약 170억 달러에 달하는 지역 최대 전력회사가 2019년에 파산하기도 했다. 특히 2021년에는 전 세계적으로 기후재난이 끊이지 않았다. 2020년 9월에 미국 상품선물거래위원회(CFTC)의 보고서에서는 "기후위기가 미국 금융 시스템의 안정과 이에 따른 미국 경제의 지속성에 주요 위협이 될 수 있다"고 언급하고 있다. 토바이어스 에이드리언 IMF 통화자본시장국장은 2021년 7월 3일 '그린 스완 컨퍼런스'에 참석 중 가진 기자회견에서 "기후위기는 느리게 진행되고 있지만, 잠재적으로 재앙이 될 것이며 기후변화가 틀림없이 금융위기를 촉발할 것"이라고 밝혔다.

μg 증가하면 기관지염으로 인한 입원 환자가 23% 증가하고 만성폐쇄성 폐질환 외래환자가 10% 늘어난다고 추산한다. 이외에 집중호우로 인한 자동차 침수 피해는 자동차보험 손해율을 올려 보험 부문의 건전성이 약화될 우려가 있다. 또 폭염으로 인한 농산물 피해가 발생하면 은행의 농식품산업 대출, 보증, 융자 등에 대한 상환이 지연되면서 은행 부문 건전성이 약화될 우려가 있으며, 온실가스 감축 움직임으로 인해 탄소배출권 가격이 상승하게 되면 탄소배출 기업의 영업이익과 담보가치가 하락함으로써 탄소배출 기업에 대한 대출은행의 건전성이 약화될 우려가 있다. 그런데 해가 갈수록 기후위기로 인한 이런 피해는 증가할 것으로 보이기 때문에 선제적으로 금융 리스크를 관리하는 수밖에 없다.

우리나라 금융당국은 기후변화를 금융 리스크로 식별하고 이를 관리·감독할 수 있는 모니터링 체계를 구축할 계획이라고 밝혔다. 기업의 환경 관련 정보 공시도 확대하여 금융투자 때 환경 리스크를 고려할 수 있도록 뒷받침하기로 했다. 지금 전 세계적으로 친환경(Environment), 사회적 기여(Social), 투명한 지배구조(Governance) 등을 고려한 ESG 투자가 늘고 있는 추세다. 그러나 기업이 환경보호에 얼마나 힘쓰고 있는지를 실제로 확인한다는 것은 쉽지 않기 때문에 이러한 것들을 관리나 감독하기 위해 모니터링 체계를 잘 구축할 필요가 있다.

무늬만 녹색인 '그린 워싱' 등 과거 녹색금융과 관련해 드러난 문제점을 보완하기 위해 녹색산업의 투자 범위 등을 조속히 마련해야 한다. 예를 들어 EU는 7대 산업 내에서 녹색금융 산업 유형을 명시하고 있는데, 에너지산업에서는 태양광 등을, 수송에서는 저탄소 교통 인프라 등을 녹색금융으로 꼽고 있다.

Environment · Social · Governance

●●● 우리나라 금융당국은 기후변화를 금융 리스크로 식별하고 이를 관리·감독할 수 있는 모니터링 체계를 구축할 계획이라고 밝혔다. 기업의 환경 관련 정보 공시도 확대해 금융투자 때 환경 리스크를 고려할 수 있도록 뒷받침하기로 했다. 지금 전 세계적으로 친환경(Environment), 사회적 기여(Social), 투명한 지배구조(Governance) 등과 같은 비재무적 요소를 고려한 ESG 투자가 늘고 있는 추세다. 기후위기 시대에 ESG 투자는 세상의 룰를 바꾸는 새로운 투자의 원칙으로 부상하고 있다.

기후위기에 대응하는 기업에만 투자한다

2019년에 유엔은 사람과 지구를 보호하기 위한 저탄소 경제로의 전환을 위해 비즈니스를 변화시키는 기업이 기후위기로 인한 기회를 최대한 활용할 수 있도록 투자자연합을 결성했다. 세계 최대 규모 투자자들의 탄소 저감 약속이 발표되었고, 정부와 기업, 시민사회가 함께 모여 기후위기에 대한 파리 협정 이행을 가속화하기로 했다. 투자자들은 지구상에서 가장 많은 자본을 보유한 퇴직저축연금을 운영하는 소유자이거나 보험회사들로, 이들의 투자 포트폴리오는 세계 경제 모든 부문에 영향을 미치고 있다. 이렇게 세계 경제에 영향력이 큰 이들이 이제는 기후위기에 대응하는 데 힘을 합치기로 결정했다. 이들은 유엔이 소집한

'넷제로[46]를 위한 투자자연합Net-Zero Asset Owner Alliance'에서 투자 포트폴리오를 구성할 때 기후위기에 최우선적으로 투자하겠다고 약속했다. 그리고 세계 경제를 탈탄소화시키기 위해 2050년까지 2,600조 원 이상의 자금을 투자하는 엄청난 조치를 취하기로 약속했다. 유엔환경계획UNEP, United Nations Environment Programme의 사무총장 잉거 안데르센Inger Andersen은 "투자자연합의 결정이 우리의 회복력과 지속가능성의 길을 열어줄 것"이라며 환영하고 나섰다.

퇴직연금 운용자나 보험사들이라면 기관투자가인데, 이들의 역할은 무엇일까? 기후위기를 저지하기 위한 저탄소 경제를 위해 기관투자자들은 세계적으로 필요한 신재생에너지로의 전환을 촉진하는 데 중요한 역할을 하고 있다. 투자자들은 저탄소 솔루션에 투자하면서 탈탄소화를 통해 상업적 수익을 얻을 수 있는 기회가 많다고 말한다. 투자자연합은 자산 소유자로서 지구에 대한 책임에 부응하고 2050년까지 기후 중립적인 저탄소 비즈니스 관행에 기여해야 한다고 합의했다. 한편 투자자연합은 더 큰 영향력을 발휘하기 위해 기존 회원 외에도 추가 자산 소유자가 2050년까지 탈탄소화와 넷제로Net Zero를 달성하는 데 참여할 수 있도록 문호를 개방하고 있다.

호주에 본사를 두고 있는 맥쿼리그룹Macquarie Group도 투자 포트폴리오에서 기후위기에 중점을 두겠다고 선언했다. 맥쿼리는 세계 최대 기반시설 자산운용사이자 호주 최대의 투자은행이기도 하다. 이들은 기후위기를 완화하고 그 영향에 적응하기 위한 다양한 해결 방안을 진행함

---

46 넷제로: 6대 온실가스(이산화탄소, 메탄, 아산화질소, 수소불화탄소, 과불화탄소, 육불화황) 배출량을 모두 '0'으로 만드는 것으로, 배출원이 배출한 만큼을 흡수원이 다시 흡수하도록 해 실질적 온실가스 배출량을 '0'으로 만든다는 것이다. 이산화탄소를 배출한 만큼 흡수해 실질적 배출량을 '0'으로 만드는 탄소중립(carbon neutralization)보다 폭넓은 개념이다.

●●● '넷제로'란 6대 온실가스(이산화탄소, 메탄, 아산화질소, 수소불화탄소, 과불화탄소, 육불화황) 배출량을 모두 '0'으로 만든다는 것으로, 배출원이 배출한 만큼을 흡수원이 다시 흡수하도록 해 실질적 온실가스 배출량을 '0'으로 만드는 것이다. 이산화탄소를 배출한 만큼 흡수해 실질적 배출량을 '0'으로 만드는 '탄소중립'보다 폭넓은 개념이다. 탄소 배출 절감이 주요 이슈로 떠오르면서 세계 최대 투자사 30곳이 투자 기업들에 탄소 배출 감축을 요구할 것이라고 발표했다. 기후변화를 더 이상 먼 미래의 환경문제가 아니라 지금의 금융투자 리스크로 보기 시작한 것이다. 배출권거래제(ETS), 탄소국경세 등으로 인한 기업들의 비용 부담은 결국 투자자들의 배당수익 및 시세차익 감소를 의미하기 때문이다.

으로써 저탄소 경제로의 전환을 지원하고 있다. 맥쿼리자산운용그룹 Macquarie Asset Management은 2040년까지 포트폴리오 기업들의 넷제로를 달성하겠다고 발표했다.[47] 마틴 스탠리Martin Stanley 대표는 "경제와 지역사회를 지탱하는 기업의 장기투자자로서 우리는 기후위기를 심각하게 다룰 책임이 있다. 투자 기업 전반에 걸쳐 탄소 배출을 줄여 투자하는 기업뿐만이 아니라 고객과 지역사회에까지 최선의 가치를 구축해나갈 것이다"라고 말한다.

세계 최대 자산운용사이다 보니 기후위기에 대한 상당한 영향력을

---

47 https://www.macquarie.com. "맥쿼리자산운용그룹, 지속가능성 보고서에서 2040년까지 기업들의 넷제로 달성하겠다" 보도자료, 2021년 1월 22일.

행사할 수 있다. 이들은 녹색에너지 프로젝트에 약 29조 7,000억 원 이상을 투자하거나 관련 거래를 주선했으며, 지난 10년 동안 신재생에너지 프로젝트에 약 49조 6,000억 원 이상을 투자하면서 탄소중립을 기반으로 운용하고 있다. 맥쿼리그룹은 현재 4개 대륙에 걸쳐 50GW 이상의 신재생에너지 프로젝트를 개발하고, 건설, 투자 및 운용 중에 있으며 이들이 관여하는 에너지, 농업, 운송, 폐기물, 산업가스배출 및 부동산을 포함한 경제 전반에 있어서 탈탄소화 목표를 실현하도록 관련 정부 및 고객사를 지원하고 있다. 세계적인 투자사들의 기후위기를 저지하기 위한 탈탄소 투자는 오히려 석유산업 투자보다 더 많은 이익을 만들어낸다고 이들은 말한다.

　2021년 10월에 유럽중앙은행ECB, European Central Bank은 기업 채권을 매입할 때 회사가 기후위기에 악영향을 끼치는지 평가하는 방안을 추진하고 있다고 밝혔다. 유럽중앙은행은 3조 4,000억 유로 자산 구매 프로그램의 일환으로 2021년 9월 말 기준 2,360억 유로 이상의 회사채를 보유하고 있다. 이들의 금융정책 변화로 당장 기후위기와 환경오염에 악영향을 끼치는 석유·가스·항공 업체들은 회사채 매매에 타격을 입을 것으로 보인다. 크리스틴 라가르드Christine Lagarde 유럽중앙은행 총재는 "유럽중앙은행이 2016년 회사채 매입을 시작한 이후 지금까지 '시장 중립성' 원칙을 최우선 가치로 고수해왔지만 이제는 변화가 필요하다. 즉, 기후위기를 가져오는 회사채 매입은 하지 않는 것이 타당하다"라고 밝혔다.

　기후위기를 가져오는 기업들은 앞으로 자금 조달이 더 어려워질 것이다. 총 5조 달러(약 6,000조 원) 자산을 운용하는 세계 최대 투자사 30곳이 투자 기업들에 탄소 배출 감축을 요구할 것이라고 발표했기 때문이다. '넷제로를 위한 투자자연합'은 투자 기업들에 탄소 배출을 줄이라고 요구할 계획이라고 밝혔다.[48] 이들은 2050년까지 저탄소 경제로 전환하기 위해 기업들의 관행 개선을 촉구하겠다고 약속했다. 이 기관투자자들은 기후변화를 더 이상 먼 미래의 환경문제가 아니라 지금의 금융투자 리스크로 보고 있다. 배출권거래제[ETS, Emission Trading Scheme], 탄소국경세 등으로 인한 기업들의 비용 부담은 결국 투자자들의 배당수익 및 시세차익 감소를 의미하기 때문이다. 규모가 큰 자산운용사들은 이미 관련 기업들에서 발을 빼고 있다. 7조 달러 상당 자산을 운용하는 블랙록[BlackRock]이 2021년에 석탄을 통해 얻은 매출이 25%가 넘는 기업들의 채권과 주식을 처분한 것이 좋은 사례다.

우리나라의 금융 기후위기 대응

기후위기에 대응하는 투자의 흐름에 우리나라는 어떻게 대응하고 있을까? 산업 중에 가장 많은 온실가스를 만들어내는 산업이 석탄발전이다. 그런데 지금 기후위기 및 좌초자산 가능성 때문에 세계적으로 석탄발전 투자 규모가 급감하고 있다. 그럼에도 우리나라 금융기관의 석탄발전 투자 추이는 세계적 추세에 역행하고 있다. 석탄발전 투자 금액 총 60조 원 가운데 민간 금융기관이 63%, 공적 금융기관이 37%를 차지하는데, 국내 석탄발전 프로젝트의 경우는 민간 금융기관이 전체 투자 금액의 73%를 차지하며, 해외 프로젝트의 경우는 전체 투자 금액의 92%를 공적 금융기관이 지원하고 있다. 해외 석탄발전을 위한 우리나라 공적 금융기관의 투자는 '기후 악당 국가'라는 불명예를 가져오기도 했다.

---

48 Investor association for carbon zero. It plans to require investment companies to reduce carbon emissions by 16-29% within 5 years, IACZ, May 5, 2021.

2021년부터 공적 금융기관들이 외국 석탄발전에 투자하지 않겠다고 했으니 그나마 다행이 아닐 수 없다.

세계적인 재보험사인 스위스리는 온실가스를 감축하지 못하면 30년 뒤 세계 경제가 입을 피해가 한 해 '2경 원'이나 될 것이라고 예측했다. 스위스리는 '기후위기로 인한 경제 영향 분석' 보고서[49]에서 온실가스를 감축해 기후위기를 완화하지 못하면 2050년에는 세계 경제 생산이 한 해 18%나 줄어들면서 2경 원의 피해가 발생할 것이라고 추정했다. 많은 국가가 미래의 피해를 예측할 때 보험사나 재보험사들의 전망을 많이 인용한다. 그만큼 미래 경제 피해 예측기법이 앞섰기 때문이다. 2020년에 킨제이 보고서Kinsey Report에서 기후재난 피해액이 매년 수천조 원이 될 것이라는 전망이 있었다. 지금까지 기후재난 피해액에 관해 몇천조 원까지는 언급이 되었지만 몇경 원이 언급된 것은 이번이 처음이다. 이번 스위스리 보고서는 현재의 온실가스 감축 계획하에 기후위기가 진행되면 식량 생산 감소, 질병 확산, 해수면 상승 등으로 인해 세계 경제가 크게 후퇴할 것이라고 보고 있다. 기후위기가 없을 때와 비교해 2050년 총생산이 11~14%가량 줄어들 것으로 보는데, 문제는 현재 수준보다 기후위기 대응 속도가 느려지면 경제 손실은 18%까지 치솟으면서 매년 피해가 2경 원이나 된다는 것이다. 스위스리 보고서는 현재 온실가스 배출 수준으로는 세계 평균기온이 2050년까지 2.6℃ 상승에 이를 것으로 전망했다. 이럴 경우 감소폭이 작은 편에 속하는 미국조차 GDP(국내총생산)이 7% 줄어들며, 말레이시아, 필리핀 등 아시아 국가들은 30% 이상 감소할 것으로 추정했다. 그리고 우리나라의 경우

---

49 Swiss Re, Climate change poses the biggest long-term risk to the global economy. No action is not an option. Swiss Re, Published on: Apr 22, 2021.

●●● 미국 대형 투자은행 JP모건은 기후변화 대응에 동참하는 기업에 향후 10년간 약 2,800조 원을 투자하겠다고 나섰다. 2020년에도 JP모건은 녹색에너지 프로젝트에 60조 원 이상을 투자했는데, 2021년에도 풍력과 태양열을 이용한 녹색에너지 지원 프로젝트에 1,150조 원의 투자를 단행했다. 화석연료에 투자해봐야 좌초자산으로 손해를 볼 게 뻔하다고 판단하고 미래 유망사업으로 꼽히는 녹색투자로 바꿔나가고 있는 것이다. 이제는 기후위기에 적극적으로 대응하지 못하는 기업은 새로운 투자를 받을 수도 없고 결국 도태될 수밖에 없다. 〈출처: WIKIMEDIA COMMONS | CC BY-SA 3.0〉

2050년까지 지구 평균기온이 2℃ 상승할 때는 GDP가 8.5% 감소하고, 3.2℃까지 오르면 GDP가 12.8% 감소하는 것으로 분석되었다.

이렇다 보니 미국 대형 투자은행 JP모건^{JPMorgan}이 기후변화 대응에 동참하는 기업에 향후 10년간 약 2,800조 원을 투자하겠다고 나섰다. 2020년에도 JP모건은 녹색에너지 프로젝트에 60조 원 이상을 투자했는데, 2021년에도 풍력과 태양열을 이용한 녹색에너지 지원 프로젝트에 1,150조 원의 투자를 단행했다. 이들은 화석연료에 투자해봐야 좌초자산으로 손해를 볼 게 뻔하다고 판단한다. 따라서 미래 유망사업으로 꼽히는 녹색 투자green investing로 바꿔나가고 있다. 이제는 기후위기에 적극적으로 대응하지 못하는 기업은 새로운 투자를 받을 수도 없고 결국 도태될 수밖에 없다. 기후위기에 적극적으로 대응하는 기업만이 살아남는다. 세계적인 투자사들이 서로 우리나라에 투자할 수 있는 환경을 우리 금융계나 기업, 그리고 정부가 만들어가야만 한다.

SAVE THE PLANET

제3장
폭염과 폭우,
그리고
슈퍼허리케인

1

양식장 조개들이 익어버리는
1천 년 만의 폭염

"기후는 변하고 있고, 그 영향은 이미 사람들과 우리 지구에게 너무 많은 비용을 요구합니다. 올해(2021년)는 행동의 해로, 각국은 2050년까지 탄소배출량을 제로(0)로 줄이겠다고 약속할 필요가 있습니다. 글래스고의 COP26을 훨씬 앞질러 2030년까지 전 세계 배출량을 2010년 대비 45%까지 일괄 감축할 야심찬 국가 기후 계획을 제출할 필요가 있습니다. 그리고 우리 모두는 기후변화의 비참한 영향으로부터 사람들을 보호하기 위해 지금 행동할 필요가 있습니다."

안토니우 구테흐스António Guterres 유엔 사무총장의 말이다.

2021년 《뉴스펭귄NewsPenguin》이 선정한 최악의 환경재난 10선 중에 폭염으로 양식장에서 익어버린 조개 사건이 2위를 차지했다. 2021년 7월 미국 워싱턴주의 한 조개 양식장에서 극심한 폭염으로 조개가 집단 폐사했다. 공개된 사진 속 조개들은 열을 이기지 못해 입을 쩍 벌린 채 익어 있었다. 마치 열판에 놓고 구운 듯한 끔찍한 광경에 양식장 운영자는 넋을 잃었다. 조개가 익어버린 워싱턴주의 7월 평균기온은 20~24℃ 정도인데, 이때는 무려 49℃까지 올라갔다.

기온 상승은 우리 예상보다 빠르게 진행되고 있다

우리가 사는 지구의 기온은 지금까지 지구의 다른 어떤 기간보다 훨씬 더 빨리 상승하고 있다. 지구 기온 상승의 기준점은 1850~1900년 사이의 평균기온으로 잡는데, 이때로부터 겨우 한 세기 조금 지났음에도 불구하고 현재의 지구 평균기온은 아주 가파르게 상승하고 있다.

　2021년에도 기온은 꾸준히 상승했다. 세계기상기구는 2021년 10월 31일에 '2021년 기후 상태: 극단적인 사건 및 주요 영향'이라는 보고서를 발표했다.[50] 이 보고서는 영국 글래스고에서 11월 1일에 개최된 제26차 유엔기후변화협약 당사국총회에서 기후위기의 심각성을 밝히기 위해 이례적으로 미리 작성되었다. 이 보고서는 기록적인 대기 온실가스 농도 및 관련 누적 열이 현재와 미래 세대에 광범위한 영향을 미치면서 지구를 미지의 영역으로 몰아넣고 있다고 언급했다. 또한 2021년 1~9월의 데이터를 바탕으로 지난 7년은 역사상 가장 따뜻한 7년이었으며, 라니냐의 영향을 받는 2021년에도 지구 평균기온(1~9월 데이터 기준)은 1850~1900년의 지구 평균기온보다 약 1.09℃ 높았다고 말하면서 기록상으로 보면 2021년은 다섯 번째에서 일곱 번째로 가장 더운 해가 될 것으로 예상했다. 2021년은 라니냐의 영향을 받았는데, 라니냐[51]는

50　WMO, State of Climate in 2021: Extreme events and major impacts, 31 October 2021.

51　라니냐: 적도 부근의 동부 태평양에서 해면의 수온이 비정상적으로 낮아지는 현상. 적도 부근의 편동풍이 강해져 온난한 수역이 서쪽으로 이동하면서 심해의 찬물이 상승하여 일어난다. 이 현상은 지구의 기온을 하강시킬 수 있다.

일시적인 냉각 효과를 불러와 지구 기온을 하강시킴으로써 지역 날씨와 기후에 영향을 미친다. 마지막으로 중요했던 라니냐 시기가 2011년이었는데, 2021년은 2011년보다 약 0.18°C에서 0.26°C 더 따뜻했다. 2022년에 들어와서도 이상 폭염은 멈추지 않았다. 호주기상청이 발표한 바에 의하면 2022년 1월 13일에 웨스턴오스트레일리아Western Australia주 온슬로Onslow의 최고 기온이 50.7°C를 기록하면서 기존 최고 기록을 넘어섰다. 이맘때 온슬로 지역 평균기온은 36.5°C 정도다.

비정상적인 폭염이 전 세계를 강타했다

2021년에 기후위기의 심각성을 보여주는 폭염이 미국과 캐나다 서부 지역에서 발생했다. 이 열파는 일상적인 열파가 아닌 치명적인 폭염 현상이었는데, 인간이 유발한 기후변화가 없었다면 사실상 불가능한 현상이라는 연구 결과까지 나올 정도였다. 이 연구결과는 기후변화를 연구해온 세계기상귀인WWA, World Weather Attribution이 발 빠르게 진행해 발표한 것으로, 이 연구에는 미국 프린스턴대학의 기후학자 가브리엘 베치Gabriel Vecchi 교수를 비롯해 27명의 과학자가 참여했다.[52] 연구팀은 기후위기가 극단적인 열파 발생 가능성을 적어도 150배 이상 높였다는 계산 결과를 공개하면서 실제로 극단적인 폭염이 이런 계산값보다 훨씬 더 많이 발생할 수도 있다고 경고했다. 그리고 이 지역이 6월 말에 기온(화씨)이 세 자릿수로 치솟는 일은 인류문명사에서 없었을 뿐만 아니라 지금의 지구가열화 상황에서도 1천 년에 한 번 일어날 일이라며 경악을 금치

---

52 WWA, "It is impossible without climate change caused by fatal heat waves in the U.S. and Canada", WWA Published, June, 2021.

못했다.

2021년 8월 11일에 이탈리아 시칠리아^{Sicilia}섬 남동부 시라쿠사^{Siracusa}의 낮 최고기온이 48.8°C를 기록했다. 이 기록은 이전의 그리스 최고기온 48°C 기록을 깬 유럽 대륙 극최고기온 이었다. 당시 루시퍼^{Lucifer}라고 이름 붙여진 강력한 고기압이 북부 아프리카에서 확장하면서 폭염이 발생했는데, 남부 대부분 지역과 수도 로마 주변 등도 낮 기온이 약 40°C까지 치솟았다. 폭염은 대형 산불을 불러오는데 이때도 시칠리아 섬과 반도 남부 지역에서 잇따라 산불이 발생했다. 시칠리아에 48.8°C라는 폭염을 불러온 고기압은 지중해 남쪽 연안 알제리와 그리스, 터키 등에도 폭염과 대형 산불을 불러오면서 알제리에서 산불로 적어도 65명이 숨졌다. 이웃 국가인 튀지니의 수도 튀니스^{Tunis}도 이날 낮 최고기온이 49°C까지 치솟았다. 2021년 8월 초에 유럽 전역을 덮친 살인적인 폭염으로 그리스는 최고 47.1°C에 달하는 등 50°C에 근접하는 열파 더위가 전국을 강타했다.

그리스 인근인 터키도 폭염 발생 2주 동안 300건 이상의 대규모 산불로 큰 피해를 보았다. 여기에 이탈리아의 사르데냐와 시칠리아, 스페인 내륙에서도 산불이 발생했으며, 크로아티아 해안 도시에서는 폭풍이 몰아치는 등 지중해 주변 곳곳이 재해로 어려움을 겪었다. 불가리아, 루마니아, 세르비아 등 남유럽 전역은 50℃에 육박하는 극심한 폭염으로 고통받았는데 여름에 건조한 지중해성 기후의 영향으로 낮은 습도까지 더해지면서 대형 산불로 번졌다.

동아시아의 여름도 매우 뜨거웠다. 일본 하마마쓰^{浜松}에서는 2021년 8월 17일 최고치인 41.1℃를 기록했고, 대만에서는 7월 14일 최고 수준인 39.7℃를 찍었다. 중국에서 가장 더운 곳으로 알려진 신장위구르 자치구 투루판시 일대에 2021년 첫 고온 적색경보가 7월 2일 발령되

●●● 2021년에 기후위기의 심각성을 보여주는 폭염이 미국과 캐나다 서부 지역에서 발생했다. 기후변화를 연구해온 세계기상귀인(WWA)이 발 빠르게 진행한 연구에 참여한 미국 프린스턴대학의 기후학자 가브리엘 베치 교수를 포함한 27명의 과학자들은 이 열파가 일상적인 열파가 아니라 비정상적인 폭염 현상이며, 인간이 유발한 기후변화가 없었다면 사실상 불가능한 현상이라고 밝히면서 기후위기가 극단적인 열파 발생 가능성을 적어도 150배 이상 높였다는 계산 결과를 공개했다. 2021년에 이어 2022년 여름에도 미국, 유럽 대륙은 살인적인 폭염에 신음해야 했다. 과학자들은 지구가열화의 영향이 뚜렷해지고 있다며 앞으로 폭염은 더 잦아질 것이라고 경고하고 있다.

었다. 투루판시 최고기온은 7월 2일과 3일 43℃, 4일 42℃를 기록했다. 6일에는 한낮 기온이 47℃까지 치솟았다. 특히 이 지역에 위치한 화염산의 열기는 사막보다 더 뜨겁다. 2021년 화염산 지표면 온도는 6월 말에 이미 70℃를 넘어섰다. 화염산 밑에 설치된 대형 '여의봉' 온도계는 6월 29일에 73℃를 가리켰다. 그리고 7월 4일에 77℃로 최고기온을 기록했다. 화염산은 고전소설『서유기』의 배경으로, 삼장법사가 손오공, 사오정, 저팔계를 데리고 불경을 가지러 가던 중 만난 불타는 산이 바로 화염산이다. 이런 정도의 기온에서는 사람이 도저히 살 수 없다.

한반도 기온도 지속적으로 오르고 있다

우리나라 기상청은 2022년 1월에 '2021년 기후 분석 결과'를 발표했다.[53] 2021년 우리나라의 연평균기온은 13.3℃였다. 이 수치는 전국에서 기상 관측을 시작한 1973년 이래 두 번째로 높은 수준이었다. 우리나라 여름 기온이 가장 높았던 해가 2016년이었는데, 연평균기온 역시 2016년이 가장 높았다. 그런데 2021년의 기온은 가장 높았던 해인 2016년(13.4℃)와 비교해도 겨우 0.1℃ 낮을 뿐이었으며, 최근 30년 (1990~2020년) 연평균기온 평균치인 12.5℃보다는 0.8℃나 높았다. 전국 평균기온으로는 2위였지만 수도권, 대전권, 경남권, 전북·전남권, 제주권은 가장 더운 해였다. 2021년 서울의 벚꽃이 1922년 관측 시작 이래 100년 만에 가장 빠른 3월 24일에 개화한 것도 이 때문이었다.

　통계를 보면 우리나라 기온 상승 역시 가파라지는 추세를 보인다. 연평균기온이 가장 높은 상위 10개 연도를 보더라도 8개 연도가 모두

53　기상청, '2021년 기후 분석 결과', 기상청, 2022/1.

2000년대 이후에 속해 있다. 특히 2017년을 제외하고 2015년부터는 모든 해가 10위권에 들어와 있다는 점이 우려스럽다. 30년간의 기후통계자료를 보더라도 기온 상승이 급속해지는 것을 확인할 수 있다.

우리나라 기상청은 2021년에 신기후 평년값을 발표했다.[54] 세계 어느 나라나 10년이 지나면 기후 평년값을 바꾼다. 이전에는 1981년에서 2010년까지의 평균기후 자료를 사용했는데, 2021년부터는 1990년부터 2020년까지 30년간의 기후 평년값을 기준으로 활용한다. 그런데 우리나라는 지구가열화가 빨리 진행되는 나라이기 때문에 신기후 평년값은 과거기후 평년값에 비해 기온이 더 많이 상승했다. 기상청의 신기후 평년값(1991~2020년)에 따르면 우리나라의 연평균기온은 12.8℃로 이전 평년값보다 0.3℃ 상승했다. 10년 평균기온으로 보면 1980년대에 12.2℃였던 것이 2020년대에는 13.1℃가 되어 0.9℃ 상승했다.

우리나라의 지구가열화 속도는 세계 평균 지구가열화 속도의 1.5배 이상일 정도로 우리나라는 기온이 빠르게 상승하고 있다. 이렇게 기온이 빠르게 상승하면서 폭염과 열대야 현상도 증가하고 있는데, 신기후 평균값은 이전에 비해 폭염과 열대야 현상은 각각 1.7일과 1.9일 증가했고, 한파 일수는 0.9일 감소했는데, 이러한 현상은 최근 10년 사이에 크게 증가한 것으로 나타났다. 특이한 것은 2011~2020년의 폭염 일수가 신기후 평균값보다 무려 3.1일이나 더 많고, 열대야 일수도 2.7일이나 더 많다는 것이다. 이는 2010년대 이후 기온의 증가폭이 그 이전보다 훨씬 더 크다는 얘기다.

---

54 기상청, '신기후 평년값', 기상청, 2021/3.

폭염으로 인한 인명피해가 늘어난다

폭염으로 인한 피해 중 가장 큰 것은 인명피해다. 중국 칭화대 연구팀을 주축으로 세계 25개 기관의 전문가들이 중국의 기후위기와 공중보건의 상관관계를 연구한 결과를 담은 보고서를 2021년 11월에 《랜싯 공중보건Lancet Public Health》에 게재했다.[55] 이들은 보고서에서 중국 중부 지역의 극심한 홍수부터 남부지역의 폭염과 뎅기열 위협 증가에 이르기까지 중국 전역에 걸쳐 기후위기에 따른 건강 문제가 늘어나고 있다고 지적했다. 특히 2020년 중국에서 약 1만 4,500명이 폭염으로 사망했고, 이는 1986~2005년 평균치의 거의 2배나 된다고 주장했다. 이 정도의 인명피해는 코로나19로 인한 사망자보다 더 많다고 보고 있다. 아울러 폭염으로 인한 노동시간 단축도 있었는데, 이로 인해 2020년 중국 GDP(국내총생산)가 약 1.4% 줄어들었다고 판단했다. 또 폭염으로 인해 20년 전보다 산불도 많이 발생하고 있다고 밝혔다. 이 보고서는 특히 "기후위기가 건강에 미치는 영향은 중국의 모든 지역에서 계속 악화하고 있다. 코로나19의 고통스러운 교훈 이후 중국에서 사람들의 건강을 보호할 이 중요한 기회를 놓쳐서는 안 된다"라고 강조했다. 영국 글래스고에서 제26차 유엔기후변화협약 당사국총회가 열리고 있는 가운데 발표된 이 보고서는 최종적으로 "기후변화가 코로나19보다 세계 공중보건에 더 큰 위협이 될 것으로 보인다"라고 지적했다.

폭염으로 인한 사망자 3명 중 1명은 지구가열화 때문이라는 연구 결과도 있다. 영국 런던 위생·열대의학대학원LSHTM, London School of Hygiene &

---

55 Lancet, We need to respond to climate change and public health crisis together, Lancet Public Health, Nov 08, 2021.

Tropical Medicine과 스위스 베른대University of Bern 연구팀은《네이처 기후변화 Nature Climate Change》에 게재한 논문에서 여름철 고온으로 인한 사망 중 3분의 1 이상이 인간이 야기한 지구가열화 때문이라고 밝혔다.[56] 지구가열화가 인류의 건강에 매우 나쁜 영향을 줄 것이라는 연구는 있었지만, 인간이 만든 지구가열화로 인한 사망자 규모를 제시한 논문은 이것이 처음이었다. 연구팀은 한국을 비롯한 세계 43개국 732개 지역의 1991~2018년 자료를 분석했다. 인간의 온실가스 배출이 있었을 때와 없었을 때를 상정한 기후 모델 시뮬레이션 결과와 함께 역학조사 방식을 이용해 지구가열화로 인한 사망자를 구별했다. 그 결과, 전체적으로 고온 관련 사망자의 약 37%가 인간이 만든 지구가열화의 영향을 받았다는 것이다. 저개발국이나 의료 인프라가 약한 중남미와 동남아시아 등지에서는 지구가열화의 영향을 더 크게 받은 것으로 나타났다. 에콰도르에서는 최대 76%, 동남아시아에서는 48~61%의 사망자가 지구가열화의 영향을 받았다는 것이다. 우리나라의 경우 고온 사망자의 약 20%가량이 지구가열화의 영향을 받은 것으로 알려졌다.

연구팀은 실제로 온실가스 배출 비중이 적은 저소득국가 국민이 가장 큰 타격을 받고 있음을 주목해야 한다고 말하면서 이번 연구에서는 자료 부족으로 지구가열화의 영향을 많이 받을 것으로 보이는 아프리카와 남아시아 지역이 포함되지 않았음을 밝혔다. 책임 저자인 안토니오 가스파리니Antonio Gasparrini 교수는 "이 연구는 기후위기가 야기하는 보건상 위험에 대한 가장 큰 규모의 탐지 및 귀인 분석 연구입니다. 기후위기가 미래에 재앙적 결과를 가져올 뿐만 아니라 모든 대륙에서 이미

---

56 Nature Climate, More than one-third of deaths from high temperatures in summer are caused by human-caused global warming. NATURE Climate, July 12, 2021.

무서운 결과를 경험하고 있고 지금 당장 행동에 나서야 한다는 분명한 메시지를 던져줍니다"라며 인류의 각성을 촉구했다.

　제26차 기후변화협약 당사국총회 바로 전에 기후위기의 심각성을 알리기 위해 세계기상기구WMO는 '2021 기후 보고서'를 10월 말에 미리 발간했다.[57] 2021년에 전 세계를 강타한 엄청난 기후변화에 대해 페테리 탈라스 세계기상기구 사무총장은 "모든 핵심 기후 지표들은 기후변화가 가차 없이 계속되고 있고, 이것이 사람, 사회, 경제에 미치는 손실과 피해가 커지고 있음을 보여준다"라고 지적했다. 안토니우 구테흐스 유엔 사무총장은 "우리는 깊은 수렁에 빠졌다. 폭염과 열대폭풍, 빙하의 녹음과 가뭄, 산불 등이 기록적 수준이다"라고 우려했다. 이 모든 일이 남의 일이 아니다. 지구가열화로 인한 폭염과 대형 산불, 해빙으로 인한 침수 등은 이미 우리나라에서도 현재진행형이다.

57　WMO(세계기상기구), '2021 기후 보고서', WMO, 2021/10.

2

화석연료라는 도핑 물질로
경제성장 이뤘으나 병들어가는 지구

세계기상기구WMO 사무총장인 페테리 탈라스Petteri Taalas는 2022년 2월에 지구가열화를 당시 진행 중이던 베이징 동계올림픽에 비유하며 다음과 같이 경고했다.

"지금 베이징에서 동계올림픽이 열리고 있는데 운동선수들에게 도핑 물질을 주면 짧은 시간에 더 큰 운동 효과를 나타낸다. 우리는 그동안 대기권에 이 같은 도핑 물질을 마구 쏟아냈다. 화석연료를 마구잡이로 사용하면서 경제성장이라는 성과는 얻었지만, 이 때문에 인류와 경제, 생태계에 치명적 결과를 초래했다. 지구는 점점 병들어가고 있으며 이젠 되돌릴 수 없는 지경에까지 이르고 있다."

1.5~2℃만 상승해도 재난이 연속으로 발생한다

2021년 8월에 기후변화에 관한 정부 간 협의체IPCC의 제1실무그룹 보

●●● 운동선수들에게 도핑 물질을 주면 짧은 시간에 더 큰 운동 효과를 보이는 것처럼 우리는 그동안 화석연료라는 도핑 물질을 마구잡이로 사용하여 빠른 시간 내에 경제성장을 이뤘으나, 이로 인한 지구가열로 지구는 점점 병들어가고 있으며 이제 되돌릴 수 없는 지경에까지 이르렀다.

고서가 발표되었다.[58] 2018년 특별 보고서에서는 1.5℃ 지구가열화 도달 시점이 2030~2052년 정도가 될 것으로 평가했었다. 그런데 이런 평가가 최근 10년 정도 더 앞당겨졌다. 1.5℃ 상승이 2021~2040년에 도래할 것이라고 바뀐 것이다. 제1실무그룹 보고서에 따르면, 코로나19 사태 이후에는 지구가열화에 따른 폭염이 대규모 사망의 원인이 될 수 있다고 한다. 지구의 평균기온이 지금보다 0.4℃, 즉 산업화 이전보다 1.5℃ 더 오를 경우 지구 인구의 14%가 5년마다 최소 한 차례 이상 극심한 폭염에 노출될 것으로 추정하고 있다. 1.5℃만 넘어도 5억 인구가 의존하는 생태계인 산호초가 사라지고 북극 지방은 더 이상 사람이 살수 없게 된다. 폭염과 그로 인한 화재, 그리고 폭우는 현재와 비교할 수 없는 규모와 빈도로 발생한다. 그리고 3억 5,000만 명의 도시인이 가뭄으로 인한 물 부족에 노출된다고도 한다.

더 암울한 전망도 있다. 2021년 5월 세계기상기구는 5년 뒤인 2026년까지 1.5℃를 돌파할 확률이 40%라고 발표했다.[59] 유엔 역시 "남극의 빙하와 북극 해빙海氷이 급속도로 줄고 있으며 북극의 영구동토층도 이미 녹기 시작해 메탄 가스를 방출하기 시작했다"는 과학자들의 경고를 인용하기도 했다.

그런데 이젠 1.5℃가 문제가 아니라 20~30년 안에 2℃도 가능하다는 전망도 있다. 교토의정서가 체결된 1997년만 해도 2℃ 정도 상승해야 기후재난이 시작될 것으로 생각했다. 그 정도 되어야 가뭄과 이상폭염과 대홍수와 슈퍼허리케인이 강타하는 자연재해가 일상적으로 발생하리라 믿었다. 그러나 마셜 제도Republic of the Marshall Islands의 외무부장관은

58 IPCC 1실무그룹, IPCC 1실무그룹보고서, IPCC, 2021/8.

59 WMO, New climate predictions increase likelihood of temporarily reaching 1.5˚C in next 5 years, WMO, May 27, 2021.

2℃ 기온 상승을 '대량학살'이라고 불러야 한다고 제안했다.

그렇다면 2℃가 상승할 경우 어떤 기상 현상이 발생할까? 데이비드 월러스 웰즈David Wallace-Wells는 그의 책 『2050 거주불능 지구』에서 이렇게 주장한다.

"기온이 2℃ 증가하면 빙상이 붕괴되기 시작하고 4억 명 이상의 사람이 물 부족을 겪으며 적도 지방의 주요 도시가 사람이 살 수 없는 곳으로 변하고 북위도 지역조차 여름마다 폭염으로 수천 명이 목숨을 잃는다. 인도에서는 극심한 폭염이 32배 더 자주 발생하고 매년 폭염이 지금보다 5배 더 오래 지속돼 93배 더 많은 사람들이 위험에 노출된다.

기온이 3℃ 증가하면 남부 유럽은 영구적인 가뭄에 시달리고 중앙아시아는 평균적으로 지금보다 19개월 더 오래 지속되는 건기를, 카리브해 지역은 21개월 더 오래 지속되는 건기를 겪는다. 북부 아프리카에서는 건기가 60개월, 그러니까 5년 증가한다. 매년 들불과 산불로 불타는 지역이 지중해 지역에서는 2배, 미국에서는 6배 이상 늘어난다.

기온이 4℃ 상승하면 라틴아메리카에서만 뎅기열 발발 사례가 800만 건 이상 증가하고 식량 위기가 거의 매년 전 세계에 닥친다. 폭염 관련 질병으로 인한 사망자 수가 9% 증가한다. 하천 범람으로 입는 피해가 방글라데시에서는 30배, 인도에서는 20배, 영국에서는 60배 증가한다. 전 세계 피해 규모를 돈으로 환산하면 600조 달러(오늘날 전 세계에 존재하는 부의 2배 이상)를 넘을 수 있다. 분쟁과 전쟁 역시 2배 늘어날 수 있다."

미래를 예측하는 기후전문가들의 전망도 이와 상당히 비슷하다. 프랑스 통신사인 AFP는 "IPCC가 2050년에 2℃에 도달할 것으로 예상했다"라고 전하면서 "2℃가 상승하면 작물 재배 체계가 붕괴되면서 수천만 명이 기아에 직면하고, 해안 도시는 사람이 살 수 없는 위기에 처하게 되며, 도시인구 4억 1,000만 명이 물 부족 상태에 이른다"라고 밝혔다. 또 극단적인 폭염에 노출되는 인구도 4억 2,000만 명으로 예상되며, 그린란드와 남극 서부의 빙하가 녹으면서 해수면이 13m가량 상승하게 된다고 했다. 여기에 시베리아 영구동토층이 녹아 수십억 톤의 메탄이 누출되는 일도 일어날 수 있으며, 이 경우 기온 상승이 가속화된다고 전했다.

3~4℃ 상승하면 멸종위기가 닥친다

3℃ 이상 상승을 전망하는 곳도 있다. 유엔환경계획UNEP은 2021년 7월에 보고서를 통해 현재 추세대로라면 2100년이 되기 전 지구 온도가 3.2℃ 이상 상승할 것이라고 예측했다.[60] 유엔환경계획은 "세기말 이전에 3℃ 이상 상승하면 그린란드 빙하는 이미 녹았고, 아마존 우림지대, 산호초 군락도 사라진다. 저위도에 사람이 살 수 없게 되면서 작물 재배량도 급감해 식량 확보를 위한 전쟁이 끊이지 않는다. 기근으로 인한 사망 300만 명, 해안 침수피해 인구 1억 7,000만 명 외에 생물종의 50% 가까이가 멸종한다. '티핑 포인트Tipping Point'가 지나면서 영구동토층, 북극과 남극마저 완전히 녹아 메탄이 대량으로 방출되기 시작하면, 머지않아 대멸종이 시작된다"라고 본다. 미국 스미스소니언 박물관Smithsonian Museum에 기록된 지난 5억 년간의 지구 온도 변화 기록에 따르면, 남북극 빙하 존재 유무의 기준점이 되는 온도가 18℃ 정도다. 현재 지구 평균온도가 15℃이니 앞으로 3℃ 더 상승하면 남북극 빙하는 다 사라진다는 의미다. 이런 상태에서 인류만 혼자 살아갈 수 있을까?

---

60   UNEP, Emission Gap Report, UNEP, July 2021.

2021년 12월 9일에 국내 연구진이 세기말 기온을 예측한 보고서를 발표했다. 기초과학연구원IBS, Institute for Basic Science 기후물리연구단 연구팀이 미국 국립대기연구센터NCAR, National Center for Atmospheric Research의 복합지구시스템모델CESM 그룹과 함께 15개월 동안 지구시스템모델 대규모 앙상블 시뮬레이션 작업을 했다. 기후예측모델을 100번 정도 시뮬레이션한 결과, 현재처럼 탄소를 배출한다면 21세기 말 전 지구 평균온도가 지금보다 4℃가량 상승하더라는 것이다.

웰즈는 기온이 4℃ 오르는 경우 아프리카, 호주, 미국, 남아메리카의 파타고니아 북부 지역, 아시아의 시베리아 남부 지역이 직접적인 열기와 사막화, 홍수로 인해 사람이 거주할 수 없는 곳으로 바뀐다고 말한다.[61] 이런 전망이 허망하게 들리지 않는 것은 현재를 보면 안다. 현재 지구 평균기온은 산업화 이전보다 1.1℃가량 상승했다. 교토의정서 발효 당시 과학자들은 1℃ 이상 상승하면 전 세계에서는 폭염, 폭우, 가뭄, 혹한 등 극단적인 기후 현상이 빈번해질 것으로 예측했었다. 실제로 2017년을 전후해서 1℃를 넘어가면서 극단적 기후가 자주 발생하고 있다.

2021년 여름에 발생한 북미의 50℃ 이상폭염은 1천 년에 한 번 정도 나타날 현상이었고, 북극권의 38℃ 이상 기후는 8만 년에 한 번 발생할 확률이 있는, 말도 안 되는 현상이었다. 미 서북부 폭염을 연구한 세계기상귀인WWA은 앞으로 지구 평균기온이 0.8℃ 더 오르면 2021년의 미 북서부 폭염처럼 극단적인 폭염이 5~10년마다 발생할 수 있다고 분석했다.[62] 워싱턴대학의 크리스티 에비Kristie Ebi 교수는 "이번 연구 결과는 기후위기가 인류를 죽이고 있다는 점을 말해준다. 열파가 미국인의 기

---

61 데이비드 월러스 웰즈, 김재경 옮김, 『2050 거주불능지구』, 추수밭, 2020.

62 WWA, "It is impossible without climate change caused by fatal heat waves in the U.S. and Canada』, WWA Published, June, 2021.

상 관련 사망률 1위다. 이번 폭염은 아직 시작도 안 한 것이며, 앞으로 훨씬 더 악화할 것"이라고 경고했다. 우리 모두 이런 경고를 진실로 받아들여야 하고 탄소 저감에 힘써야 한다. 그래야 우리 자녀들이 피해를 덜 받을 수 있다.

기록적 폭염이 세계를 강타하자, 탄소배출량을 즉시 줄이지 않는다면 2050년경에는 이전보다 5℃가량 높은 고온을 보이는 '기록적인 폭염'이 최대 7배 이상 더 많이 발생한다는 연구 결과도 나왔다.[63] 스위스 취리히의 '대기기후과학연구소' 연구팀은 2021년 7월 26일 국제학술지 《네이처 기후변화》에 발표한 논문에서 "고배출 시나리오에서 기존 기록을 깨는 폭염이 발생할 가능성은 2021~2050년에 2~7배, 2051~2080년에 3~21배 더 높다. 기록을 깨는 극단폭염은 앞으로 30년 동안 급격히 증가한다. 관측된 기록보다 훨씬 더 강력한 폭염이 가까운 미래에 일어날 수 있다"라고 전망했다. 이상고온 현상에 가장 취약한 국가는 북미, 유럽, 중국, 한국과 같이 인구밀도가 높은 지역들이라고 밝히면서 지금의 폭염 대책은 과거의 기온을 기준으로 수립했기 때문에 새로운 대비책을 빨리 수립해야 한다고 주장했다. 이들의 연구에서는 온실가스 배출량이 즉각적이고 빠르게 감소하기 시작하면 기록적인 이상고온 현상이 발생할 위험성도 약 80% 줄어들 것으로 추정했다.

기온 상승에 습도가 높아지면서 온열질환이 심각해진다

《뉴스펭귄》은 2021년 3월에 지구가열화가 지속되면 열대지방이 '거주

---

63 Nature Climate, Record heat waves and carbon emissions will occur up to 7 times more over the next 30 years if they are not reduced, Nature Climate, Jul 26, 2021.

불능 지역'이 된다는 연구 결과를 게재했다.[64] 미국 프린스턴대 연구진의 연구 내용을 전한 것인데, 지구가열화가 계속되면 인간 신체의 한계 때문에 열대지방에서는 사람이 살 수 없게 된다는 것이다. 사람들은 더운 곳에서 땀을 흘리고 증발시키는 방식으로 체온을 유지한다. 그러나 기온도 높고 습도도 높은 열대지방에서는 땀 증발이 적절하게 이뤄지지 않으면서 체온 조절에 실패한다. 연구진은 사람이 버틸 수 있는 한계를 습구온도 35℃로 제시했다. 습구온도란 습도가 높아질수록 기온은 낮아지는 것을 반영하기 위해 젖은 천으로 감싼 온도계로 측정한 기온을 말한다. 연구진은 지구 기온 1.5℃ 상승 저지에 성공해야만 열대지방에서 습구온도가 35℃ 이하로 유지될 수 있다는 사실도 발견했다. 열대지방은 기후적으로는 월평균기온 20℃ 이상의 열대기후가 나타나는 지역이며 전 지구 면적의 40%를 차지한다.

실제 폭염으로 인한 사망의 경우, 온도만 높은 경우보다 습도가 높을 때 더 치명적이다. 우리나라에서도 활용되는 열지수[Heat Index]에서 습도가 활용되는 것은 이 때문이다. 2021년 6월에 독일 뮌헨공과대학과 미국 위스콘신대학교 등의 연구팀이 국제 《랜싯 지구보건[Lancet Planet Health]》에 게재한 논문에는 사람과 동식물이 어느 정도의 고온까지 견딜 수 있는지에 대한 자료가 나온다.[65] 연구팀은 습도가 높으면 온도가 높지 않아도 치명적일 수 있다고 밝혔다. 연구팀은 "사람과 가축·가금류·어류·농작물 등의 온도 임계값과 관련해 기존 연구들을 검토한 결과, 인간, 가축, 가금류, 어류, 농작물의 생존에 있어서 바람직한 온도와 유해한 온도는 유사하다는 사실을 확인했다. 그런데 습도가 높을수록 온도 임

---

64 http://www.newspenguin.com/news/articleView.html?idxno=4153

65 Lancet Planet Health, Temperature cap threshold for living things. Lancet, Jun 5, 2021.

●●● 고온에 자주 노출되거나 노출이 지속될 경우 사람은 생리적 스트레스를 겪게 되고 신체적 손상이 발생해 결국 목숨을 잃게 된다. 현재 세계적으로 약 10억 명이 온열 스트레스를 겪을 위험이 있으며 전 세계 인구의 3분의 1이 매년 20일 이상 살인적인 폭염에 노출되고 있다. 세기말까지 기온 상승을 2℃ 선에서 막는다고 하더라도 살인적인 폭염에 노출되는 사람은 세계 인구의 2분의 1로 증가할 것이다. 2℃ 선에서 막지 못한다면 4분의 3까지 증가할 수 있다.

계값이 낮아지는데, 습도가 높은 경우 25℃ 이상의 온도에 장시간 노출되면 많은 사람과 동식물에서 열 스트레스가 발생한다"라고 했다. 습도가 높으면 열 배출이 어려워지고, 상대적으로 낮은 온도에서도 열 스트레스를 받게 된다는 것이다. 열 변형은 습도가 높은 경우 23℃에서, 습도가 낮은 경우 27℃에서부터 시작된다고 한다. 온도가 32℃에 이르면 열 변형이 심하게 일어나고, 36℃에서는 매우 심하게 일어나며, 40℃ 이상에서는 아주 극심한 수준의 열 변형이 일어난다는 것이다. 따라서 고온에 자주 노출되거나 노출이 지속될 경우 사람은 생리적 스트레스를 겪게 되고 신체적 손상이 발생해 결국 목숨을 잃게 된다. 이는 가축·가금류·어류·농작물도 마찬가지다. 연구팀은 "습도가 높은 경우 35℃ 이상에서, 습도가 낮은 경우에는 40℃ 이상에서 짧은 노출만으로도 치명적일 수 있다"라고 하면서 열 스트레스 예측 지수[PHS]를 계산한 결과, 습도가 100%인 상황에서는 31℃에서 6시간을 초과해서는 안 되고, 습도가 50%인 경우는 42℃에서 6시간을 넘겨서는 안 된다고 밝혔다. 연구팀은 "현재 전 세계 토지 면적의 12%가 인간이 살기 어려운 기후 조건의 영향을 받고 있지만, 기후위기가 지금처럼 계속된다면 21세기 말에는 이 비율이 45~70%로 증가할 것이고, 인구의 44~75%가 만성적으로 열 스트레스를 받게 될 것"이라고 전망했다.

웰즈는 기온 상승이 도시인들에게는 재앙이 될 것이라고 말한다.[66] 전 세계적으로 도시화가 심각하게 진행되면서 고열 문제는 더욱 심화될 것이다. 아스팔트와 콘크리트로 치장된 도시는 모든 열을 흡수한 뒤에 고열 현상을 오랫동안 지속시킨다. 이런 현상은 심각한데, 인체는 밤중에 회복할 시간을 가지는 것이 중요하기 때문이다. 도시 열섬 현상은 심

---

66 데이비드 월러스 웰즈, 김재경 옮김, 『2050 거주불능지구』, 추수밭, 2020.

각한 경우 야외 지역보다 아침 기온을 10℃까지 높일 수 있는데, 이 정도의 기온이면 살인적인 폭염이 된다. 현재 세계적으로 약 10억 명이 온열 스트레스를 겪을 위험이 있으며 전 세계 인구의 3분의 1이 매년 20일 이상 살인적인 폭염에 노출되고 있다. 그런데 세기말까지 기온 상승을 2℃ 선에서 막는다고 하더라도 살인적인 폭염에 노출되는 사람은 세계 인구의 2분의 1로 증가할 것이다. 2℃ 선에서 막지 못한다면 4분의 3까지 증가할 수 있다.

3

폭우로 인한 홍수, 태풍 피해가 급격히 늘어나고 있다

우리 속담에 "가뭄 끝은 있어도 장마 끝은 없다"라 말이 있다. 이 속담은 가뭄보다도 장마가 더 무섭다는 것을 말해주고 있다. 물에 의한 피해가 더 크고 무섭다는 것을 뜻한다. 우리 조상들은 가뭄보다 장마가 더 무섭다고 생각했다. 가뭄 때도 물론 힘들기는 하지만 인명피해나 집, 논밭 등의 유실流失과 같은 재산피해는 별로 없다. 그러나 장마 때는 인명피해는 물론이고 집이나 논밭, 가축 등이 전부 물에 잠기거나 휩쓸려가 버린다. 이 속담은 지방에 따라 "이레 장마보다 3년 가뭄이 낫다"거나 "7년 가뭄에는 살아도 석 달 장마에는 못 산다" 등으로 다르게 전해지지만, 그 의미하는 바는 모두 같다. 한마디로 체감기후나 생활상의 편의로나 "그래도 가뭄이 장마보다는 낫다"는 식의 수해水害에 대한 지각개념perception의 예라고 할 수 있다. 그래서 폭우로 인한 홍수가 발생하는 장마를 매우 두려워했다. 그런데 기후변화로 인해 전 세계적으로 살인적인 폭우로 인한 홍수가 점점 더 자주 발생하고 있다. 2022년 8월 8

일 강남을 비롯한 서울과 수도권에 쏟아진 100년 만의 기록적인 폭우로 도심은 완전히 침수되었다.

115년 만의 기록적인 폭우로 침수된 서울과 수도권

2022년 8월 8일부터 9일까지 서울을 중심으로 한 수도권에 기록적인 폭우가 쏟아졌다. 특히 서울에서 가장 번화한 강남 지역의 홍수에 외신들이 주목했다. 어느 외신은 "싸이의 2012년 K팝 히트곡 〈강남스타일〉에 등장하는 호화스러운 강남 지역이 재해에 취약한 것이 아이러니하다", "오스카상을 받은 한국 영화 〈기생충〉에 나와 유명해진 '반지하banjiha'에 살던 일가족이 희생당했다"라고 보도했다. 서울 강남의 어두운 면을 보게 만든 재난이었다.

　수도권 폭우가 매우 이례적이었던 것은 8월 상순에 정체전선이 만들어지면서 2차 장마가 시작되었다는 것이다. 우리나라에서 장마라고 부르는 것은 남쪽의 북태평양 고기압과 북쪽의 오호츠크해 고기압이나 대륙성 고기압 사이에 만들어진다. 북태평양 고기압은 북상하려고 하고 북쪽의 찬 고기압은 북상을 저지하면서 두 고기압의 세력이 팽팽한 지역 상공에 불연속선이 만들어진다. 불연속선이 한 지역에 오래 머물게 되면 정체전선이 되는데 우리나라 장마의 경우 통상 6월 하순에서 7월 하순 사이에 이런 기압 배치가 만들어진다. 기상학에서 1차 장마라고 부르는 형태다. 약 한 달 정도 정체전선이 한반도 부근에서 오르내리며 비를 내리다가 7월 하순이 되면 북태평양 고기압이 세력을 확장하면서 정체전선을 만주 쪽으로 밀어버린다. 그러면 우리나라는 장마가 끝나고 본격적인 폭염이 시작된다.

　올해는 중부 지방에 6월 23일에 장마가 시작되었고 7월 25일에 장마가 끝나면서 이때부터 본격적인 폭염이 시작되었다. 통상 폭염은 한 달 이상 지속된다. 이후 북태평양 고기압이 다시 수축하면서 정체전선이 남쪽으로 내려와 한반도 부근에서 일주일 내외의 비를 내리는 기간이 있다. 이것을 2차 장마라고 부른다. 그런데 올해는 그 누구도 예상하기 어려운 현상이 발생했다. 8월 8일에 북쪽에서 매우 차고 건조한 공기가 남하했다. 남쪽에서는 북태평양 고기압이 버티고 있다 보니 두 기단 사이에 만들어진 정체전선이 수도권 상공에 동서로 걸려버렸다. 그런데 문제는 두 기단의 기온 차이가 매우 크다 보니 대기 불안정이 매우 강해졌다. 남쪽에서는 남서 기류를 타고 매우 습하고 뜨거운 공기가 유입되는데 북쪽에서는 차고 건조한 공기가 남하하다 보니 이 두 공기가 만나는 수도권 상공에 거대적란운이 만들어지면서 국지적인 물 폭탄이 만들어진 것이다.

두 기단 공기의 기온 차이가 클수록 비가 내리는 강우역의 폭은 좁아진다. 그리고 좁아진 강우역의 중앙 부근에는 높은 산맥처럼 거대한 비구름이 띠 모양으로 만들어지면서 강한 비가 내리는 지역이 나타난다. 8일부터 9일 새벽 사이에 비가 가장 많이 내린 지역을 보면 인천-광명-동작-서초-강남-양평으로 직선으로 이어진 지역이었다. 이 지역으로는 300mm 이상의 물 폭탄이 쏟아져내렸다. 서울에는 관측 역사상 가장 많은 비가 내렸는데, 연평균 강수량의 30%를 넘는 426.5mm 비가 쏟아졌다. 동작구 신대방동 기상관측소가 측정한 8월 8일의 강수량은 381.5mm이었고, 시간당 최대 강수량은 141.5mm이었다. 그래서 기상 관측 이후 서울에서 115년 만의 최다 강수량, 80년 만의 한 시간 최다 폭우가 기록된 것이다.

이번 폭우의 원인 중 하나는 지구가열화로 인한 기후위기라고 볼 수 있다. 기온이 올라갈수록 대기가 포함하는 수증기량은 늘어난다. 그러

●●● 2022년 8월 8일 서울과 수도권에 내린 기록적인 폭우의 원인 중 하나는 지구가열화로 인한 기후위기 때문이다. 그런데 이번 폭우 기록이 앞으로는 해마다 깨질 수도 있다는 전망이 나오고 있다. 우리가 비정상적이라고 생각하던 이상기후 현상이 앞으로는 일상이 될 수도 있다는 것이다.

다 보니 비가 내리게 되면 집중호우가 내릴 가능성이 높아진다. 또 제트 기류의 사행으로 인한 블로킹 현상도 한몫했다. 우리나라 쪽으로 길게 사행해 내려온 제트 기류로 인해 한기남하가 이루어지고 동쪽으로는 오호츠크해 상층 고기압이 버티면서 블로킹 역할을 했다. 그러다 보니 8월 8일부터 시작된 2차 장마가 바로 끝나지 못하고 20일까지 이어진 것이다. 올해 전 세계적으로 블로킹 현상이 많이 일어났다. 미국의 폭염이나 유럽의 폭염과 가뭄, 중국의 폭염과 가뭄, 한국의 이상폭우가

다 블로킹 현상으로 인해 발생했다. 지구가열화로 인한 기후위기로 인해 극지역과 중위도의 기온 차이가 줄어들면서 공기 순환이 잘 이뤄지지 않아 앞으로 블로킹 현상이 더 자주 강하게 발생할 것이다.

그런데 이번 폭우 기록이 앞으로는 해마다 깨질 수도 있다는 전망이 나오고 있다. 우리가 비정상적이라고 생각하던 이상기후 현상이 앞으로는 일상이 될 수도 있다는 것이다. JTBC 박상욱 기자의 기사 내용을 보자.

"8월 초, 백여 년만의 엄청난 폭우로 수도권 곳곳이 물에 잠겼었죠. 그런데 저희 취재진이 분석해보니 이런 기록이 해마다 깨질 수도 있다는 결과가 나왔습니다. 정부의 대책도 이런 상황에 맞게 보완할 필요가 있어 보입니다. 큰 인명 피해를 낳은 115년 만의 집중호우로 지하철역 천정도 힘없이 무너져 내리고, 상가 천정은 폭포가 되어버렸습니다. 지난 8일 서울 동작구에서 쏟아진 물 폭탄은 역대 최대 기록을 깼습니다. 공식 기록된 시간당 강우량은 141.5mm입니다. 하루 동안 380mm 넘는 비가 내렸고 특히 밤 9시를 전후로 전체의 40% 가까운 비가 집중되었습니다. 시간을 좀 더 잘게 쪼개보니 8시 46분부터 15분 사이 40mm 넘는 비가 쏟아졌습니다. 시간당 강수량으로 환산하면, 최고 170mm의 폭우가 퍼부은 겁니다. 이런 세기의 비는 앞으로 더 자주 내릴 전망입니다. 이미 2000년 이후, 우리나라의 집중호우일수는 크게 늘었습니다. 앞으로 20년 뒤면 전국 평균 1일 최대 강수량은 지금보다 적게는 22.5mm, 많게는 37mm 더 늘어날 것으로 예상됩니다. 특히 100년 빈도 극한 강수량도 전국적으로 30% 정도 늘어납니다. 100년 빈도 극한 강수량은 100년 만에 한 번 올 수 있는 최대 강수량을 말합니다. 매년 '역대급 기록'이 바뀔 수 있다는 의미입니다. … 이상기후로 예측을 뛰어넘어 쏟아지는 집중호우. 물난리를 되풀이하지 않으려면 과거 100년의 시간을 돌아본 '극한 강수'를 넘어서는 대책이 필요합니다."

올해 8월 8일 서울과 수도권에 내린 집중호우보다 더 강한 폭우가 앞으로는 더 자주 올 가능성이 높다는 것이다.

아시아 지역의 기록적인 폭우로 인한 홍수 피해

2021년 중국은 평년보다 한 달 이른 5월에 홍수기에 접어들었다. 중국 기상청은 2021년 5월에만 중국 중남부 지역에서 다섯 차례 폭우가 쏟아지고, 비가 내린 날은 15~20일로 평년 대비 2배 이상 늘었다고 밝혔다. 5월 26~27일 저장성浙江省과 장시성江西省, 푸젠성福建省, 후베이성湖北省, 쓰촨성四川省, 구이저우성貴州省, 광시성廣西省, 윈난성雲南省, 티벳Tibet 일부 지역 등에 시간당 100mm 이상의 폭우가 쏟아졌다. 양쯔강揚子江이 관통하는 후베이성 우한시武汉市의 한커우측량소汉口測量所는 5월 26일에 156년 만에 최고 수위를 기록했다고 발표했다. 장시성의 포양호鄱阳湖 수위가 급격히 상승하면서 56만 명이 수해를 입었고, 40만 헥타르의 농지가 물에 잠겼으며, 학교도 대부분 문을 닫았다. 중국 기상청 추정으로 경제적 손실은 646억 원에 이르렀다.

2021년 BBC는 7월 17일부터 사흘간 허난성河南省 정저우鄭州 지역에 617mm의 폭우가 쏟아지면서 지하철에 갇힌 승객을 포함해 300명 이상이 숨졌다고 밝혔다.[67] 정저우 홍수 중 특징적인 것은 1천 년에 한 번 발생할 확률이 있는 시간당 201mm의 엄청난 폭우가 쏟아지면서 1년간 내릴 강수량이 단 사흘 만에 내렸다는 점이다. 도시의 모든 지역이 침수되고 범람하면서 지하철 안의 객실까지 물이 찼다.

---

67 BBC, China floods: 12 dead in Zhengzhou train and thousands evacuated in Henan, BBC, ul 21, 2021.

　서울의 경우 시간당 30mm 이상 2시간만 내리면 빗물이 빠지지 않아 저지대가 침수된다. 2011년 7월 우면산 산사태 때와 2022년 8월 8일 강남 지역 폭우 사태 당시 시간당 100mm 물폭탄이 쏟아져 강남 지역이 침수된 것이 좋은 예다. 아무리 선진국 도시라 해도 시간당 200mm라는 말도 안 되는 비가 내리면 전부 침수되고 범람할 수밖에 없

●●● 중국 기상청은 2021년 5월에만 중국 중남부 지역에서 다섯 차례 폭우가 쏟아지고, 비가 내린 날은 15~20일로 평년 대비 2배 이상 늘었다고 밝혔다. 5월 26~27일 저장성과 장시성, 푸젠성, 후베이성, 쓰촨성, 구이저우성, 광시성, 윈난성, 티벳 일부 지역 등에 시간당 100mm 이상의 폭우가 쏟아졌다. 양쯔강이 관통하는 후베이성 우한시의 한커우측량소는 5월 26일에 156년 만에 최고 수위를 기록했다고 발표했다. 장시성의 포양호 수위가 급격히 상승하면서 56만 명이 수해를 입었고, 40만 헥타르의 농지가 물에 잠겼으며, 학교도 대부분 문을 닫았다. 중국 기상청 추정으로 경제적 손실은 646억 원에 이르렀다.

다. 중국 기상청은 이 기록적인 폭우의 원인으로 북상하던 6호 태풍 '인파In-fa'와 허난성의 지형적 요인 등이 상승효과를 불러왔기 때문이라고 밝혔다. 태풍 '인파'가 엄청난 양의 수증기를 허난성 쪽으로 밀어 올렸고, 타이항산太行山 등 산악 지형이 비구름을 오래 머물게 했다는 것이다.

일본에서는 2021년 7월 3일 중부 지역에서 쏟아진 기록적인 호우로 산사태가 발생하면서 2명이 숨지고 20여 명이 실종되었다. 주택 10채 이상이 흙더미에 휩쓸려 떠내려가는 등 100채 이상이 피해를 봤으며, 주민 180여 명이 긴급 대피했다. 산사태가 난 시즈오카현靜岡縣을 비롯해 가나가와현神奈川縣, 지바현千葉縣 등 일본의 태평양 연안 지역에는 장마전선의 영향으로 최대 400~500mm의 폭우가 쏟아지면서 7월 한 달 강수량보다 더 많은 비가 내렸다. 가나가와현 히라쓰카시平塚市에서는 가나메가와 등 시내를 흐르는 6개 하천이 범람할 위험이 커져 주변 주민 약 20만 명을 대상으로 '긴급안전확보'가 발령되었다. 가와카쓰 헤이타川勝平太 시즈오카현 지사는 이날 기자회견에서 산사태 원인에 대해 "폭우가 오래 지속된 것과 지반이 약해진 것 등 다양한 요인이 겹쳤다"고 설명했다.

일본 규슈九州에서도 장마전선의 영향으로 8월 11일부터 사흘간 호우가 내렸다. 일본 기상청은 사가현佐賀縣 우레시노시嬉野市에 내린 비가 1,024mm라고 밝히면서 평년 우레노시의 8월 강수량의 약 3.7배에 달하는 폭우라고 전했다. 나가사키시長崎市는 1,144mm, 후쿠오카현福岡縣 오무타시大牟田市는 981mm, 야메시八女市는 509mm를 기록했고, 사가현佐賀縣 사가시佐賀市 강수량은 506.5mm였다. 일본 국토교통성은 산사태 등 토사 재해 44건이 발생했고, 9개 현 36개 하천에서 제방이 무너지거나 강물이 넘쳤으며, 철도나 도로가 유실되기도 했다고 밝혔다. 한때 200만 명에 대해 대피 명령이 내려졌고 인명피해도 10명이 발생하면서 스가 요시히데菅義偉 총리는 "조금이라고 위험을 느끼면 주저하지 말고 피난하는 등 일찌감치 목숨을 지키는 행동을 하라"는 대국민 메시지를 발표하기도 했다.

우리나라는 수도권과 강원 영동 지역 등에서 여름장마보다 가을장마 때 더 많은 비가 쏟아지는 특이한 현상이 발생했다. 서울과 경기 지역의 가을장마 기간에는 150~200mm의 비가 내렸는데, 여름장마 기간에는

110~130mm밖에 내리지 않았다. 이처럼 2021년에 강수 흐름이 달라진 것은 비를 만드는 대기 상황과 태풍이 복합적으로 영향을 미쳤기 때문이다.

인도에서는 2021년 7월 22일에 40년 만에 최악의 홍수가 발생했다. 인도 최대 도시 뭄바이Mumbai가 속한 서부 마하라슈트라Maharashtra주에는 7월 22일부터 많은 비가 내렸다. 산사태가 발생하고 저지대가 물에 잠겨 홍수 관련 사망자가 149명 발생하고 실종자도 100여 명에 이르렀다. 인도 남부 카르나타카Karnataka주에도 폭우가 내리면서 9명이 숨지고 3명이 실종되었다. 뭄바이에서 180km 떨어진 탈리예Taliye 마을은 산사태로 가옥 수십 채가 무너지면서 49명 이상이 숨졌고 40명이 실종되었다. 이에 앞서 독일 포츠담 기후영향연구소Potsdam-Institut für Klimafolgenforschung는 2021년 4월 보고서를 통해 "인도의 몬순(우기)이 점점 강해져 장기적으로 식량과 농업, 경제에 타격을 미치면 세계 인구의 20%가량이 영향을 받을 수 있다"라고 경고한 바 있었다.

미얀마의 로힝야 난민촌Rohingya refugees이 있는 방글라데시 남동부 지역에서는 7월 26일부터 폭우가 쏟아지면서 주민 20여 명이 사망하고 30만 명이 고립되었다. 난민 외에 방글라데시인도 15명이 사망했다. 미얀마에 살던 로힝야 난민들은 2017년 8월 미얀마군의 폭력 사태를 피해 방글라데시로 피신했고, 이들이 국경 인근의 방글라데시 콕스바자르Cox's Bazar에 정착하면서 이 지역에 대규모 난민촌이 만들어졌다. 현재 콕스바자르에는 100만여 명에 달하는 로힝야 난민들이 캠프와 간이 정착촌에 머물고 있다. 유엔난민기구UNHCR, United Nations High Commissioner for Refugees는 난민 2만 1,000여 명이 홍수로 피해를 입었고 가옥 4,000여 채가 훼손되거나 무너졌다고 밝혔다. 지방 당국은 3만 6,000여 명의 로힝야 난민을 학교 등에 마련된 대피시설로 이동시켰다. 전문가들은 홍수로 간이 화장실이 잠기거나 물이 넘치면서 콜레라 같은 수인성 질병의 유행 위험이 커지고 있다고도 전했다. 이외에 필리핀과 인도네시아에서도 대홍수가 발생했다.

선진국도 폭우로 인한 홍수 피해를 피하지 못한다

미국은 2021년에 여러 차례 폭우 피해를 입었다. 2021년 8월 21일 미국의 테네시Tennessee주를 덮친 홍수로 인해 최소 21명이 사망하고 50명이 실종되었다고 주 당국이 밝혔다. 테네시주 일부 지역에서는 21일 오후에 최고 430mm의 비가 내리면서 1982년에 기록했던 345mm보다 무려 87mm가 더 많은 최고강수량을 기록했다. 웨이벌리Waverly 마을은 거대한 나무들이 뿌리째 뽑히고 자동차와 픽업트럭들이 배수로에 처박히거나 건물 위로 내동댕이쳐졌고, 수백 채의 집이 완전히 파손되었다.

2021년 영국 기상청은 런던 주변을 포함한 남부 잉글랜드 5곳에 홍수 경보를 내리는 한편, 잉글랜드 남부와 웨일스Wales 등 19개 지역에 홍수주의보를 발령했다. 100mm 이상의 비는 7월 한 달 평균강수량의 거의 2배에 달하는 큰비였다. 독일과 벨기에 등 서유럽의 대홍수로 100여 명의 인명피해가 발생한 지 열흘 만인 7월 25일에 영국 런던과 주변 지역에서도 집중호우로 많은 도로가 침수되고 8개 지하철역이 폐쇄되었다.

이탈리아 남부 지역에서는 2021년 10월 25일에 강력한 폭풍을 동반한 호우가 내리면서 2명의 인명피해가 발생했다. 시칠리아 동부 항구도시 카타니아Catania에는 300mm의 폭우가 쏟아졌다. 연평균강수량의 절반 가까이가 단 몇 시간 만에 내린 것이다. 폭우로 도로와 올리브 농장이 침수되고 산사태가 일어났다.

미 항공우주국[NASA]은 2021년 7월에 홍수가 폭발적으로 증가할 것이라고 경고했다.[68] 미 항공우주국 연구팀은 조석潮汐과 기후위기로 인한 해수면 상승의 복합작용으로 미국에서 홍수가 급증할 것이라고 밝혔다. 미 국립해양대기청[NOAA]의 분석 역시 기후위기로 인한 해수면 상승으로 미국의 해일과 홍수가 해마다 증가하고 있다는 것을 뒷받침해주고 있다. 미 항공우주국 연구팀은 해수면 상승과 달 궤도 변화가 증폭시킨 조수간만의 차가 일으킨 시너지 효과로 인해 "알래스카를 제외한 거의 모든 미국 해안 지역과 하와이나 괌 등은 2030~2040년에 홍수가 폭발적으로 급증할 것"이라고 전망했다.

하와이대학[University of Hawaii]의 필 톰슨[Phil Thompson] 교수는 "지역에 따라 1~2일마다 홍수에 휩쓸리는 곳도 있을 것이다. 만약 한 달에 10~15회 홍수가 발생하면 당장 경제와 건강에 영향을 준다"라고 주장했다. "경제 활동에 지장을 초래해 일자리를 잃게 되는 사람이 있을 것이고, 오수가 역류해 공중보건 문제도 발생할 것"이라고 말했다.

기후위기를 연구해온 단체인 세계기상귀인[WWA] 연구팀은 2021년 7월에 서유럽에서 발생한 대홍수를 연구하면서 기후위기가 강우량에 미치는 영향을 분석했다.[69] 연구팀은 슈퍼컴퓨터 시뮬레이션을 통해 기온이 1.2℃ 증가한 오늘날과 기온 상승 이전을 비교했다. 그랬더니 기후위기로 인해 홍수의 발생 가능성뿐 아니라 세기도 증가한 것으로 나타났다. 현재와 같은 기후 환경에서는 최근 서유럽 대홍수와 같은 수해 발생 가능성이 1.2배에서 최대 9배까지 높아졌고, 강우량 자체도 3~19% 증가했다. 다만 연구팀은 2021년 7월의 서유럽 홍수가 다시 발생할 가

68 NASA, Floods will surge in the United States due to a combination of tidal and sea level rise, Nature Climate Change, Jul 2021.

69 WWA, Analysis of the Impact of Climate Change on Rainfall. WWA, Aug 2021.

능성은 400년에 한 번꼴이라고 계산했다.

연구에 참여한 마르텐 반 알스트Maarten van Aalst 연구원은 "이번 연구에서 홍수 위험성 증가가 드러났듯이 홍수 위험 관리와 사전 대비, 조기 경보 시스템을 관리해야 한다"라고 주장했다. 옥스퍼드대학교University of Oxford 환경변화연구소Environmental Change Institute 부소장인 프리데리케 오토Friederike Otto는 "2021년 7월의 서유럽 홍수 사태는 선진국도 기후위기로 극심해지는 기상 환경에서 안전할 수 없다는 것을 보여준다"라고 지적했다.

2021년 7월 27일 《사이언스타임즈The Science Times》는 "서유럽 홍수는 기후변화의 서곡일까?"라는 제목의 기사를 게재했다.[70] 뉴캐슬대학Newcastle University 연구진은 영국 기상청이 개발한 기후 모델 시뮬레이션을 이용해 기후위기가 유럽 전역의 강한 폭풍우에 어떻게 영향을 미치는지 조사했다. 연구팀은 기후위기로 이동 속도가 느려진 폭풍이 국지적으로 축적되는 강우량을 증가시켜 기존 예상보다 유럽 전역의 돌발적인 홍수 위험을 증가시킨다는 사실을 발견했다. 즉, 강한 비를 만들어내는 폭풍이 기후위기에 따라 더 느리게 이동하면서 2021년 7월의 서유럽 홍수를 발생시켰다는 것이다. 또 21세기 말에는 유럽 전역에서 이 같은 물난리가 14배나 더 자주 일어날 것으로 전망했다. 이 연구 결과는 온실가스의 배출을 억제하지 않으면 유럽 전역에서 심각한 홍수 피해가 발생할 수 있다는 점을 시사하고 있다.

---

[70] https://m.post.naver.com/viewer/postView.naver?volumeNo=32051849&memberNo=30120665

지구가열화가 심해질수록 홍수 위험은 높아진다

2021년 7월 16일, 세계기상기구는 대기가 따뜻해질수록 습기가 많아져 폭풍우 때 비가 더 많이 내리고 홍수 위험도 높아진다고 밝혔다.[71] 연구 결과, 지구가열화의 정도가 높을수록 영국의 더운 날씨, 가뭄, 홍수의 발생 빈도와 심각도가 증가할 것으로 나타났다. 지구가열화로 인한 극심한 기후변화가 물 순환에 영향을 미쳐 기존의 강우 패턴을 바꾸기 때문이다. 이로 인해 어떤 지역에서는 엄청난 폭우가 내려 대홍수가 발생하고, 다른 지역에서는 극심한 가뭄이 발생하는 등 극단적인 이상기후 현상이 점점 더 심하게 자주 발생하게 될 것이다. 연구팀은 고위도 지방에서는 대체로 강수량이 증가하고 아열대 지방에서는 감소하는데, 지역별로 장마 시의 강수량 변화가 클 것으로 예상했다.

2021년 4월 21일 세계기상기구가 발표한 '2020 글로벌 기후 보고서'[72]는 기후위기로 기온이 상승하면 대기 중의 수증기량이 증가하기 때문에 강수량도 증가한다고 밝혔다. 이 보고서를 보면 미국뿐 아니라 세계의 연간 총강수량도 증가하고 있다. 특히 기록적인 폭우가 최근 들어 더 자주 발생하고 있는데, 1996년 이후 하루 강수량 상위 10개 연도 기록 중 9개 연도 기록은 최근에 발생한 것이다.

2021년 8월 4일 미국 애리조나대University of Arizona, 콜로라도대University of Colorado 등의 연구팀은 학술지 《네이처Nature》에 "홍수 위험에 노출되는 세계 인구의 급증으로 막대한 피해가 예상된다"라는 내용의 논문을 게

---

71   WMO, Summer of extremes: floods, heat and fire, WMO, Jul 16, 2021

72   WMO, 2020 Global Climate Report. WMO, Apr 2021.

재했다.[73] 연구팀은 2000년부터 2018년까지 발생한 대형 홍수 913건을 위성사진으로 수집한 뒤 해당 지역의 인구와 비교했다. 그랬더니 홍수가 발생한 지역으로 새로 유입된 인구가 8,600만 명에 달하더라는 것이다. 홍수 발생 지역의 인구 증가는 전 세계 인구 증가세보다 거의 2배나 빨랐다.

애리조나대 지리학자 베스 텔먼Beth Tellman은 "사람들이 유입되는 홍수지구에서 또 홍수가 난다. 이로 인해 인명과 재산의 손실뿐 아니라 장기적으로는 경제개발에도 차질이 우려된다"라고 지적했다. 실제로 조사대상 홍수지대에서는 2000년 이후 평균 세 차례 홍수가 난 것으로 나타났다. 연구팀은 왜 사람들이 홍수가 발생한 지역으로 이주하는지에 대한 연구는 하지 않았다. 다만 연구팀은 사람들이 물과 가까운 도시 거점에 살고자 하는 경향부터, 홍수지대의 저렴한 땅값까지 여러 원인이 있을 수 있다고 추정했다. 이런 위험한 지역은 아프리카 사하라 이남 지역, 동남아시아 등 남반구에서 증가세가 두드러진다며 여기에는 일반적 인구 증가, 기후위기에 따른 홍수 빈발이 함께 영향을 미치고 있는 것으로 분석했다. 연구팀은 세계자원연구소WRI, World Resource Institute의 기후변화 모델을 이용해 분석해보니 조사대상 106개국 가운데 57개국에서 2010년부터 2030년 사이에 홍수지대 인구가 증가할 것으로 예측되었는데, 새로 홍수 위험에 노출되는 인구는 1억 7,900만 명에 이를 것으로 추산했다.

---

73 Nick Petri Howe et al, Flood risk rises as people surge into vulnerable regions, NATURE, Aug 4, 2021.

미래 허리케인[74]과 태풍[75]은 더 강한 바람과 호우를 동반할 것이다

2021년 8월 29일에 허리케인 아이다^{Ida}가 걸프 해안을 강타하면서 루이지애나주 포트 포천^{Port Fourchon} 근처에 상륙했다. 100만 명 이상의 주민과 뉴올리언스^{New Orleans}시 전체에 전기가 끊겼다. 루이지애나주의 그랜드 아일^{Grand Isle}은 100%의 가옥이 파손되고 그중에서 40%는 완전히 파괴되었다. 미국은 허리케인 등급을 1등급부터 5등급까지로 나눈다. 사람들은 4등급이 1등급보다 4배 정도 더 강력할 것으로 생각하지만 실제로는 거의 250배 이상 피해가 더 크다. 영국의 자선단체 크리스천 에이드^{Christian Aid}가 발표한 2021년 기후재난 경제피해에서 슈퍼허리케인 아이다가 1위를 차지했을 만큼 피해가 엄청났다.

아이다는 북상하면서 델라웨어^{Delaware}주, 펜실베이니아^{Pennsylvania}주, 뉴저지^{New Jersey}주, 뉴욕^{New York}주를 포함한 많은 북동부 주들에서 대홍수를 초래했다. 뉴욕시의 지하철 46곳이 침수되었고, 이로 인한 정전으로 지하철 15~20대가 멈춰 섰다. 수백 명의 승객들은 물과 음식도 없이 12시간 넘게 역사에 갇혀 있어야 했다. 총 95명의 사상자와 약 77조 원에 달하는 경제적 피해가 발생했다. 조 바이든 대통령이 "뉴욕에 9월 한 달간 내리는 비보다 많은 양의 비가 하루 만에 왔다. 이제 기후위기는 현실이다"라고 말할 정도였다. 그런데 앞으로는 기후위기로 더 강력한 허리케인과 태풍이 발생할 것이라고 한다.

2021년 3월 26일에 미 국립해양대기청과 프린스턴대학 등의 공동

---

74 허리케인: 대서양 서부의 카리브해, 멕시코만과 북태평양 동부에서 발생하는 강한 열대성 저기압으로 강풍과 함께 폭우를 동반한다.

75 태풍: 북태평양 서남부에서 발생하여 아시아 대륙 동부로 불어오는, 폭풍우를 수반한 맹렬한 열대성 저기압으로, 보통 7~9월에 내습하여 종종 해난과 풍수해를 일으킨다.

●●● 2021년 미국을 덮친 슈퍼허리케인 아이다는 피해
액만 약 77조 원에 달할 정도로 최악의 기후재난으로 꼽
혔다. 영국의 자선단체 크리스천 에이드가 발표한 2021년
기후재난 경제피해에서 슈퍼허리케인 아이다가 1위를 차
지했을 만큼 그 피해는 엄청났다. 그런데 앞으로는 기후위
기로 더 강력한 허리케인과 태풍이 발생할 것이라고 한다.
〈출처: WIKIMEDIA COMMONS | Public Domain〉

연구진이 90개 이상의 기존 논문을 조사하여 인간의 활동으로 인한 기후위기가 태풍에 미치는 영향을 평가해《사이언스 브리프 리뷰Science Brief Review》에 게재했다.[76] 연구팀은 미래에는 기후위기로 인해 태풍이 더 강력해지면서 그 피해도 더 커질 것이라고 보았다. 태풍이 강력해지면 바람도 강해지고 이와 더불어 비도 더 많이 오면서 피해 규모가 더 커질 것이다. 태풍에 동반되는 폭풍해일로 인해 특히 해안 지역의 침수 피해가 증가할 것이다.

연구팀은 첫째, 기후위기로 인해 지구 기온이 2℃ 상승하게 되면 태풍의 최대풍속이 약 5% 더 강력해지고 강우량은 14% 더 증가할 것으로 예측했다. 또 기후위기로 해수면이 상승하기 때문에 태풍으로 인한 폭풍해일이 해안 지역의 침수를 더욱 악화시킬 것이라고 말한다. 이들은 1980년대 이후 태풍의 강도가 세계적으로 증가하고 있고 서유럽에 큰 피해를 주는 북대서양 폭풍 저기압도 강도가 증가했다고 진단했다.

둘째, 기후위기로 인해 미래에는 더 강력한 태풍이 발생하겠지만, 태풍 발생 수는 줄어들 것이라고 예상했다. 기후위기로 대기 온도와 해수 온도가 상승하게 되면 태풍 발생 수는 늘어나지 않는 대신에 태풍이 한 번 발생하면 강력한 태풍이 될 것이라고 내다봤다. 기후 모델을 이용한 예측에 따르면, 앞으로 수십 년 내에 지구가열화가 더욱 심해짐에 따라 전 세계적으로 강도가 센 열대성 저기압의 발생 비율은 더 높아진다. 그리고 열대성 저기압이 강력한 태풍으로 성장하면 이동 속도가 늦어지면서 그 피해는 더 커질 수 있다. 예를 들어, 2017년 미국에 상륙했던 슈퍼허리케인 하비Harvey는 1주일 동안 내륙을 지나면서 텍사스Texas

---

76 High Meadows Environmental Institude, Intensity of tropical cyclones is probably increasing due to climate change, Science Brief Reveiw, Mar 25, 2021.

●●● 2017년 미국에 상륙한 슈퍼허리케인 하비는 1주일 동안 내륙을 지나면서 텍사스주의 연간강수량과 맞먹는 물폭탄을 쏟아부었다. 하비가 퍼부은 1주일간의 폭우는 우리나라 1년 강수량과 맞먹는 1,320mm였다. 위스콘신 우주과학공학센터는 약 1천 년에 한 번 나올 수 있는 강수량이라는 분석까지 내놨다. 미국 국립기상청이 발표한 결과는 더 충격적이다. 포트 아서에서 북쪽으로 16km 떨어진 관측소에서는 무려 1,640mm의 강우량이 기록된 것이다. 세계의 많은 기후기관들은 당시 기후위기가 슈퍼허리케인 하비의 강수량을 19~38% 증가시켰다고 분석했다. 〈출처: WIKIMEDIA COMMONS | Public Domain〉

주의 연간강수량과 맞먹는 물폭탄을 쏟아붓기도 했다. 하비가 퍼부은 1주일간의 폭우는 우리나라 1년 강수량과 맞먹는 1,320mm였다. 위스콘신 우주과학공학센터는 약 1천 년에 한 번 나올 수 있는 강수량이라는 분석까지 내놨다. 미국 국립기상청이 발표한 결과는 더 충격적이다. 포트 아서Port Arthur에서 북쪽으로 16km 떨어진 관측소에서는 무려 1,640mm의 강우량이 기록된 것이다. 세계의 많은 기후기관들은 당시 기후위기가 슈퍼허리케인 하비의 강수량을 19~38% 증가시켰다고 분석했다.

셋째, 연구팀은 태풍이 가장 강해지는 위도가 지금의 적도 인근 해상에서 중위도 지역으로 북상할 것이라고 보았다. 이럴 경우 태풍에 대응할 준비가 덜 된 지역들이 앞으로 태풍으로 인해 큰 피해를 보게 될 것이다. 태풍의 북상은 이전에 미 국립해양대기청 산하 기후데이터센터CDC, Climate Data Center의 연구에서도 나왔었다. 이들은 최근 30년간의 데이터 분석 결과 태풍의 에너지 최강 지점이 중위도로 옮겨갔다는 것을 밝혀냈다. 10년마다 53~62km씩 적도에서 극지방 쪽으로 옮겨가면서 현재는 적도 부근에서 약 160km 멀어졌다는 것이다. 태풍의 가장 강한 지점이 중위도 지역으로 이동하고 있기 때문으로 우리나라 경우에도 강한 태풍이 그대로 북상해 큰 피해를 입을 가능성이 그만큼 커졌다.

미래 태풍은 중위도에서 강해지고
육지에 상륙해도 약해지지 않으면서 피해가 더 커질 것이다

미래 태풍은 중위도에서 강해지고 육지에 상륙해도 약해지지 않는다. 영국의 BBC는 2021년 12월 29일에 기후변화로 인해 허리케인이 인구가 많은 지역에 영향을 주고 있다는《네이처 지오사이언스Nature

Geoscience》에 게재된 논문을 보도했다.[77] 그 내용을 보면, 기후변화로 열대성 사이클론Cyclone[78]의 범위가 과거 300만 년 동안 발생했던 것보다 넓어지면서 수백만 명의 사람들이 이 파괴적인 폭풍에 더 취약해진다는 것이다. 현재 태풍이나 허리케인은 주로 적도 지방의 북쪽과 남쪽의 열대 지역에 국한되어 있다. 그러나 기후위기로 인한 해수 온도 상승이 태풍을 중위도에서 만들어지도록 한다는 것이다. 이로 인해 우리가 알고 있던 태풍의 발생 지역이 변화하고 있다. 유럽은 통상 태풍의 영향을 받지 않는 지역이다. 그래서 2020년 9월 포르투갈에 아열대성 폭풍Subtropical Storm 알파Alpha가 상륙했을 때 과학자들은 경악했다. 예일대학Yale University의 조슈아 스터드홈Joshua Studholme 박사는 "전통적인 중위도 폭풍우가 붕괴하면서 열대저기압이 형성되기 위한 적절한 조건이 생겼는데, 포르투갈에는 전에는 그런 일이 없었다. 기후가 따뜻해짐에 따라 중위도에서 일어나는 제트기류 활동이 약해지고 극단적인 경우 태풍이 만들어질 수 있다"라고 말하면서 기후위기로 가장 많은 인구가 살고 있는 중위도 지역에서 앞으로 이런 유형의 태풍을 더 많이 보게 될 것으로 전망했다.

더 심각한 문제는 이제 태풍은 육지에 상륙해도 힘을 유지하면서 피해를 키운다는 사실이다. 앞에서 언급한 2021년 슈퍼허리케인 아이다의 경우 육지에 상륙해서 며칠 동안 이동했음에도 세력이 약해지지 않고 더 극심한 대홍수를 불러왔다. 이런 사례는 최근에 들어와 많이 나타나고 있는데 2019년 9월에 발생한 '허리케인 도리안Dorian'이 대표적인

---

77 BBC, Climate change: Hurricanes to expand into more populated regions, BBC, Dec 29, 2021

78 사이클론: 벵골만과 아라비아해에서 발생하는 열대성 저기압으로, 성질은 태풍과 같으며 때때로 해일을 일으켜 낮은 지대에 큰 재해가 발생한다.

사례다. 5등급의 초특급 허리케인인 도리안은 2019년 9월 1일 역대 대서양 허리케인의 최고풍속을 기록한 시속 295km(185mph)를 유지한 채 미국 남동부 플로리다Florida주와 바하마 군도Bahama Islands에 기록적인 피해를 입힌 적이 있다.

원래 태풍은 육지에 상륙하면 에너지원과 단절되고 또 지표면과의 마찰로 인해 급격히 힘을 잃게 된다. 그런데 2021년 8월《사이언스 타임즈》는 "허리케인이 해안으로 이동한 후 더 많은 힘을 유지하고 있는데, 기후위기가 육지에 상륙한 후의 허리케인에 영향을 미친다"라는 연구 내용을 소개했다.[79] 이 연구에 따르면, 허리케인은 기후위기 때문에 상륙한 후 약해지는 데 더 오랜 시간이 걸리며 훨씬 더 먼 내륙에까지 큰 피해를 준다는 것이다.

오키나와 과학기술대학원 '피나키 차크라보티Pinaki Chakraborty' 교수는 1967년과 2018년 사이에 북대서양에 상륙한 이후 발생한 폭풍에 대한 데이터를 분석했다. 그 결과 최근의 태풍들은 육지에 상륙한 첫날에 약 50%의 강도가 감소했는데 과거 1960년대의 75% 정도 약해진 것보다 적은 수치라는 것이다. 이의 원인으로 해수 온도 상승을 꼽았는데, 뜨거운 바다는 태풍에 더 많은 습기를 공급해주어 육지에 상륙한 후에도 열에너지원으로 활용되면서 약해지는 시간이 길어지고 피해를 더 준다는 것이다.

우리나라에서도 기후위기로 더 강력한 태풍이 만들어지고 있다는 연구 결과가 나왔다. 기초과학연구원IBS이 2020년 12월에 지구가열화가 강력한 태풍을 50% 증가시킨다는 연구 결과를 발표한 것이다.[80] 연구팀

---

79 The Science Times, Hurricanes maintain more power after moving to the coast, and climate change affects hurricanes after landing on land. Science Times, Aug 2021.

80 https://www.sciencetimes.co.kr/

은 대기 중 이산화탄소 농도가 현재 대비 2배 증가하면 태풍의 총 발생 횟수는 줄지만, 한 번 발생하면 3등급 이상의 강력한 태풍으로 발생할 확률이 50% 증가할 것으로 예상했다. 연구팀은 기초과학연구원의 슈퍼컴퓨터 '알레프^{Aleph}'를 이용해 대기와 해양을 각각 25km와 10km의 격자 크기로 나눈 초고해상도 기후 모형을 이용하여 태풍, 강수 등 규모가 작은 여러 기상 및 기후 과정을 상세하게 시뮬레이션하여 결과를 얻어냈다. 만일 이산화탄소가 현재보다 4배 증가하면 강력한 열대저기압의 발생 빈도는 늘어나지 않지만 태풍에 의한 강수량은 증가하여 현재 대비 약 35% 늘어날 것으로 보았다. 연구팀의 악셀 팀머만$^{Axel\ Timmermann}$ 기후물리연구단 단장은 "이 연구는 미래 열대저기압 상륙에 의해 해안 지대의 극한 홍수 위험이 높아질 것임을 보여준다"면서 미래 대응이 필요하다고 말한다.

4

지구가열화가
대형 산불을 증가시킨다

2021년 12월 26일 환경단체《뉴스펭귄》은 2021년 최악의 환경재난 10선을 발표했는데, 이 가운데 산불이 5위와 7위 두 건 선정되었다.[81] 다섯 번째 환경재앙은 터키의 대형 산불이었다. 2021년 여름 터키 남부에서만 60여 건에 달하는 산불이 발생했고, 7월 터키 에게해 연안에서 발생한 산불로 최소 8명이 숨지고 가축 1,000여 마리가 불에 타 죽었다. 일곱 번째로 선정된 산불이 그리스 산불과 시베리아 산불이다. 2021년 8월에 그리스와 시베리아는 걷잡을 수 없는 산불로 몸살을 앓았다. 시베리아에서 발생한 대형 산불은 그 연기가 역사상 최초로 북극에 도달할 만큼 격렬했다.

2022년에도 세계 곳곳에서 살인적인 폭염과 함께 대형 산불이 잇달아 발생해 인명 피해와 재산 피해, 산림 및 생태계 파괴, 대기오염 등 많

---

81 https://www.newspenguin.com/news/articleView.html?idxno=10257

은 피해를 주고 있다. 이처럼 대형 산불이 잇달아 발생하고 있는 것은 지구가열화로 인한 폭염과 가뭄이 주원인으로 지목되고 있다. 유엔환경계획UNEP은 '2022 프런티어 보고서'에서 "변화하는 기상 조건으로 인해 이전에 산불이 발생하지 않던 지역에서도 산불이 더 자주, 더 강렬하게 발생하고, 더 오래갈 것으로 예상한다"라고 밝혔다.

대형 산불 원인은 극단적인 폭염과 가뭄이다

산불이 기후위기나 환경파괴에 많은 영향을 주는 것은 그 파괴력 때문이다. 데이비드 월러스 웰즈는 전 세계 탄소배출량의 약 12%가 산림파괴가 원인이며 약 25%는 산불이 원인이라고 말한다.[82] 불과 30년 사이에 메탄을 흡수하는 산림 토양의 능력은 77%나 감소했다. 산불이 발생하면 생태계가 파괴된다. 숲속에 살고 있던 수많은 동물과 곤충, 그리고 나무들이 다 사라진다. 나무들이 사라진 숲은 호우에 매우 취약해지면서 산사태를 만든다. 또 산림 파괴는 인류의 건강에도 악영향을 미친다. 산림이 $1km^2$ 파괴될 때마다 '매개 확산' 현상 때문에 말라리아 발병 건수가 평균 27건 늘어나가고 바이러스를 전파하는 박쥐 등이 사람의 생활권 안으로 들어와 각종 전염병을 전파한다. 산불이 발생한 지역은 40~50년 정도가 지나야 예전의 숲 생태계가 되살아날 정도로 산불 피해는 우리의 상상을 초월한다.

세계기상기구WMO는 2021년 7월 6일에 "북반구 산불 시즌이 활활 타오르다"라는 레터를 발표했다.[83] 2021년 북반구에서 발생한 산불은 점

---

82 데이비드 월러스 웰즈, 김재경 옮김, 『2050 거주불능 지구』, 추수밭, 2020.

83 WMO, Northern hemisphere wildfire season flares up, WMO, Jul 6, 2021.

●●● 2022년에도 유럽, 미국, 캐나다, 호주 등 세계 곳곳에서 살인적인 폭염과 함께 대형 산불이 잇달아 발생하면서 많은 인명 피해와 재산 피해를 입히고 산림 및 생태계를 파괴하고 엄청난 양의 대기오염물질을 배출하는 등 막대한 피해가 발생하고 있다. 이처럼 대형 산불이 잇달아 발생하고 있는 것은 지구가열화로 인한 폭염과 가뭄이 주원인으로 지목되고 있다. 유엔환경계획(UNEP)은 '2022 프런티어 보고서'에서 "변화하는 기상 조건으로 인해 이전에 산불이 발생하지 않던 지역에서도 산불이 더 자주, 더 강렬하게 발생하고, 더 오래갈 것으로 예상한다"라고 밝혔다.
〈출처: WIKIMEDIA COMMONS | Public Domain〉

점 더 커지고 있으며, 특히 러시아 북동부, 캐나다 서부, 미국 서부에서 발생한 산불의 수가 증가하고 있다고 경고하고 나선 것이다. 이 지역들의 대형 산불 원인은 극단적인 폭염과 가뭄이다. 미국 국립기상청NWS, National Weather Service은 6월 폭염을 두고 미국 본토에서 기상 관측을 시작한 이래 '가장 뜨거운 6월'이었다고 발표했다.

마찬가지로 캐나다 서부 지역의 브리티시컬럼비아British Columbia 지역도 최고 49.5℃까지 올라갔다. 북극권인 러시아 모스크바도 120년 만에 최악의 더위에 시달렸고, 대형 산불이 발생한 러시아 북동부 베르호얀스크 인근 지역은 48℃를 기록했다. 이 기온이 말이 안 되는 것이, 이 지역은 동토 지역인데도 불구하고 열대 지방에서도 나타나지 않는 48℃까지 올라간 것이다.

지구촌 곳곳에서 발생한 대형 산불의 원인을 두고 전문가들은 기후변화에 따른 이상고온으로 조성된 건조한 환경 등을 꼽는다. 세계기상기구는 최근의 고온과 극심한 가뭄이 더 많은 집중 화재의 원인이라고 밝혔다. 이처럼 기후위기가 전 세계적으로 화재의 빈도 및 심각성을 증가시킨다면서 이젠 토지 관리만으로는 최근의 산불 증가를 설명할 수 없다고 말한다. 기후위기로 나타나는 폭염과 가뭄 때문에 앞으로는 산불 기간이 점점 길어지고 규모도 커질 수밖에 없다. 그야말로 기후위기가 전례 없이 파괴적인 대형 산불을 뉴노멀로 만들고 있는 것이다.

북극권 시베리아 지역의 대형 산불은 연례행사가 되었다

2020년 6월 북극권 지역의 평균기온이 30℃까지 올라가면서 극심한 폭염이 발생하고 대형 산불도 발생했다. 코페르니쿠스 대기 모니터링 서비스CAMS, Copernicus Atmosphere Monitoring Service는 북극권을 포함한 러시아 북동부 먼 지역에서 발생한 화재 및 관련 배출량 증가를 관측하고 있다. 그런데 2021년에 들어서도 북극권의 대형 산불은 매우 크게 번지고 있다고 밝혔다. 다만 아직까지는 역대 최악이었던 2019년과 2020년의 산불 면적에는 미치지 못하지만 지속적으로 화재 발생 횟수와 일일 대기오염물질 배출량 추정치가 증가하고 있다고 한다.

북극권 중에서 대형 산불이 가장 심한 곳은 러시아 북동부 사하공화국의 산불이다. 북동 시베리아는 6월에 발생한 이상고온으로 땅이 메마르면서 이 지역의 베르호얀스크Verkhoyansk는 2021년 6월 20일 기온이 48℃까지 오르면서 전년도인 2020년 6월의 38℃라는 최고기온 기록을 불과 1년 만에 깼다. 참고로 이 지역은 겨울철 기온이 영하 67℃까지 떨어지는 극지방이다. 폭염과 가뭄으로 2021년 6월 사하공화국에서는 228건의 산불이 발생했다. 6월까지 서울 면적(약 6만 헥타르)의 25배가 넘는 150만 헥타르가량의 산림이 산불로 사라졌다. 사하공화국의 주도 야쿠츠크Yakutsk시는 인근 숲에서 난 대형 산불로 도시가 잿빛 연기에 뒤덮였다. 산불 규모가 크고 바람도 강하게 불면서 산불 연기가 미국 알래스카에까지 영향을 미쳤다. 러시아 당국은 산불 확산을 막기 위해 인력 2,000여 명과 AN-26 항공기를 동원해 산불 3개 지역의 상공에 요오드화은이 포함된 연소탄을 발사하는 등 인공강우 작업을 펼치기도 했다. 러시아의 푸틴 대통령이 비상사태를 선포했음에도 산불을 완전히 진화하지는 못했다.

극지연구소 공식 포스트에서는 북극권 산불이 매년 일어나는 원인을 '좀비 산불' 때문이라고 밝혔다.[84] 좀비의 정체는 '잔존 산불'로 불씨가

---

84 https://m.post.naver.com/viewer/postView.naver?volumeNo=32648318&memberNo=42232270

쉽게 죽지 않고 다시 살아나 좀비 산불이라고 불린다. 이 산불은 북극권에서 일어나는 독특한 현상으로 원인은 영구동토층 지하에 묻힌 '토탄'과 '눈' 때문이다. 토탄은 석탄이 만들어지는 중간단계로 오래 불타는 특징을 가지고 있어서 쉽게 꺼지지 않는 불씨가 된다. 또 땅 위를 덮은 눈이 단열재 역할을 하기 때문에 외부 온도의 영향을 덜 받아 겨울에도 불씨가 보존된다는 것이다. 그런데 이런 좀비 불이 위험한 이유는 눈이 녹는 봄이 오면 불씨가 다시 살아나 거대한 화재를 만들기 때문이다. 2020년 북극 시베리아에서 일어난 300여 건의 산불과 들불로 대규모 면적의 삼림이 불탔는데, 이중 절반의 원인이 좀비 불로 추정되고 있을 정도다. 기후전문가들은 북극권 산불이 저위도에서의 산불보다 더 빠르게 확산되며, 또 화재가 만들어낸 검댕과 재가 내려앉아 빙상을 검게 만들면 빙상이 더 많은 햇빛을 흡수해 더 빨리 녹아내리면서 더 심각한 기후위기를 불러오기 때문에 더 위험하다고 말한다.

우리나라 산불도 늘어나고 있다

우리나라에서 발생하는 산불은 주로 건조한 봄철에 집중된다. 산림청에 의하면 2020년 전국에서 일어난 산불은 620건으로, 이 중 355건이 3~4월에 집중되었다. 특히 우리나라의 대형 산불은 강원 영동 지역에서 거의 발생한다. 2005년의 양양 산불은 낙산사를 태우며 394억 원의 재산 피해를 냈고, 2019년 4월 고성 속초 산불도 여의도 면적 6배에 이르는 1,757헥타르의 산림을 태웠다. 강원 영동 지역에 대형 산불이 많이 발생하는 것은 기후 조건 때문이다. 봄철 중국에서 한반도로 따뜻한 이동성 고기압이 다가오면 태백산맥 상공에는 역전층이 형성된다. 보통은 고도가 올라가면 기온이 떨어지지만 역전층에서는 기온이 올라간다. 이런 조건에서 남고북저 형태의 기압계가 만들어지면 서풍이 불게 된다. 이 서풍은 산맥의 역전층과 산맥 산등성이 사이를 통과하는데, 이 과정에서 공기가 압축되면서 공기 흐름이 급격히 빨라진다. 물리학에서 말하는 베르누이의 정리Bernoulli's theorem 현상이 나타나는 것이다. 이 바람을 양간지풍襄杆之風이라 부르는데, 이 지역 사람들은 "공기가 산맥을 넘어 동해안을 만나면 마치 수문을 연 댐에서 물줄기가 쏟아져 내리듯 풍속이 급격히 빨라지면서 강원 영동 지방에 매우 강한 바람이 분다"고 말한다.

그런데 기후변화로 인해 봄철에 집중되던 산불이 다른 계절로 옮겨 가고 있다. 2022년 1월 6일에 국립산림과학원은 1월의 산불이 심상치 않다고 발표했다.[85] 국립산림과학원은 우리나라 산불 기상지수 변화 경향을 분석하고 1월 산불 발생 위험도를 예측해보니 평년보다 산불 위험성이 높을 것으로 전망된다고 발표했다. 지난 60년간(1960~2020년)의 기상관측 자료를 활용해 20년 단위로 산불 기상지수 변화를 분석해보니 봄·가을에 산불 발생 위험도가 증가하는 경향이 나타났지만, 월별로는 1월 산불 위험 증가폭이 가장 컸다는 것이다. 2000년 이후에는 1월의 산불 기상지수가 2~4 정도 증가했는데, 이는 상대적으로 산불 발생 위험성이 30~50% 높아진 수치라고 한다. 1월에 발생한 산불 비율은 1990년대 5.7%에서 2000년대 6.2%로, 2010년대에는 7.4%로 높아졌다. 2020년에는 연간 산불 중 13%인 44건이 발생했다. 산림과학원은 온도가 산불 발생에 큰 영향을 미치는 것으로 분석했는데, 기온이 1.5℃ 상승하면 산불 기상지수는 8.6% 오르고 2℃ 올라가면 13.5% 상승하는 것으로 나타났다고 한다.

---

85 국립산림과학원, 산불 기상지수 분석 및 1월 산불 위험도 예측, 국립산림과학원, 2022/1/6.

예전에는 "아까시나무 꽃 피면 산불이 끝난다"라는 말이 있었다. 5월로 접어들면서 풀이 자라나고 수분이 증가하면서 산불이 거의 발생하지 않았기 때문이다. 그런데 최근 들어 5월 산불이 계속 늘어나고 있는 것으로 나타났다. 1년 중 5월에 발생한 산불 비율은 1990년대 6%, 2000년대 7% 수준에 불과했다. 하지만 2010년대로 접어들면서 10%대로 높아졌고, 2019년에는 전체 산불 중 15%가 5월에 발생했다. 게다가 5월에도 100헥타르 이상의 산림이 불타는 대형 산불이 발생하기 시작했는데, 2017년에 2건, 2020년 1건 각각 발생했다. 이렇게 5월에도 산불이 늘어나는 이유는 지구가열화에 따른 기후위기가 가장 큰 원인이다.[86] 기후위기로 서태평양 지역의 해수 온도가 상승하면서 동아시아 지역의 5월 기온이 올라가고, 이로 인해 만들어진 따뜻한 공기가 산불의 핵심 요인으로 지목되는 산림 내 낙엽의 건조를 촉진시키기 때문이다. 이제는 우리나라 산불도 점점 강해지고 그 피해도 커질 것이다. 대형 산불은 생태계를 파괴하고 대기오염물질을 쏟아내 지구가열화를 촉진하는 악순환을 반복하게 만든다. 기후위기를 초래하는 지구가열화의 속도를 늦추고 기후위기시계를 되돌리기 위해 전 세계인은 지금 당장 행동해야 한다. 지구 온도 1.5℃ 제한을 위한 온실가스 감축 목표를 강화하고 그것을 실현하기 위해 전 세계 모든 국가와 개인이 행동하지 않으면 그것이 부메랑이 되어 더 큰 기후재앙을 맞게 될 것이다. 지금으로서는 전 세계인의 적극적인 행동만이 유일한 희망이다.

---

86) 국립산림과학원 외, 40년간(1981 2020년) 한반도의 봄철 산불에 미치는 기후 기상인자 사이의 상관관계 분석, 산림과학원, 2021/3.

SAVE
THE
PLANET

제4장
식량과 물 부족,
대기근과
기후난민

1

기후위기로 인한 식량 부족으로
고통받는 인류

얼마 전에 진흙을 구워 만든 쿠키를 먹는 아이티 아이들이 보도된 적이 있다. 먹을 것이 없는 아이티의 현주소를 보여주는 영상이다. 아이티의 비극은 2010년 대지진으로 시작되었다. 그해 1월 12일 규모 7.0의 지진이 아이티를 강타해 수천 명이 사망하고 이재민 수백만 명이 발생했다. 카리브해에서 가장 가난한 나라인 아이티의 경제가 무너졌고 보건 체계도 60% 이상 파괴되었다. 섬나라인 아이티는 허리케인 등의 자연 재해에 취약하다. 최근에는 기후위기로 인해 가뭄과 홍수가 반복되면서 농업도 파탄 직전까지 몰렸다. 여기에 코로나19 대유행까지 겹치면서 아이티의 경제는 지진이 발생한 지 12년이 지난 2022년에도 무너진 그 상태 그대로다.

식량부족이 심각한 나라들이 늘어나고 있다

"2011년 식료품 가격 급등은 세계 각지의 흉작이 원인이다. 그 전 해 2010년, 기상이변이 세계 곳곳에서 일어났다. 세계적인 식량 생산국인 캐나다에서 폭우가 이어져 밀 생산이 크게 감소했다. 러시아에서는 폭염과 가뭄으로 초원에 잇달아 화재가 발생하면서 밀 생산에 차질을 빚었다. 아르헨티나는 가뭄, 호주는 홍수, 중동 지역도 황사로 인해 농업이 크게 타격을 받았다. 이상기후가 밀 가격을 폭등시켰고 아랍인들은 굶주림에 시달렸다. 음식이 부족한 시민들은 먹을 것을 구해 도시로 흘러갔다. 그러자 도시 지역의 식량 사정도 점점 악화되었다. 식량난 대책을 내놓지 못하는 정권을 비난하는 움직임이 혁명으로 이어졌다. 이것이 '아랍의 봄'이다."

데이비드 월러스 웰즈의 책에 나오는 내용으로, 재스민 혁명이 발생한 가장 큰 이유가 기후위기로 인한 식량부족이었다는 것이다.[87]

2021년 11월에 유엔식량농업기구FAO, United Nations Food and Agriculture Organization는 중남미와 카리브해 지역에서 극심한 식량부족으로 기아 인구가 최고에 달했다고 밝혔다.[88] 이 보고서는 중남미와 카리브해가 식량안보 측면에서 심각한 상황에 직면해 있다고 말한다. 홀리오 베르데게 유엔식량농업기구 지역대표는 "2014년부터 2020년까지 기아에 허덕이는 사람들의 수가 거의 79% 증가했다"라고 말한다. 식량 불안은 이 지역 인구의 41%에 영향을 미치고 있는데 2020년에는 인구 10명 중 4명(2억 6,700만 명)이 중간 또는 심각한 식량 불안을 경험했다. 이 수치

---

87 데이비드 월러스 웰즈, 김재경 옮김, 『2050 거주불능 지구』, 추수밭, 2020.

88 FAO, New UN report: Hunger in Latin America and the Caribbean rose by 13.8 million people in just one year, FAO, Nov 30, 2021.

는 2019년에 비해 6,000만 명이 증가한 것으로 다른 세계 지역과 비교하여 가장 많이 증가한 수치다.

유엔식량농업기구는 아프리카 동부 지역과 아프가니스탄 등지에서의 식량난이 심각하다고 밝혔다.[89] 마다가스카르 남부에서는 40년 만에 최악의 가뭄으로 식량 가격이 상승하면서 2만 8,000명이 기아 상태에 빠질 것으로 예상했다. 또 에티오피아와 마다가스카르에 발령된 식량 최고 경보가 남수단, 예멘, 나이지리아 북부지역까지 확대되었다. 이들 지역은 세계적으로 가장 우려되는 식량 불안 지역 중 하나로, 이들 국가의 일부 지역에서는 이미 심각한 수준의 식량 불안을 겪고 있으며 상당한 수의 사람들이 추가로 위험에 처해 있다. 아시아 지역에서도 아프가니스탄에서 발생한 지속적인 가뭄과 분쟁으로 인해 식량 가격이 매우 높아졌고 코로나19로 인한 실업이 지속되면서 식량 불안이 점점 더 심각해지고 있다. 아이티도 불안정한 식량 불안 상황이 더욱 악화될 것으로 예상되는데, 2021년의 경우 비의 부족과 함께 허리케인의 내습, 그리고 정치 불안으로 인해 극심한 식량 가격 인플레이션이 발생했다.

기후위기로 인한 식량부족으로 식량 가격은 계속 상승하고 있다

2021년 6월 3일, 유엔식량농업기구는 그해 4월 기준 세계식량가격지수가 120.9포인트로 전월 대비 1.7% 포인트 상승했다고 발표했다.[90] 세계식량가격지수는 유엔식량농업기구가 24개 주요 식량 품목의 국제 가격 동향을 토대로 발표하는 지수로, 기준은 2014~2016년 평균가격을

---

89 FAO, Famine relief blocked by bullets, red tape and lack of funding, warn FAO and WFP as acute food insecurity reaches new highs, FAO, July 30, 2021.

90 FAO, FAO Food Price Index rises to record high, FAO, Jun 3. 2021.

100포인트로 삼아 산정한다. 국제적인 식량 가격 추이를 보여주는 대표적인 지표라고 할 수 있다.

2020년 5월의 91.0포인트 이후 1년 연속 상승세가 꺾이지 않고 있다는 것이다. 유엔식량농업기구가 지수를 집계하기 시작한 1990년 이후로 15개월 연속 상승한 2007년 1월~2008년 3월 이후 두 번째로 긴 기간 동안 상승세가 이어지고 있다. 무려 30년 만의 이례적인 식량 가격 상승이라고 할 수 있다. 2020년 10월 톤당 185달러였던 옥수수 가격은 2021년 5월 397달러로 2배 이상 올랐다. 밀가루 29%, 콩 70%, 원당 65% 등 주요 곡물 가격은 2020년 대비 29~82% 상승했다. 이렇게 세계적인 식량 가격이 급등하는 배경에는 남미의 가뭄과 호주의 한파 등 이상기후의 영향이 가장 컸다.

식량가격지수 상승은 2022년에 들어와 더 가팔라졌다. 유엔식량농업기구는 2022년 3월 4일에 최신 식량가격지수를 발표했다.[91] 전체 식품의 물가지수를 평균한 지수로, 유엔식량농업기구 식품물가지수FFPI, FAO Food Price Index는 2022년 2월 평균 140.7로 1월보다 5.3포인트 올랐고 1년 전 수준보다 무려 24.1포인트나 올랐다. 〈그림 4-1〉을 보면 가장 위에 있는 선이 2022년의 식량가격지수를 나타낸 것이다. 식량가격지수는 2014년에서 2016년의 평균을 100으로 보고 환산한 지수인데, 최근 4년간을 보면 가장 아래쪽에 2019년, 그 위가 2020년, 그리고 위에서 두 번째가 2021년으로 식량 가격이 2020년 후반부터 큰 폭으로 오르고 있는 모습을 보여주고 있다. 그리고 올해는 작년보다 더 오르면서 급격히 상승하는 모습을 볼 수 있다. 〈그림 4-2〉는 주요 식품의 식품가

---

91 FAO, The FAO Food Price Index rises to a new all-time high in February, FAO, Mar 4, 2022.

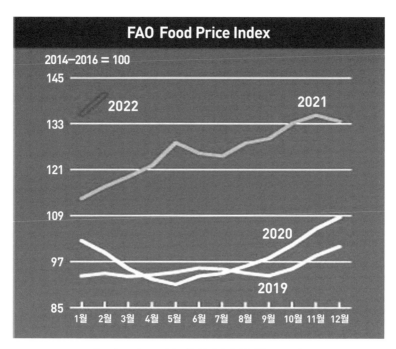

〈그림 4-1〉 2022년 3월 식량가격지수 (출처: FAO)

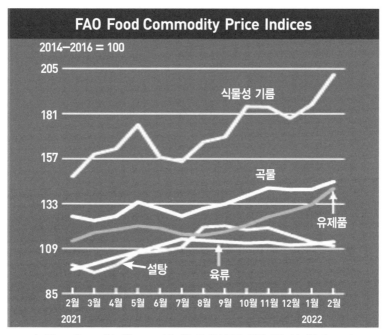

〈그림 4-2〉 2021년 2월~2022년 2월 사이의 주요 식품가격지수 (출처: FAO)

격지수 상승을 나타낸 그래프다.

미 항공우주국은 2021년 9월에 기후위기로 인해 나타날 농작물 생산의 영향에 관한 보고서를 발표했다.[92] 기후위기를 초래하는 주요 요소로서 농작물 생산에 영향을 미치는 첫 번째 요소는 이산화탄소다. 보고서는 대기 중의 높은 수준의 이산화탄소는 비료로 작용하여 식물의 성장을 증가시킬 수 있다고 한다. 공기 중에 이산화탄소가 더 많으면 식물이 가스를 흡수하는 데 더 효율적이 되고, 결과적으로 이 과정에서 수분을 덜 잃게 되며, 이것은 식물의 성장에 더 좋다. 충분한 물과 다른 영양분이 있으면 농작물 수확량이 증가할 수 있다는 것이다. 그러나 문제는 농작물의 영양소 함량이 낮아진다는 것이다. 이산화탄소 농도가 높은 상태에서 밀, 보리, 쌀은 더 빨리 자라고 더 잘 크지만, 단백질과 미량 영양소 함량은 그와 비례해 더 낮아진다.

두 번째 요소는 기온 상승이다. 지구 평균기온이 산업화 이전보다 2℃ 높은 미래의 전 지구 밀 생산을 시뮬레이션해보니, 온대 지역에서의 밀 생산량은 5% 증가했지만 중앙아메리카와 아프리카에서는 약 2~3% 감소했다. 특히 전 세계 밀의 14%를 생산하는 인도를 포함한 더운 지역의 생산량은 더 줄어들었다. 기온이 높아지면 작물이 더 빨리 성숙하면서 곡식에 필요한 에너지는 사용하지 않기 때문에 식량 생산이 줄어들게 된다.

세 번째 요소는 물이다. 기후위기는 강우와 강설 패턴에 영향을 미쳐 극단적으로 가뭄과 폭우 등의 결과를 낳는다. 일부 지역은 너무 많은 비가 내리는가 하면, 다른 지역은 극심한 가뭄을 겪는다. 몬순monsoon(열대

---

92 NASA, NASA at Your Table: Climate Change and Its Environmental Impacts on Crop Growth,NASA, Sep 2, 2021.

계절풍. 여름과 겨울에 대륙과 해양의 온도차로 인해 일년 주기로 풍향이 바뀌는 바람)으로 인해 동남아시아에서는 많은 비가 내리고, 미국 서부·호주·아프리카·중앙아메리카에서는 가뭄이 더 심해질 수 있다. 극단적으로 불균형한 물 분포는 식량 생산의 감소를 불러일으킨다.

식량 위기에 대응해야 한다

인구는 급속히 증가하는데 경작지의 증가는 이를 따라가지 못하고 있다. 전 세계 경작지는 1961년 이래 고작 13% 늘었지만, 세계 인구는 2배 이상 늘었다. 그만큼 안정적으로 식량을 공급할 여력이 줄어들고 있다. 가축들도 기후위기로 인해 피해를 입고 있고 해양에서 제공하는 식량도 줄어들고 있기 때문에 문제는 더욱 심각해진다. 여기에다 초국적 기업의 작물 독과점이 갈수록 높아지고, 대다수 국가의 식량 자급률은 계속 하락하는 점도 문제다. 많은 제3세계 국가들이 초국적 곡물 기업에 쌀, 콩, 밀, 옥수수 등 필수작물의 생산을 맡기고, 대신 환금성이 좋은 커피, 바나나 등의 기호식품을 재배해온 것도 균등한 식량 배분에 문제를 야기하고 있다.

2021년 기후위기로 전 세계 식량 생산이 감산된 데다가 2022년 러시아와 우크라이나의 전쟁으로 세계 최대 밀 생산국의 생산량이 대폭 줄어들 것으로 보인다. 2022년에도 식량 가격은 오를 수밖에 없다. 그렇다면 우리나라 상황은 어떨까? 농림축산식품부 자료에 따르면, 2019년 기준 한국의 식량 자급률은 45.8%다. 식량의 절반 이상을 수입에 의존하고 있는 것이다. 사료용 곡물까지 포함한 곡물 자급률은 21% 수준이다. 채소류, 과실류, 육류 등의 자급률도 2010년 대비 3.5~6.9%까지 떨어졌다. 곡물 중에서도 가장 심각한 품목이 밀이다. 이미 '제2의 국민

●●● 2021년 기후위기로 전 세계 식량 생산이 감산된 데다가 2022년 러시아와 우크라이나의 전쟁으로 세계 최대 밀 생산국의 생산량이 대폭 줄어들 것으로 보인다. 우리나라는 밀, 옥수수, 콩 등 곡물 대부분을 외국에서 전적으로 수입해야만 하는 세계 최상위의 곡물 수입국이다. 2019년 기준 한국의 식량 자급률은 45.8%다. 식량의 절반 이상을 수입에 의존하고 있는 것이다. 기후위기와 무역전쟁이나 코로나19 팬데믹과 같은 위기 상황에 대비해 곡물 수출국과 협약을 체결하여 비상시 필요한 물량을 구입할 수 있는 체계를 구축해야 하며, 해외농업개발사업에도 전폭적으로 투자해야 한다. 또 밀·콩 전문 생산단지와 저장·처리시설, 유통 관리 등 인프라도 대폭 확충해나갈 필요가 있다. 아울러 식량 생산효율 증대 기술에 대한 개발에도 박차를 가해야 한다.

주식'으로 자리매김했지만 밀 자급률은 2010년 이후 한 번도 2%를 넘어선 적이 없다. 2010년 1.7%였던 밀 자급률은 2019년 오히려 0.7%까지 떨어졌다.

우리나라는 밀, 옥수수, 콩 등 곡물 대부분을 미국이나 중국 등으로부터 전적으로 수입해야만 하는 세계 최상위의 곡물 수입국이다. 또 FAO에서 권장하는 적정재고량 수준을 유지하지 못하는, 곡물 수급이 불안정한 나라다. 결국 무역전쟁이나 팬데믹 등과 같은 상태가 오면 식량문제에 매우 취약할 수밖에 없다.

시급하게 곡물 수출국과 협약을 체결하여 비상시 필요한 물량을 구입할 수 있는 체계를 구축해야 하며, 해외농업개발사업에도 전폭적으로 투자해야 한다. 또 밀·콩 전문 생산단지와 저장·처리시설, 유통 관리 등 인프라도 대폭 확충해나갈 필요가 있다. 아울러 식량 생산효율 증대 기술에 대한 개발에도 박차를 가해 나가야 한다. 우리나라는 나라가 좁아 경작지를 넓히기 어려우므로 단위면적당 생산되는 식량을 늘려야만 한다. 이를 위해 스마트 농법 등 ICT 기술이 접목된 농업으로 가야만 한다.

2

2050년에는 50억 명이
물 부족을 고통받는다

우리네 속담에 "돈을 물 쓰듯 한다"라는 말이 있다. '물 쓰듯'이라는 관용구는 돈이나 물건 따위를 함부로 매우 헤프게 쓰는 모양을 비유적으로 이르는 말이다. 그런데 이제는 어느 것이나 물 쓰듯 살면 안 된다. 특히 물 부족으로 인해 많은 사람이 고통받는 지금에는 물을 물 쓰듯 해서는 안 될 일이다. 현재 인류는 곳곳에서 심각한 물 부족을 겪고 있다.

물은 지구상 어느 곳에서나 존재한다. 빙하나 강, 호수는 물론 공기나 땅에도 물은 존재한다. 이 중 가장 많은 양의 물을 보유하고 있는 곳이 바다다. 지구상에 존재하는 물은 모두 1.36억km³ 정도 된다. 이 중 97.2%가 바다에, 2.15%가 빙하나 눈으로 저장되어 있다. 우리가 생활에서 사용하는 호수나 강, 지하수에 저장된 물의 양은 놀랍게도 전체의 1% 미만이다. 그 1%의 4분의 3만이 신선한 지하수이며 대기 중에 있는 구름, 수증기, 비는 모두 합쳐서 1%의 100분의 1에 불과하다.

심각한 물 부족 지역이 늘어나고 있다

2021년에는 전 세계 모든 대륙에서 물 부족이 발생했다. 그중에서 가장 심했던 곳이 중동 지역이며 중동에서 물 부족이 가장 심각한 나라가 이라크다. 2022년 1월에 국제적십자사는 "2050년까지 이라크 관개지의 3분의 1이 수자원 고갈에 직면해 있으며, 유프라테스강, 티그리스강도 말라가는 등 비옥한 땅이 위기에 직면해 있다. 이라크와 시리아의 1,200만 명 이상이 물·전기·식량에 대한 접근이 어려운 상황이다"라고 밝혔다.

이라크에서 농업은 전 국민 대부분의 생계 수단이지만 이라크 농민들은 물이 빠르게 고갈되는 현실에 직면해 있다는 것이다. 세계은행은 최근 "기후위기 특히 수자원 감소는 이라크의 경제와 고용에 악영향을 미칠 것"이라고 경고했다. 이라크에 심각한 물 부족 문제를 일으키는 원인들 중에서 가장 큰 원인 하나는 이란과 터키가 자국의 물 부족 문제를 해결하기 위해 댐을 건설한 것이고, 또 다른 이유 하나는 이 지역의 기온 상승이 세계 평균보다 높다는 것이다. 이로 인해 극심한 폭염과 가뭄이 번갈아 자주 발생하면서 물 부족 문제가 더욱 심각해진 것이다.

2021년 7월 이란 남부 지역인 후제스탄Khuzestan주는 최악의 가뭄을 겪었다. 물 부족 현상으로 후제스탄 지역에서는 격렬한 시위가 이어졌다. 이란 보안군은 실탄을 쏘며 시위대를 진압했고 수많은 사상자가 발생하는 비극이 발생했다. 2021년 11월에 이란의 아름다운 도시 이스파한Esfahan에서 수만 명이 참가한 시위가 연속적으로 일어났다. 이스파한 시민들에게 식수와 농수를 제공하던 자얀데 루드 강의 강바닥이 갈라질 정도로 물 부족 사태가 심각했기 때문이었다. 이처럼 최근 몇 년 동안 가뭄과 물 부족으로 인해 알제리와 수단을 비롯한 이란, 이라크, 레

●●● 이스라엘은 요단강에서 사해까지 흘러오는 물에 의지한다. 그러나 최근 유입되는 물이 줄어들면서 인근 지역의 농업 및 식수 공급이 어려워졌다. 이스라엘과 요르단에 걸쳐 있는 사해는 이들 국가가 농업과 식수로 상류 대부분을 끌어다 사용할 뿐 아니라 대책 없는 개발과 광물 채취, 기후위기 등으로 물이 마르면서 2050년까지 사라질 위험에 처해 있다. 위 사진은 1972년과 1989년 2011년 점점 말라가고 있는 사해의 모습을 찍은 위성사진이다. 〈출처: WIKIMEDIA COMMONS | CC BY 2.0〉

바논 등지에서 시위가 계속되었다. 이스라엘도 물 부족으로 고통을 받고 있다. 이스라엘은 요단강에서 사해까지 흘러오는 물에 의지한다. 그러나 최근 유입되는 물이 줄어들면서 인근 지역의 농업 및 식수 공급이 어려워졌다. 이스라엘과 요르단에 걸쳐 있는 사해는 이들 국가가 농업과 식수로 상류 대부분을 끌어다 사용할 뿐 아니라 대책 없는 개발과 광물 채취, 기후위기 등으로 물이 마르면서 2050년까지 사라질 위험에 처해 있다.

중동의 남쪽인 아프리카의 소말리아 물 부족도 심각했다. 릴리프웹

Reliefweb은 2021년 10월 17일에 소말리아의 물 부족 위기에 플래시 업데이트를 했다.[93] 건조한 날씨와 높은 증발률로 인해 주바랜드Jubbaland 의 많은 지역에서 심각한 목초지 열화와 물 부족 현상이 보고되고 있으며, 아프마도우, 바르다레, 벨렛 자워, 키스마유의 웨스테렌 마을이 가장 큰 피해를 입었다는 것이다. 2021년 10월 10일, 아프마도우 구역과 주변 마을에서는 최소한 10만 가구가 심각한 물 부족을 겪고, 농촌에서는 상당수의 얕은 우물과 전략적인 시추공으로 인해 거의 모든 물이 말라버렸다.

아시아에서는 중국의 가뭄이 가장 심각했다. 중국의 선전深圳, 광저우廣州 등 대도시가 밀집해 있는 중국 광둥성廣東省 주장珠江 삼각주 일대가 약 60년 만에 최악의 가뭄이 닥쳤다고 2021년 12월 지역 매체가 보도했다.[94] 특히 '중국판 실리콘밸리'로 불리는 선전시의 물 부족 현상이 가장 심각한데, 선전시가 사용하는 물의 90%를 공급하는 둥강東港의 3대 저수지 저수량이 절반 넘게 줄었다. 물 부족 현상이 심각해지자 선전시 당국은 2022년 5월까지 선전시 전체 물 공급량이 하루 평균 100만 톤 부족할 것으로 전망했다. 이 중 50만 톤은 비상용 저수량으로 채운다 해도 나머지 50만 톤은 시민 전체가 절수를 통해 줄여야 하는 상황이다.

미주 대륙에서는 미 서부 지역의 가뭄이 심각했다. ABC뉴스는 2021년 8월 17일에 미국 최대 저수지인 미드 호수Lake Mead에 사상 처음으로 물 부족 사태가 선포되었다고 보도했다.[95] 멕시코 서부와 북부에서 수

93 Reliefweb, Flash Update on Water Shortage Crisis in Somalia (As of 17 October 2021) reliefweb, Oct 17, 2021.

94 https://www.ajunews.com/view/20211210102341908

95 ABC news, First-ever water shortage declared for Lake Mead, the country′s largest reservoir, ABC news, Aug 17, 2021.

십 년 동안 지속된 '대형 가뭄'으로 인해 정부가 미드 호수의 물 부족을 선언한 것이다. 미드 호수는 1등급 부족 상태에 놓이게 되는데, 이는 2022년부터 애리조나주가 콜로라도강에서 평년보다 약 18% 적은 물을 공급받게 된다는 것을 의미한다. 네바다주의 수도 허용량은 약 7%, 멕시코는 약 5% 감소할 것이다. 예상보다 빠르게 상황이 악화되면서 2021년에 식량부족 선언이 이어졌으며 가뭄 상태가 지속될 경우 앞으로 물 허용량 감소가 따를 수 있다. 현재 장기 예측으로 가뭄은 일시적인 것이 아니라 기후위기에 의한 것이기 때문에 회복될 전망이 크지 않다. 기온 상승으로 흙이 너무 가물어진 탓으로, 녹은 눈이 강으로 흘러가기 전에 지표면으로 흡수된 것이 주된 원인이다.

물이 부족해지는 이유는 무엇일까

전 세계적으로 물 부족 문제가 심각해지자, 그에 따른 연구가 활발히 진행되고 있다. 물 부족 문제를 일으키는 주된 이유는 무엇일까?

물 부족의 첫 번째 이유는 기후변화로 인한 강수대 변화 때문이다. 2021년 1월 미국 캘리포니아대학교 어바인 캠퍼스UCI, University of California, Irvine의 기후, 환경, 데이터 전문가들이 협업해서 연구한 논문에서 앞으로 심각해지는 기후위기가 적도 근처의 좁은 열대 강우 벨트를 위아래로 불균형적으로 이동시켜 수십억 인구의 식량안보를 위협할 수 있다고 발표했다.[96] 이들은 논문에서 모든 열대 지방이 똑같은 영향을 받지는 않고, 동반구의 열대 강우대 일부는 북쪽으로 이동하고 서반구의 열

---

96 Antonios Mamalakis et al, Zonally contrasting shifts of the tropical rain belt in response to climate change, Nature Climate Change volume 11, Jan 18, 2021.

대 강우대 일부는 남쪽으로 이동할 것으로 예측했다. 이렇게 이동하게 될 경우 남동부 아프리카와 마다가스카르에는 가뭄이 심각해지고 인도 남부는 홍수가 강해진다고 한다. 그런데 이와 반대로 움직이게 되면 중앙아메리카에 더욱 큰 가뭄이 발생할 것으로 예상했다.

연구팀의 안토니오스 마말라키스Antonios Mamalakis 박사는 "기후위기로 인해 지구의 3분의 2를 차지하는 2개 종단 지역에서 열대 강우 벨트 위치가 반대 방향으로 이동할 경우 전 세계 물 가용성과 식량 생산에 단계적 영향을 미칠 것"이라고 밝혔다. 연구팀의 짐 랜더슨Jim Randerson 교수 (UCI 지구시스템과학 교수)는 "아시아에서는 기후변화로 인해 예상되는 에어로졸 배출 감소와 히말라야의 빙하 녹음, 북부 지역의 적설 감소가 대기를 다른 지역들보다 더 빨리 가열시킬 것이며, 이로 인한 강수대 변화로 가뭄 지역이 발생할 것이다"라고 예측했다.

물 부족의 두 번째 이유는 전 세계 우물이 말라가고 있기 때문이다. 2021년 4월 23일 캘리포니아대학의 연합연구팀은 전 세계 우물이 말라가고 있다는 사실을 뒷받침하는 지하수 수위 정보와 우물 정보를 비교한 결과를《사이언스Science》에 공개했다.[97] 연구팀은 세계 40개국의 우물 3,900만 개의 위치와 깊이, 목적, 건설 날짜에 대한 데이터를 모은 다음 각 지역의 지하수 수위 데이터와 연결해 비교해보았다. 그랬더니 전 세계 우물의 약 20%가 지역의 지하수 수위보다 5m 이상 깊지 않은 것으로 나타났다. 이 이야기는 지하수 수위가 조금만 떨어져도 800만 개에 가까운 우물이 말라버릴 수 있다는 뜻이다. 이는 우물을 식수와 관개 농업에 활용하는 수십억 명의 사람들에게 위험이 임박했음을 시사한다.

---

97 SCOTT JASECHKO, Global groundwater wells at risk of running dry, SCIENCE, Apr 23, 2021.

물이 말라가는 세 번째 원인은 지구촌의 강이 말라가고 있기 때문이다. 2021년 6월 18일 《사이언스타임즈》에서는 캐나다 맥길대McGill University 등 연합연구팀이 연구한 내용을 소개했다.[98] 그 내용을 보면 지구상 전체 6,400만km에 달하는 강과 하천의 51~60%가 주기적으로 흐름을 멈추거나 연중 일정 기간 말라 있는 건천乾川인 것으로 밝혀졌다. 이 연구는 지구상에서 비영속적으로 흐르는non-perennial 강과 하천들의 분포를 경험적으로 정량화한 최초의 연구다. 전통적으로 강과 하천들은 연중 물이 흐른다는 기본 개념을 뒤바꾸는 연구이기도 하다. 이들은 기후위기와 인류의 토지 이용으로 인해 더 많은 강이 미래에 흐름을 멈출 것으로 전망한다. 나일강과 인더스강 및 콜로라도강과 같은 상징적인 강들을 포함해 전에는 연중 내내 영속적으로 흐르던 많은 강이 지난 50년 동안 기후위기와 토지 사용 전환 및 인간의 과도한 물 사용으로 강물 흐름이 간헐적으로 중단되었다는 것이다.

물 부족은 미래에 더욱 심각해질 것이다

"2018년 36억 명의 사람들이 적어도 1년에 한 달 동안 물을 제대로 이용하지 못했다. 2050년에는 이런 물 부족에 시달릴 사람이 50억 명 이상으로 증가할 것으로 예상된다." 2021년 10월 5일 세계기상기구가 물에 관한 보고서를 발표하며 예상한 시나리오다.[99] 이 보고서에서는 "지난 20년 동안 토양 수분, 눈, 얼음을 포함한 지표면과 지표면의 모든 물의 총합인 지하수 저장은 매년 1cm씩 감소해왔다. 가장 큰 물 손실은

---

98 https://m.post.naver.com/viewer/postView.naver?volumeNo=31781241&memberNo=30120665

99 WMO,Wake up to the looming water crisis, report warns, WMO, Oct 5, 2021.

●●● UCI 지구시스템과학 짐 랜더슨 교수는 "아시아에서는 기후변화로 인해 예상되는 에어로졸 배출 감소와 히말라야의 빙하 녹음, 북부 지역의 적설 감소가 대기를 다른 지역들보다 더 빨리 가열시킬 것이며, 이로 인한 강수대 변화로 가뭄 지역이 발생할 것이다"라고 예측했다. 물 부족 문제는 남의 이야기가 아니다. 우리나라도 물 부족에 대비하여 도시화 억제, 해수담수화, 가상수 교역, 저수지 개발, 지하수 개발, 유역 간 수자원 이동에 대한 연구 및 투자를 하면서 저탄소 도시 건설, 도시화 속도 조절 등보다 지속 가능한 위기 극복 방법을 병행해나가야 한다.

남극과 그린란드에서 발생하고 있지만, 인구가 많은 저위도 지역에서도 심각한 물 손실이 발생하면서 물 안보에 큰 영향을 미치고 있다"라고 말한다. 그런데 기후위기로 인해 홍수나 가뭄과 같은 물 관련 위험이 늘어나고 인구도 증가함에 따라 오는 2050년에는 물을 제대로 사용하기 힘든 사람이 50억 명에 달할 수 있다는 것이다. 이에 페테리 탈라스 세계기상기구 사무총장은 "현재 20억 명이 넘는 사람들이 물 부족 국가에 살고 있으며 안전한 식수와 위생시설에 대한 접근도 어려운 상황에 있다"라고 설명했다.

현재 많은 지역이 물 부족으로 고통받고 있다. 많은 나라는 물과 위생시설의 가용성과 지속 가능한 관리를 보장받지 못하고 있다. 2020년 기준으로 36억 명이 안전하게 관리되는 위생 서비스가 부족하고, 23억 명은 기초위생 서비스가 부족하며, 20억 명 이상이 안전한 식수를 공급받지 못하는 물 부족 국가에 살고 있다.

따라서 이 문제를 해결하기 위해 세계기상기구는 각국에 수자원 관리 통합을 위한 투자와 더 나은 물 관리 시스템 구축을 권고했다. 특히 빈곤한 국가들의 경우 가뭄과 홍수에 대한 조기경보 시스템에 투자할 것을 당부했다. 세계기상기구는 "기상이나 수자원 관련 국가 기관의 약 60%가 물과 관련한 기후 서비스를 제공하는 데 필요한 능력이 부족한 것으로 평가되었다. 우리는 다가오는 물 위기에 깨어 있어야 한다"라고 경고했다.

중국 베이징사범대 연구진은 2021년 8월 국제학술지 《네이처 커뮤니케이션즈Nature Communications》에 게재한 논문에서 "여러 사회·경제적 조건과 기후변화 시나리오 등을 분석해보니 물 부족 상태에 놓일 수 있는 전 세계 도시 인구는 2016년 9억 3,300만 명에서 2050년에는 16억 9,300만~23억 7,300만 명으로 증가할 것으로 예상된다"라고 밝혔다.[100] 그러면서 물 부족의 가장 큰 원인은 급격한 도시화에 있는데, 기존 물 인프라로는 급증하는 도시민들의 물 수요를 감당할 수 없기 때문이라고 밝혔다. 여기에 더해 지구가열화로 인한 기온 상승과 이로 인한 물 증발량 증가도 물 부족 상황을 심화시키는 요인이다.

이들의 연구에 따르면, 전 세계에서 도시에 거주하는 인구는 1950년 8억 명에서 2021년에 44억 명으로 급증했다. 2050년 도시 인구는 67억 명에 이를 것으로 추정되며, 향후 30년 동안 도시 지역의 산업·가정용 물 수요는 50~80%가량 늘어날 것으로 추정되기 때문에 물 부족은 더욱 심각해질 것이다. 2016년에 전 세계에서 물 부족 지역에 살고 있는 도시 인구는 9억 3,300만 명이었다. 인도(2억 2,200만 명)와 중국(1억 5,900만 명)이 가장 많다. 인구 100만 명이 넘는 대도시 526곳 중 193곳, 인구 1,000만 명이 넘는 메가시티 30곳 중 9곳이 물 부족 도시로 조사되었다. 물이 부족한 메가시티에는 베이징, 모스크바, 멕시코시티, 이스탄불, 로스앤젤레스 등이 포함되어 있다.

물 부족 문제는 남의 이야기가 아니다. 우리나라도 물 부족에 대비하여 도시화 억제, 해수담수화, 가상수Virtual water 교역, 저수지 개발, 지하수 개발, 유역 간 수자원 이동에 대한 연구 및 투자를 해야 한다. 다만 이런 모든 것들은 막대한 인프라 개발 비용이 소요되고 환경에 미칠 영향도 크다. 따라서 물 부족 해결에 투자를 해나가되 저탄소 도시 건설, 도시화 속도 조절 등 보다 지속 가능한 위기 극복 방법과 병행해나가야 한다.

---

100 Beijing College of Education, Future global urban water scarcity and potential solutions, Nature Communication, Aug 2021.

3

기근 인구가 8억 명이 넘는다

2021년 12월 26일에 《뉴스펭귄》은 2021년 최악의 환경재난 10선을 발표했는데, 그중 마다가스카르의 대기근이 여덟 번째로 선정되었다.[101] "비 오지 않는 땅, 8개월째 곤충 먹으며 버티는 중"이라는 설명처럼 아프리카 섬나라 마다가스카르가 세계 최초로 심각한 '기후위기발 기근'을 맞았다. 유엔세계식량계획WFP에 따르면, 마다가스카르 일부 지역에는 무려 4년간 비가 내리지 않았다. 현재 마다가스카르 남부에 거주하는 수십만 명은 40년 만의 최악의 가뭄으로 고통받고 있다. 주민들은 이어지는 가뭄으로 작물 재배에 실패하면서 생존을 위해 진흙이나 흰개미, 메뚜기, 선인장 등을 먹고 있다고 알려졌다. 세계 최초로 분쟁이 아닌 기후위기로 주도되는 대기근이다.

---

101 https://www.newspenguin.com/news/articleView.html?idxno=10257

2020년의 대기근은 심각했다

2020년 11월 14일에 유엔세계식량계획WFP의 데이비드 비즐리David Beasley 사무총장은 "올해보다 더 심한 최악의 식량 위기가 내년에 닥쳐올 것이다. 분쟁·자연재해 지역, 각국 난민수용소에서 식량 공급을 위해 노력했지만 가장 힘든 시기는 지금부터이며 앞으로 더 극심한 식량난과 기근이 닥친다는 점을 알리고 싶다"라고 경고했다. 유엔식량농업기구FAO는 2020년에 최대 1억 3,000만 명이 만성적인 기근 상태로 빠질 것으로 전망했었다. 그러나 코로나19가 전 세계를 강타하면서 식량 생산과 공급이 줄어들었고, 2020년 연말이 되자 예상보다 2배 이상 늘어난 2억 7,000만 명이 실제로 기근에 시달리게 되었다. 세계식량계획은 예멘, 베네수엘라, 남수단, 아프가니스탄 등 30여 개 나라에서 식량부족으로 기근이 심각한 상태라고 밝혔는데. 2021년에 이르러 사태는 더 악화되었다.

2021년 7월 30일에 세계식량농업기구FAO와 세계식량계획WFP 등 5개 국제기구가 공동 발간한 '2021년 세계 식량 안보 및 영양 현황 보고서'를 보자.[102] 코로나19와 기후위기로 인해 2020년 세계 영양부족 인구가 2019년 대비 최대 1억 6,000만 명 증가한 약 8억 1,000만 명 수준인 것으로 나타났다. 이 보고서에서는 극심한 식량 불안이 계속 증가하고 있기 때문에 앞으로 4개월 동안 23개 기아 지역에서 분쟁, 코로나19의 경제적 파급, 기후위기로 인해 식량 불안이 더 심해질 것으로 예상했다. 23개 핫스팟도 선정해 발표했는데, 다음의 나라들이다.

아프가니스탄, 앙골라, 중앙아프리카공화국, 중앙아메리카(과테말라,

---

[102]   FAO, The State of Food Security and Nutrition in the World 2021, FAO, 30 July 2021.

온두라스, 니카라과), 중부 사헬(부르키나파소, 말리 및 니제르), 차드, 콜롬비아, 콩고민주공화국, 에티오피아, 아이티, 케냐, 레바논, 마다가스카르, 모잠비크, 미얀마, 나이지리아, 시에라리온과 라이베리아, 소말리아, 남수단, 시리아, 수단.

이 가운데 4,100만 명이 즉각적인 식량과 생계 지원을 받지 않으면 기근에 빠질 위험이 있다고 보고서는 경고했다. '2020 세계 식량 위기 보고서'[103]에 따르면, 2020년 55개국에서 심각한 식량 불안으로 기근에 직면한 사람이 1억 5,500만 명으로, 2019년보다 2,000만 명 이상 증가했으며, 2021년에는 더욱 악화할 것으로 예상했다.

2021년의 대기근은 더욱 심각했다

예상처럼 2021년에는 식량난과 기아가 더욱 심각해졌다. 2021년에 식량난과 기아가 가장 심각했던 나라를 보면 먼저 마다가스카르가 있다. 2020년 11월부터 2021년 1월까지 강수량이 평년 대비 50%를 기록하는 등 40년 만에 가장 심각한 가뭄이 찾아오면서 식량난이 극심해졌다. 이로 인해 이 섬의 남부 지역 인구 40% 정도인 113만 명이 극심한 식량난에 시달렸다. 특히 남부 해안에 접한 지역인 앰보아사리 아치모Amboasary Atsimo 지역 등은 '긴급Emergency' 단계로 지정되어 이 지역 주민들은 생계 보호가 필요한 상태라고 밝혔다.[104] 통합식량안보단계분류IPC, Integrated Food Security Phase Classification에서는 마다가스카르의 식량 생산량이 회복하지 않으면서 식량난은 2021년 말까지 더 악화될 것으로 예상했다.

---

103 FAO, Global Report on Food Crises 2020, FAO, Oct 17, 2020.

104 FAO, FAO in Emetgence of Madagascar, IPC, May 2, 2021.

●●● 마다가스카르는 1896년 이래 16차례 기근을 겪었는데, 이 중 8건이 1980년부터 2020년 사이에 일어날 정도로 최근에 기후변화로 기근 발생이 급격히 늘어나고 있다.

마다가스카르는 1896년 이래 16차례 기근을 겪었는데, 이 중 8건이 1980년부터 2020년 사이에 일어날 정도로 최근에 기후변화로 기근 발생이 급격히 늘어나고 있다.

　세계 경제에 가장 큰 영향을 주었던 것은 2021년의 브라질 대가뭄이다. 블룸버그 그린은 2021년 9월 28일에 "브라질의 농작물들은 100년 만에 최악의 가뭄으로 그을리고, 얼고, 말라 세계 상품 시장을 곤두세우고 있다"라는 보고서를 발표했다.[105] 브라질은 세계적인 농업생산국으로

---

[105] Bloomberg Green, Brazil's crops have been scorched, frozen and then dried out by the worst drought in a century, upending global commodity markets. Bloomberg Green, Sep 28, 2021.

대서양 연안의 광활한 평야와 고지대에 걸쳐 있는 농장들이 세계 오렌지 주스 수출의 5분의 4와 설탕 수출의 절반, 커피 수출의 3분의 1과 사료용 콩과 옥수수의 3분의 1을 생산한다. 그런데 2021년에 이 지역이 가뭄뿐 아니라 한파로 인해 그을리고 얼어붙으면서 식량 생산이 크게 줄어들었다. 커피 원두인 아라비카 빈의 가격은 7월 말에 이미 30% 급등했고 이로 인해 우리나라 스타벅스 커피 가격이 2022년 1월에 올랐다. 오렌지 주스는 3주 만에 20% 급등했으며, 설탕은 4년 만에 최고치를 기록했다.

문제는 이로 인해 국제 식량 인플레이션의 급증이 초래되었다는 것이며, 유엔식량지수는 지난 12개월 동안 33%나 급등했다. 코로나19로 인해 재정난이 심각해진 전 세계 수백만 저소득 가정은 생계를 위한 식료품 구매를 줄일 수밖에 없었다. 심각한 가뭄은 2년 연속 남아메리카 아열대 지방에 영향을 미쳤다.[106] 브라질 남부, 파라과이, 우루과이, 아르헨티나 북부 대부분 지역이 영향을 받았다.

22년째 겪고 있는 미국 남서부 지역의 대가뭄이 지난 1,200년 동안 보지 못한 최악의 가뭄으로 기록될 가능성이 커졌다는 연구 결과가 2022년 2월에 발표되었다.[107] 미국 남서부 지역은 2000년부터 기온이 상승하고 강수량이 줄어들면서 가뭄과 함께 대형 산불이 발생하는 악순환을 겪고 있다. 연구팀은 나무의 나이테를 이용해 서기 800년까지 거슬러 올라가 분석해보니 1500년을 제외하고는 현재의 가뭄이 가장 심각한 것으로 나타났다고 밝혔다. 특히 연구팀은 지금까지는 가뭄

---

106 WMO, State of Climate in 2021: Extreme events and major impacts, WMO, Oct 31, 2021.

107 A. Park Williams et al, Rapid intensification of the emerging southwestern North American megadrought in 2020‒2021, Nature Climate Change, Published: Feb 14, 2022.

이 심해도 20년이 지나면 완화되었는데 2021년에는 오히려 더욱 악화되었고 이는 화석연료 연소 등 인간 활동이 기후위기를 촉진시켜 대가뭄도 더욱 극심해졌다고 지적했다. 이번 대가뭄의 원인 중 42%가 인간활동에 기인한 것으로 추정된다고 밝혔다. 조녀선 오버펙Jonathan Overpeck 미시간대University of Michigan 환경학부 학장은 "기후위기를 멈추기 위한 행동에 나서지 않는다면 훨씬 더 나빠질 수 있다"라고 경고했다.

유엔식량농업기구FAO와 유엔이 공동으로 주도하는 아프가니스탄의 통합식량안보단계분류IPC가 2021년 10월 25일 발표한 보고서에 따르면, 아프가니스탄 인구의 절반 이상인 2,280만 명이 11월부터 극심한 식량 불안에 직면할 것이라고 한다. 아프가니스탄은 현재 세계 최악의 인도주의적 위기 국가 중 하나이며, 식량 안보가 거의 붕괴되었다.

극심한 기근의 원인은 기후위기 때문이다

코로나19는 기후변화가 심각한 전염병을 만들어냄을 잘 보여주었고, 현재 많은 나라에서 겪는 심각한 식량부족과 기아는 심각한 기후위기의 증거다. 특히 코로나19가 시작된 2020년부터의 세계적인 식량부족과 기근은 정말 심각하다. 기후위기로 인해 더 자주 강하게 발생하는 홍수나 폭염은 물론 기온 상승으로 병해충의 활동이 활발해지면서 수확량은 2~4% 더 줄어들 것이다. 기후변화에 내성이 있는 품종 개발은 지지부진한 가운데 자연적인 밀 분포 지대는 극지방을 향해 매년 250km씩 이동하고 있다. 그러나 토지를 계속 북쪽으로 확장할 수는 없다. 또 북부 지방으로 토지를 확장한다고 하더라도 이 지역 토양이 비옥할 때까지 기다리기에는 기후변화의 속도가 너무 빠르다.

기아 인구가 증가한 원인 중 하나는 2020~2021년에 심각했던 라니냐였다. 라니냐는 전 세계의 생계 및 농업 캠페인에 지장을 초래하면서 강우기를 변화시켰고, 이로 인한 2021년 강우기 동안의 극단적인 기상 현상은 농업에 큰 타격을 주었다. 아프리카, 아시아, 라틴아메리카의 많은 지역에서 계속되는 가뭄은 심한 폭풍, 사이클론, 허리케인과 동시에 발생하면서 사태를 악화시켰다. 가장 가난하고 기후변화에 적응하지 못하는 나라나 사람들이 가장 큰 피해를 입고 있는 것이다.

기후위기로 인한 식량 감산에 코로나19의 영향도 있었다.[108] 유엔식량농업기구는 보고서를 통해 "코로나19 유행 기간 동안 세계 인구의 3분의 1(약 23억 7,000만 명)이 식량부족에, 10분의 1(7억 6,800만 명)이 기아 상태에 내몰렸다"라고 발표했다. 기아 인구는 2000년 이후 매년 줄어들다가 코로나19가 창궐한 2020년에 다시 늘어났다.

컨선월드와이드Concern Worldwide와 독일 세계기아원조Welthungerlife가 공동으로 매년 발표하는 세계기아지수Global Hunger Index가 2022년 4월 3일에 발표되었다.[109] 2022년 4월 현재 가장 배고픈 10개국이 나와 있다. 가장 심각한 나라는 소말리아다. 소말리아는 가뭄과 내전으로 인해 식량부족이 심각하다. 시리아도 10여 년 전부터 난민이 발생할 만큼 계속되는 가뭄과 폭염, 그리고 내전으로 인해 극심한 식량부족에 시달리고 있다. 차드Chad는 기후위기로 인한 식량 불안과 이웃 나라에서 유입되는 난민 때문에 식량 사정이 매우 심각하다. 마다가스카르는 매년 영양부족 비율이 증가할 만큼 기아가 심각하며, 소아마비 발병률은 41.6%이며, 정치적 불안정과 함께 극단적인 사이클론 등이 2년 동안 내습해 국민 절반이 심각한 식량 위기를 겪고 있다. 이외에 남수단, 코모로, 부룬디, 예

---

108   FAO, UN report: Pandemic year marked by spike in world hunger, FAO, Dec 07, 2021.

109   Concern Worldwide and Welthungerhilfe, Global Hunger Index (GHI) - peer-reviewed annual publication, Concern Worldwide and Welthungerhilfe, Apr 3, 2022.

멘, 중앙아프리카공화국, 차드의 영양 부족률은 39.6%이며, 5세 미만 어린이 사망률의 12%가 굶주림에서 기인한다. 콩고민주공화국 등의 식량 사정도 심각하다.

식량 문제가 가장 심각한 지역이 가난한 나라들이 모여 있는 아시아와 아프리카다. 2021년의 전 세계 기아 인구의 54.4%(4억 1,800만 명)는 아시아, 36.7%(2억 8,200만 명)는 아프리카 사람들이었다. 전 세계 기아 인구의 90%를 차지하는 곳이 아시아와 아프리카다. 지금은 기아가 돈이 없어 식량을 살 수 없는 가난한 나라들의 문제지만, 머지않은 미래에는 기후변화로 심각한 식량부족 사태가 발생할 것이다. 식량 자급률이 약 21%밖에 되지 않는 우리나라의 경우 식량 안보에 더욱 신경을 써야만 한다.

4

12억 명의 기후난민이 발생한다

유네스코 세계 문화유산으로 지정된 방글라데시 슌도르본Sundarbans('아름다운 숲'이라는 뜻)은 멸종 위기에 있는 벵골 호랑이가 서식하는 맹그로브숲이 있는 갠지스강 하류의 삼각주다. 그런데 2021년까지 최근 2년 동안 사이클론이 네 번이나 강타하면서 이재민 3만 4,000명이 이곳을 떠났다. 기후위기는 이들 삶의 터전을 빼앗았고 극심한 빈곤과 기아에 내몰린 사람들은 어쩔 수 없이 이주를 선택했다. 이처럼 기후위기로 인해 생태학적 환경이 변화하면서 살던 곳을 떠나 난민이 된 사람을 기후난민Climate migrants 혹은 생태학적 난민Environmental migrants이라고 부른다.

기후난민은 왜 발생하는가

국가 내 강제이주에 관한 글로벌 보고서에 따르면, 2019년에 총 3,340

●●● 2021년까지 최근 2년 동안 사이클론이 네 번이나 방글라데시 남서부 순도르본을 강타하면서 이재민 3만 4,000명이 이곳을 떠났다. 기후위기는 이들 삶의 터전을 빼앗았고 극심한 빈곤과 기아에 내몰린 사람들은 어쩔 수 없이 이주를 선택해야 했다. 이처럼 기후위기로 인해 생태학적 환경이 변화하면서 살던 곳을 떠나 난민이 된 사람을 기후난민이라고 부른다. 〈출처: WIKIMEDIA COMMONS | CC BY-SA 4.0〉

만 건의 강제이주민이 발생했다.[110] 이 중에서 재난으로 인해 140개 국가 및 지역에서 약 2,490만 명의 이주민이 발생했다. 이 숫자는 2012년 이후 가장 많은 수치이며, 갈등과 폭력으로 인해 발생한 강제이주민 수보다 약 3배 많았다. 강제이주는 동남아시아와 태평양 연안 지역에서 많이 발생했는데, 국가별로 살펴보면 인도와 필리핀, 방글라데시, 중국에서 400만 건 이상의 강제이주가 발생했다. 그런데 전체 2,490만 명의 강제이주민 중 2,390만 명이 기후위기로 인한 가뭄이나 산불, 폭염, 태풍 등으로 인해 이주해야만 했다. 이외에도 환경난민을 만드는 주요 기후 현상에는 사막화, 해수면 상승, 계절별 날씨 패턴의 붕괴 등이 포함된다.

우리가 잘 알고 있는 기후난민 발생 원인 중 하나는 해수면 상승이다. 남북극 빙하가 녹으면서 발생하는 해수면 상승은 정말 심각하다. 기후변화에 관한 정부 간 협의체[IPCC]는 2021년 8월에 발표한 요약본에서 세기말이면 104cm의 해수면 상승이 이루어질 것으로 예상했다. 전 세계 인구의 41%가 해안가에 살고 있고 인구 1,000만 명 이상 대도시의 3분의 2가 바다와 인접한 저지대에 위치해 있다. 이들 도시는 해수면이 상승하면 재난에 시달리다가 결국은 바닷물에 침수되고 만다. 대표적인 도시가 뉴욕, 마이애미, 상하이, 뭄바이, 베네치아, 자카르타 등이다.

현재 눈에 띄게 해수면 상승의 영향을 받는 곳이 남태평양의 섬나라들이다. 지상 최대의 휴양지인 몰디브, 해가 가장 먼저 뜨는 나라로 잘 알려진 키리바시, 이를 포함한 44개의 섬나라들이 수몰 위기에 놓여 있다. 하와이와 호주 사이에 위치한 1,156개의 산호섬으로 이뤄진 마셜제도는 2030년에 국토 전체가 바다에 잠길 수 있다는 전망도 있다. 그러다 보니 키리바시공화국의 아노테 통[Anote Tong] 대통령이 주도하여 '태

---

[110] IDMC, Global report on internal displacement 2020, IDMC, Mar, 2020.

평양해양경관관리협의회'를 결성했다. 태평양 23개국 도서 국가들이 2050년 무렵 국가 전체가 바다에 가라앉을 위기에 놓인 상황을 세계에 알리면서 기후변화의 심각성을 공론화하고자 조직한 것이다. 또 '존엄한 이주' 프로그램을 실행하여 자국 국민이 존엄성을 잃지 않고 다른 나라로 이주하도록 돕는 정책도 펴고 있다.

가뭄이나 허리케인도 많은 기후난민을 만들어낸다. 유럽에만 100만 명 이상이 이주해간 시리아 난민이 가뭄 난민들이며, 미래에는 중남미와 중동, 북아프리카, 아프리카 사헬 지대의 많은 사람들이 기후난민으로 전락할 것으로 예상된다. 중남미 국가들에서도 최근 슈퍼허리케인으로 인해 기후난민이 많이 발생하고 있다. 2020년 이후 잇따른 허리케인으로 큰 피해를 입은 과테말라에서는 주민들의 미국 이주 시도가 이어지고 있다. 국제이주기구 조사 결과 과테말라-멕시코 국경 근처인 산악 지역 알타 베라파즈Alta Verapaz와 우에우에테낭고Huehuetenango에서는 허리케인으로 집을 잃은 가구의 15% 정도가 미국으로의 이주를 시도하고 있다. 2020년부터 급격히 증가하고 있는 대형 산불도 많은 기후난민을 만들어내고 있다. 2021년에도 미국, 캐나다, 그리스, 터키에서 산불로 이재민 수만 명이 발생했다. 이처럼 기후난민은 특정 국가에 한정되지 않는다.

기후난민은 얼마나 많이 발생하는가

2009년에 국제이주기구IOM, International Organization for Migration는 제15차 유엔기후변화협약 당사국총회에서 2050년에 이르면 기후위기에 따른 자연재난으로 최대 10억 명의 기후난민이 발생할 것이라는 보고서를 내놓았다. 해수면 상승, 물 부족, 가뭄, 폭풍해일 등 극단적 기후위기의 결

●●● 2009년에 국제이주기구(IOM)는 제15차 유엔기후변화협약 당사국총회에서 2050년에 이르면 기후위기에 따른 자연재난으로 최대 10억 명의 기후난민이 발생할 것이라는 보고서를 내놓았다. 해수면 상승, 물 부족, 가뭄, 폭풍해일 등 극단적 기후위기의 결과로 나라를 떠나야만 하는 기후난민이 전 세계 인구의 10%나 될 것이라고 예상한 것이다. 그리고 2021년에 세계은행은 기후위기로 인해 2050년까지 2억 1,600만 명이 이주해야 할 것으로 전망하면서 만약 온실가스 배출을 줄이려는 세계적인 노력과 국가 차원의 강력한 조치가 시행되면 예상보다 1억 명 이상의 이주가 줄어들 수 있다고 주장했다. 〈출처: WIKIMEDIA COMMONS | CC BY 2.0〉

과로 나라를 떠나야만 하는 기후난민이 전 세계 인구의 10%나 될 것이라고 예상한 것이다.

한편, 2018년 3월에 세계은행은 기후위기로 인해 2050년까지 1억 4,000만 명 이상이 국가 내에서 이주해야 할 수 있다는 보고서를 내놓았다.[111] 또 2021년에는 이주 인구가 3년 전보다 더 늘어나면서 2억

---

111 World Bank. Climate change could require more than 140 million people to migrate from within the country by 2050. World Bank, Mar, 2018.

1,600만 명이 이주해야 할 것으로 전망했다.[112] 세계은행은 특히 6개의 '핫스팟' 지역에서 주요하게 기후난민이 발생할 것으로 전망했다. 사하라 이남의 아프리카에서만 8,600만 명, 북아프리카에서 1,900만 명, 남아시아에서 4,000만 명, 동아시아와 태평양에서 4,900만 명이 이주할 것으로 예상하면서 이런 이주는 특히 가난한 나라들을 강타할 것으로 전망했다. 이들 지역의 주민들은 물 부족, 흉작, 해수면 상승, 폭풍해일 등 악화되는 기후 문제로 생존의 위협을 받으면서 다른 지역으로 이주할 수밖에 없다. 그런데 세계은행은 만약 온실가스 배출을 줄이려는 세계적인 노력과 국가 차원의 강력한 조치가 시행되면 예상보다 1억 명 이상의 이주가 줄어들 수 있다고 주장했다.

2021년 10월에 비영리 독립 싱크탱크인 경제평화연구소IEP, Institute for Economics and Peace가 '생태학적 위협 기록부ETR 2021'을 출간했다.[113] 이들은 물과 식량의 부족, 인구증가율 등 '자원적 위협' 요소와 함께 홍수와 태풍, 가뭄, 이상기온, 해수면 상승 등 '자연 위협'을 바탕으로 통합적인 지수인 '생태학적 위협'을 만들었다. 연구소는 2050년에는 세계 157개국 가운데 141개국이 최소 1개의 생태학적 위협에 노출될 것으로 전망했다. 이 중 19개 국가는 최소 4개 이상의 생태학적 위협에 노출될 것이며, 이들 국가의 인구를 합하면 21억 명이나 된다는 것이다. 연구소는 2050년에 가면 전 세계 10억 명 이상이 자연재난 위협에 처할 것으로 분석했다. 그러면서 "홍수, 태풍 등 자연재해 발생 건수가 지난 40년간 3배 이상 급격히 늘어났고, 동시에 24억 명이 현재 물 부족을 겪고 있다. 식량이나 물 부족 등 자원 부족이 더해지면 약 12억 명 이상의 생

---

112 World Bank, Groundswell 2.0, World Bank, Aug,2021.

113 IEP, Ecological Threat Report 2020´, IEP, Oct, 2020.

태학적 난민이 발생할 것이다"라고 주장했다.

이들은 또 생태계가 가장 붕괴되기 쉬운 핫스팟을 지적했다. 첫째, 모리타니에서부터 아프리카에 이르는 사헬-아프리카 동부(아프리카뿔horn of Africa)의 소말리아, 둘째, 앙골라에서부터 남아프리카 공화국까지와 마다가스카르 섬, 셋째, 중동과 중앙아시아 지역, 시리아에서부터 파키스탄에 이르는 지역을 꼽았다. 그리고 가장 높은 수준의 생태계 위협에 직면한 30개국의 사람은 12억 6,000만 명에 이른다고 분석했다. 우리나라도 2020년 최악의 홍수 피해를 입었다. 다행히도 우리나라는 아직 이런 피해를 감당할 정도의 경제적 능력이 있기 때문에 수습이 되었지만 가난한 나라들의 경우는 국가의 도움이 거의 없기 때문에 다른 나라로 이주하는 방법밖에 없는 것이다.

10억 명 이상이 이주해야 할 것으로 전망하는 기관은 또 있다. 유엔에서 이주를 담당하는 국제이주기구IOM, International Organization for Migration는 기후위기 때문에 2050년까지 전 세계에서 최대 10억 명이 이주해야 할 것으로 예측한다. 이주 요인으로는 해수면 상승으로 인한 거주지 상실, 물 부족, 산호초 백화 현상에 의한 관광업 쇠퇴, 농작물 생산량 감소, 열사병 등의 질병을 꼽는다.[114]

기후변화에 관한 정부 간 협의체IPCC의 6차 보고서 요약본은 21세기 중반까지 지구 평균기온이 계속 상승하며 극한 고온 현상이 과거보다 더 자주 발생할 것으로 전망한다. 기후변화에 관한 정부 간 협의체는 더 빈번하고 강렬해지는 극한기상 현상으로 인해 토지 황폐화와 함께 식량부족, 기아 문제 등이 발생하면서 기후난민이 늘어날 것으로 전망하고 있다.

---

114 후마겐지, 『2030 지구의 경고』, 큰그림, 2021.

기후난민 문제에 어떻게 대응해야 할까

데이비드 월러스 웰즈는 『2050 거주불능 지구』에서 기후난민 문제를 다음과 같이 설명한다.[115]

"2011년 이후로 약 100만 명에 이르는 시리아 난민이 기후변화와 가뭄으로 촉발된 내전을 피해 유럽 곳곳으로 퍼졌다. 그리고 사실상 이런 난민 쇼크가 불러일으킨 공황 상태 때문에 오늘날 서구권 전체가 '포퓰리즘 시대'를 맞이하게 되었다고 해도 과언이 아니다. 방글라데시의 침수 가능성이 실현되고 나면 지금보다 10배 혹은 그 이상의 난민이 발생하겠지만, 기후재난으로 한층 더 불안정한 상태에 놓여 있을 세계는 도움이 필요한 이민자를 받아들이는 면에서 훨씬 소극적으로 변해 있을 것이다. 게다가 사하라 이남 아프리카, 라틴아메리카, 그밖의 남아시아 지역에서도 난민이 발생할 것이다. 세계은행에서는 그 수가 2050년에 1억 4,000만 명에 이를 것으로 추산하는데, 이는 현재 유럽이 겪고 있는 시리아 난민 위기의 100배 규모에 해당하는 문제다. 유엔에서 제시하는 최악의 시나리오는 훨씬 더 끔찍하다. 30년 뒤에 '싸움을 벌이거나 도망을 치는 것 외에 다른 선택지가 거의 없는 취약한 빈민층이 10억 명'에 달할 수 있다."

코로나19 팬데믹 이후 경제 위기, 권위주의 득세, 내전·쿠데타와 극심한 기후변화까지 겹치면서 고국을 등지는 사람이 늘어나고 있다. 2021년 상반기에만 2,100만 명이 고향을 떠나 길 위에 섰다. 하지만 이

---

115 데이비드 월러스 웰즈, 김재경 옮김, 『2050 거주불능지구』, 추수밭, 2020.

미 난민 위기를 겪은 유럽은 굳게 빗장을 걸어 잠그고 있으며 경제대국 미국도 난민 수용에는 소극적이다. 국제이주기구^{IOM}는 전 세계 국가들이 기후난민에 대해 거의 준비되어 있지 않다고 말한다.[116] 기후위기로 어쩔 수 없이 살던 곳에서 쫓겨난 기후난민들은 자신들이 살아가야 할 수단이 제한되어 있고 또 건강상의 위험에도 처하게 된다. 그런데 이들을 도와주어야 할 국제적인 시스템은 매우 비효율적이다. 또 기후난민들을 건강상의 위험으로부터 지켜줄 자원도 매우 적다.

기후난민에 대한 국제적인 인식은 매우 나쁘다. 가장 많은 기후난민을 받아들였던 유럽 국가들조차 이들을 기후난민으로 인정하지 않으려고 한다. 외교 전문 매체 《포린 폴리시$^{Foreign Policy}$》는 "유럽 난민 위기 당시 관용적인 포용정책을 펼친 독일, 스웨덴 등에서도 극우가 득세하면서 난민에 대한 부정적 여론이 커지고 있다. 서방 국가들은 더는 수천만 명에 달하는 난민과 실향민들에게 거처를 제공하지 않을 것으로 보인다"라고 전망하고 있다. 2015년과 2016년 시리아 분쟁에서 탈출한 난민 133만 명을 받아들인 독일은 2020년 2월 기후를 이유로 난민 지위를 부여하지 않겠다고 밝혔다. 독일 정부는 성명을 통해 기후이주민들을 괴롭히는 제도적 문제의 규모를 설명하면서 "기후위기의 부정적인 결과만으로 고향을 떠나는 제3국 사람들은 현행 국제조약법상 제네바 난민협약의 의미에서 난민들이 아니다"라고 밝혔다. 허리케인 피해를 입은 서인도제도 국가들의 기후난민이 미국으로 이주하고 싶어도 그렇게 하지 못하는 어려운 사정도 기후난민에 대한 국제적인 인식의 수준을 잘 보여준다.

각국이 기후난민을 받아들이기 어려운 이유 중에는 이들을 지원하는

---

116   IOM, World Migration Report 2020, IOM, 3 May 2021.

대응 시스템이 갖춰져 있지 않다는 사정도 있다. 70여 년 전에 마련된 난민의 국제적 정의에 대한 재합의가 필요하다고 국제난민지원프로젝트IRAP, nternational Refugee Assistance Project는 주장한다. 이들은 "20세기에는 전쟁과 갈등으로 많은 사람이 이동했고 그것은 여전한 현상이지만, 이제는 기후위기와 관련해 점점 더 많은 사람이 이동하고 있다. 이제는 이런 추세를 반영해 법이 재정비되어야 한다"라고 말한다. 국제난민지원프로젝트IRAP는 최근 조 바이든 미국 정부에 기후난민과 관련해 의회 동의 없이 취할 수 있는 정부 차원의 조치를 제안하는 보고서를 내놓았다. 보고서에는 기후위기로 이주하는 기후난민을 보호하기 위한 임시 보호 지위 사용 등이 들어 있다.

그러나 모든 나라가 기후난민을 거부하는 것은 아니다. 2020년에 베네수엘라 난민 200만 명을 콜롬비아 정부가 받아들이고 이들에게 임시 보호 지위를 부여했다. 콜롬비아 공립 병원은 치료비를 내기 힘든 이주민 환자들을 치료했고, 공립학교도 50만 명 이상의 이주 아동을 받아들였다. 콜롬비아의 난민 포용에 유엔 난민고등판무관은 "지난 30년간 중남미에서 가장 위대한 인도주의적 조치"라고 평가했다. 문제는 기후난민에 관용적이었던 나라들까지 더는 기후난민을 받아들이지 않겠다고 말한다는 것이다.

세계적으로 기후난민 문제가 심각해지면서 기후난민들의 건강에 대한 글로벌 대응이 필요하다는 보고서도 나왔다.[117] 국제 의학 저널《랜싯Lancet》은 2020년 3월 14일의 보고서에서 "인위적인 기후위기가 수세기 동안 인간 행동의 패턴을 바꾸기 시작하면서 기후난민은 다른 형태를 띠기 시작했다. 극한의 기후 현상은 더 자주 발생하면서 더 많은 기후난

---

117 Lancet, The Lancet, Climate migration requires a global response, Lancet, Mar, 2020.

민을 만들어내고 있다. 현재 전 세계의 기온이 상승함에 따라 예전에 사용하던 토지 이용이나 거주 방식이 무너지고 있다. 기후난민들은 전 세계적인 현상이다. 유럽의회에 따르면 2008년 이후 매년 평균 2,640만 명의 사람들이 기후변화로 인해 이주해왔다. 유엔은 2050년까지 기후 이주민이 10억 명에 이를 것으로 추산하고 있다. 세계는 이런 규모의 인구 이동에 대처할 준비가 되어 있지 않다. 특히 이주자 건강과 관련해서는 더욱 그렇다"라고 주장한다. 《랜싯》 보고서에서는 대부분의 기후난민은 저소득 및 중간소득 국가에서 발생하고 있고, 이들 기후난민을 받아들여야 하는 선진국은 정치적인 이유로 기후난민을 받아들이려 하지 않는다고 비판한다.

　기후난민 문제를 해결하기 위해 가장 중요한 것은 전 지구가 합심해 기후위기를 저지하기 위해 최선의 노력을 다하는 것이다. 또 가난한 나라들이 기후변화에 적응할 수 있도록 비용을 지원하는 것이다. 하지만 이런 노력은 여전히 미흡하다. 2021년 11월에 영국 글래스고에서 개최된 제26차 유엔기후변화 당사국총회COP26에서도 합의된 노력이 매우 부족하다는 평가가 나왔다. 기후난민 문제에서도 코로나19 백신처럼 각국의 이기적인 행태가 드러나고 있다는 것이다. 이래서는 안 된다. 기후난민 문제는 결코 남의 나라 문제가 아니라는 것을 인식하고 전 세계 모든 나라가 기후난민 문제 해결을 위해 합심해야만 한다.

SAVE THE PLANET

제5장

인류 생존의

근원인

바다가 죽어간다

1

지구가열화로 바다가 죽어간다

인류가 살아가는 데 가장 중요한 역할을 감당하는 곳이 바다다. 바다는 지구 표면에서 일어나는 모든 기후와 날씨 현상에 직접 혹은 간접적으로 영향을 준다. 바다는 지구 표면의 3분의 2를 덮고 있으며 지구상에 있는 97%의 물을 포함하고 있다. 약 432조 톤의 물을 담고 있는 바다는 이 중 40조 톤을 육지에 공급한다. 바다에는 작은 식물성 플랑크톤들이 번성하면서 광합성을 통해 대기 중 이산화탄소를 흡수하고 산소를 공급해준다. 인류가 생존하는 데 필수적인 산소의 75%가 바다로부터 나오며 50%의 이산화탄소를 바다가 저장해 지구가열화를 저지해준다. 바다는 해류를 따라 순환하며 대기를 데우거나 식히며 거대한 지구의 기후를 조절한다. 바다는 인류가 섭취하는 단백질의 40%를 공급해준다. 그런데 인류의 생존에 절대적인 바다가 지구가열화로 인해 죽어가고 있다.

해수 온도가 급상승하고 있다

현재 바다의 가장 큰 문제는 해수 온도가 상승하고 있다는 점이다. 해수 온도는 세계 바다의 중요한 물리적 특성이다. 세계 바다의 표면 온도는 주로 위도에 따라 달라지는데, 일반적으로 적도 부근에 가장 따뜻한 물이 있고 북극과 남극 지역에 가장 차가운 물이 있다. 그러나 지구가열화로 바다가 더 많은 열을 흡수할수록 해수면 온도가 상승하고, 지구촌 곳곳으로 따뜻한 물과 찬물을 운반하는 해양 순환 패턴이 바뀐다. 이럴 경우 육지의 대기 순환도 바뀌면서 이상기후가 발생하게 된다.

해수 온도가 급상승하고 있다는 사실은 2021년 4월 미 환경보호청 EPA, United States Environmental Protection Agency이 공식 발표했다.[118] 이들은 1880년부터 2020년까지의 지구 해수면 평균온도를 그래프로 표시했다.

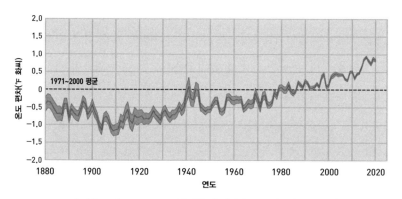

〈그림 5-1〉 1880~2020년 해수면 평균온도 그래프 (출처: EPA)

〈그림 5-1〉 그래프에서 중간의 검은 점선은 1971년에서 2000년 사이의 평균 해수 온도이며, 그래프에서의 음영 대역은 수집된 측정 횟수

---

[118] EPA, Climate Change Indicators: Sea Surface Temperature, EPA, April 2021.

와 사용된 방법의 정밀도에 기초하여 데이터의 불확실성 범위를 보여준다. 〈그림 5-1〉 그래프를 보면 해수 온도는 20세기 동안 지속적으로 증가했고 계속해서 상승하고 있다. 1901년부터 2020년까지 온도는 10년당 평균 0.14°F(화씨)씩 상승했다. 그리고 최초로 해수 온도를 측정하기 시작한 1880년 이래 지난 30년 동안 지속적으로 높아지고 있음을 알 수 있다. 데이터 기록을 보면 해수 온도가 크게 상승한 시기는 1910년부터 1940년 사이, 그리고 1970년부터 현재까지 두 차례다. 해수 온도도 모든 지역이 다 같은 것은 아니다. 어느 지역은 평균보다 급격히 상승했고, 다른 지역은 하강한 지역도 있다. 세계 해양의 대부분은 온도가 상승했지만, 북대서양의 일부 지역은 실제로 해수 온도가 낮아진 곳도 있다.

해수 온도 상승에서 표면 수온 상승도 중요하지만 더 중요한 것은 바다 전체의 해양 수온이 상승하고 있다는 것이다. 세계기상기구WMO는 2021년 10월 31일에 '기후보고서'를 발표했는데, 지구 시스템에 축적된 열의 약 90%는 해양 열 함량을 통해 측정되는 바다에 저장된다고 한다.[119] 바다의 2,000m 심층 수심은 2019년에도 계속 따뜻해지면서 최고치를 경신했는데, 7개의 글로벌 데이터 세트를 기반으로 한 예비 분석에 따르면 2020년에 이 기록을 초과할 것으로 나타났다. 모든 데이터는 해양 온난화 속도가 지난 20년 동안 특히 강한 증가세를 보였으며 앞으로도 해양이 계속 따뜻해질 것이라고 예상하고 있다.

적도 부근 동부 태평양에서 해면의 수온이 비정상적으로 낮아지는 라니냐로 인해 해면의 수온이 낮은 남부 해양의 많은 부분을 제외하고, 대부분의 바다는 2021년 어느 시점에서 적어도 한 번의 '강력한' 해양 폭

---

119 WMO, State of Climate in 2021: Extreme events and major impacts, WMO, Oct 31, 2021.

염을 경험했다. 북극의 랍테프해^{Laptev Sea}와 보퍼트해^{Beaufort Sea}에는 2021년 1월부터 4월까지 '심각하고도 극심한' 해양 폭염이 발생했었다.

우리나라 해수 온도 상승은 세계 평균보다 높다

기후변화로 인한 해양 수온 상승은 전 지구적으로 나타나는 현상이다. 하지만 우리나라의 수온 상승 속도는 전 지구 평균보다 훨씬 더 빠르다. 2001년부터 2010년까지 해수부에서 잰 평균수온은 15.9℃였는데, 2010년 전후로 0.8℃가 올라 2016년에는 16.7℃를 기록했다. 이는 전 지구 해수 온도 상승 평균에 비해 2배 이상 빠른 것이다.

그런데 최근 들어 우리나라 바다의 이상 고수온 현상이 더 심각해졌다. 2021년 7월 우리나라의 바다는 기상 관측을 시작한 1998년 이래 23년 만에 가장 높은 해수 온도를 기록했다. 기상청의 해양기상관측 부이가 관측한 7월의 평균수온은 24.9℃로, 우리나라가 가장 더웠던 2018년보다도 0.6℃ 높았다. 최근 10년 평균보다는 무려 2.5℃가 높았다. 특히 동해의 수온이 25.6℃로 가장 높았는데, 최근 10년 대비로는 3.6℃나 상승했다.

예보관들은 매일 바다의 수온을 체크하는데, 이유는 바다 수온이 높을 경우 대기에 영향을 주면서 기온 상승이나 강수량 증가에 영향을 주기 때문이다. 2021년 7월에 기상청에서 발표한 우리나라 주변의 해수 온도 편차도를 보고 깜짝 놀랐다. 연해주 부근 바다가 흰색으로 나타난 것이다. 통상 편차도에서 해수 온도가 오른 지역은 붉은색으로, 낮아진 곳은 파란색으로 표시된다. 그런데 편차도에서 설정된 해수 온도 이상으로 연해주 지역의 해수 온도가 올라가버린 것이다. 당시 연해주 앞바다 해수 온도는 평년보다 8℃ 이상 높았는데 편차도에서는 7℃ 편차가 최고로 설정되었기 때문이다. 쉽게 말하면 이제는 우리가 예측하기 어려운 고수온 현상이 발생한다는 것이다. 당시 울릉도 어민들은 해수 온도가 너무 올라 오징어가 녹아 잡히지 않는다고 말할 정도였다.

기상청은 2022년 1월에 '점점 더 뜨겁고, 거칠어지는 한반도 바다'라는 해양기후 분석 보고서를 발간했다. 이 보고서는 40년간(1981~2020) 전 지구 및 한반도 주변 바다의 수온과 파고가 지속적으로 상승했으며, 특히 2010년 이후 상승 경향이 뚜렷하다고 밝혔다. 지난 40년간 연도별 평균수온이 가장 높았던 상위 10위를 보면, 엘니뇨가 극성을 부렸던 2016년이 가장 뜨거웠으며, 그 다음이 2019년 순이었다. 상위 10개가 모두 2000년 이후 발생한 만큼 해수 온도는 최근 들어 더 빠르게 오르고 있음을 알 수 있다. 우리나라의 해수 온도가 가장 높았던 해는 언제일까? 2017년이 가장 높았고, 그 다음이 1998년이었다. 그리고 한반도 주변 바다의 해수 온도가 가장 높았던 상위 7위의 연도는 2010년 이후 연도인 것으로 분석되었는데, 이는 최근 10년간 전 지구보다 우리나라 인근 바다에서 해수 온도 상승과 파고 상승 경향이 뚜렷했음을 말해준다.

최근의 연구 결과[120]에 따르면, 기후위기로 수온이 상승할 경우 대기의 안정도가 변화하며 바다 위 바람이 강해지고 파도가 높아지게 된다. 따라서 해수 온도가 상승할수록 높은 파도나 강한 태풍 발생 등으로 이어질 수 있어 해상 사고, 연안 범람 등 사회경제적 피해가 늘어난다. 특히 우리나라 인근 바다 수온은 전 지구(+0.12℃)보다 2배(+0.21℃) 가까운 상승 경향을 보이는데 특히 동해에서 가장 빠르게 상승하고 있고, 파고는 남해에서 빠르게 높아지고 있다. 박광석 전 기상청장은 "기후변화

---

[120] Nature, A recent increase in global wave power as a consequence of oceanic warming Nature, 2019.

의 영향은 육상뿐 아니라 해양에서도 뚜렷이 나타나고 있으며 그 진행 속도는 최근 들어 더욱 가속화되고 있다"면서 우려를 표했다.

해수 온도 상승의 영향

해수 온도가 올라가면 가장 먼저 나타나는 것이 지구가열화가 가속된다는 것이다. 우리는 지구가열화라고 하면 주로 인류가 살아가고 있는 육지의 폭염을 떠올린다. 그러나 지구가열화에서 육지의 비중은 5%밖에 되지 않는다. 지구가열화의 영향 중 91%는 해양 온난화, 3%는 얼음 손실, 1%는 대기 온난화다. 이렇게 엄청난 영향을 주는 바다의 수온이 올라간다면 결국 지구가열화의 속도는 더욱 가속될 수밖에 없다.

해수 온도 변화가 중요한 이유는 해양이 가장 주요한 이산화탄소 흡수원이기 때문이다. 바다는 수온이 낮을수록 더 많은 이산화탄소를 흡수한다. 그런데 기후위기로 바다의 수온이 올라가면 이산화탄소의 흡수량이 줄어들고, 또 습도가 높아 많은 태풍과 비구름대가 형성되면서 강수량이 증가하게 된다. 강수량이 늘어나면 해양의 염도가 낮아지면서 저염분수가 늘어나 조금만 햇볕을 받아도 더 빨리 수온이 상승한다. 결국 해수 온도의 상승이 더 빠른 해수 온도 상승을 초래하는 악순환이 반복된다. 그렇게 되면 바다는 지구의 기후변화를 조절해주는 기능을 상실하면서 오히려 기후변화를 악화시키는 역할을 하게 된다.

해수 온도가 상승하면 여름철에 우리에게 영향을 주는 태풍, 바다 쪽으로 이동하는 저기압이나 폭풍을 더욱 강하게 만든다. 해수 온도의 상승이 해양에서 대기 중에 공급하는 수증기의 양을 증가시키면서 태풍이나 폭우의 위험을 증가시키는 것이다. 고수온으로 인한 태풍의 강도, 발생 빈도가 높아지고 바람이 세지면서 파도도 더 강해지고 파랑도 강

●●● 기후위기로 바다의 수온이 올라가면 이산화탄소의 흡수량이 줄어들고, 습도가 높아 많은 태풍과 비구름대가 형성되면서 강수량이 증가하게 된다. 강수량이 늘어나면 해양의 염도가 낮아지면서 저염분수가 늘어나 조금만 햇볕을 받아도 더 빨리 수온이 상승한다. 결국 해수 온도의 상승이 더 빠른 해수 온도 상승을 초래하는 악순환이 반복된다. 그러면 바다는 지구의 기후변화를 조절해주는 기능을 상실하게 되고 오히려 기후변화를 악화시키는 역할을 하게 된다.

해지게 된다. 수온 상승 그래프와 파랑 에너지 그래프를 겹쳐 보면 거의 같은 추세로 움직이는 것을 볼 수 있는데, 이는 해수 온도 상승이 파랑을 강하게 만든다는 뜻이다. 또 해수면 온도의 변화는 태풍이나 폭풍의 경로를 바꿀 수 있으며, 잠재적으로 다른 지역에 가뭄을 불러올 수도 있다.

《뉴스펭귄》은 2021년 12월 26일에 '뉴스펭귄 선정 2021 최악의 환경재난 10선'을 발표했는데,[121] 이 중 네 번째가 적조 현상으로 죽은 해양생물의 사체로 뒤덮인 플로리다 해변이었다. 2021년 7월에 플로리다 걸프만 연안에서는 강력한 적조 현상이 발생해 돌고래, 거북이, 해우, 물고기 등 해양생물이 대거 폐사했다. 그리고 인근 지역은 해양생물 사체로 악취가 진동하는 상태가 지속되었다. 전문가들은 해당 적조 현상이 수십 년 동안 겪었던 적조 참사 중 가장 참혹했다고 말하는데, 적조 현상은 부영양화와 해수 온도 상승으로 일어난다.

해수 온도가 높아지면 해산물을 오염시키고 음식 매개 질병을 일으킬 수 있는 특정 세균의 생육기도 길어져 건강에 미치는 위험도 커진다. 해양 기후위기로 인한 해양 생태계 파괴는 A형 간염 등 질병 발생 위험을 높이고, 어획량 감소도 초래한다. 2019년 우리나라에선 A형 간염이 급증했는데, 조사해보니 조개젓이 원인으로 나타났다. 바다의 고수온으로 패류가 상하고, 그 패류로 음식을 만들면서 A형 간염이 발생한 것이다. 바닷물 온도가 올라가면 어획량도 줄어든다. 국립수산과학원에 따르면 1990년대 150만 톤이었던 연근해 어획량은 2010년대 100만 톤으로 줄어들었다.

해수 온도가 올라가면 바닷물 색깔마저 변한다는 보고도 있다.[122] 미

---

121 https://www.newspenguin.com/news/articleView.html?idxno=10257

122 한국지역난방공사, '지구온난화(기후변화)로 바뀌는 바다 색깔', 한국지역난방공사, 2021.

●●● 해수 온도가 올라가면서 식물성 플랑크톤이 사라지면 물고기도 사라지게 되고 그렇게 되면 해양 생태계가 급격히 무너질 가능성이 크다.

국립해양대기청^{NOAA}의 해양기후연구소 조사 자료에 따르면, 지난 20년 간 지구가열화 속도가 2배 이상 빨라지고 있고, 2050년쯤에는 전 세계 바다의 85%가 지구가열화 영향으로 색깔의 변화가 있을 것이라고 한 다. 바다 색깔을 변화시키는 요인은 다양한데, 지구가열화로 인한 일조 량 증가, 오염물질 유입으로 인한 부영양화, 플랑크톤 개체수 증감 등이 대표적이다. 시간이 지날수록 지구가열화와 함께 해양환경 파괴가 잇따 르면 이러한 변화는 더욱 심해질 것이다. 바다의 색을 바꾸는 식물성 플 랑크톤은 해수 온도에 민감하게 반응한다. 영양소가 풍부하고 차가운 바다에서는 식물성 플랑크톤이 번성하면서 바닷물 색이 청록색을 띤다. 반대로 뜨거운 바다는 식물성 플랑크톤이 적어지면서 바닷물의 색이 파란색으로 변하는 것이다.

　미 항공우주국에서 실시한 다양한 관찰과 연구에 따르면, 세기말에는 전 세계 바다의 50%가량이 이러한 변화를 겪을 것이라고 한다. 바다색 이 파란색으로 변하면 더 좋은 것이 아니냐고 생각하면 안 된다. 식물성 플랑크톤의 개체 수가 달라진다는 것은 곧 바다 가장 하층부의 먹이사 슬이 바뀐다는 것이다. 즉, 해수 온도가 올라가면서 식물성 플랑크톤이 사라지면 물고기도 사라지게 되고 그렇게 되면 해양 생태계가 급격히 무너질 가능성이 크다. 우리나라의 경우 육지에서 배출되는 부영영화富 營養化 물질이 늘어나고 해수 온도가 올라가면 적조 현상의 빈발이 예상 된다. 적조는 물속에 녹아 있는 산소가 부족해지고, 독성이 있는 플랑크 톤으로 인해 물고기, 조개 등을 폐사하게 만든다. 예상에 의하면 심한 경우 향후 30년 안에 우리나라 바다는 붉은색으로 바뀌게 되고 더 이상 생선을 먹지 못하는 상황도 올 수 있다고 한다. 너무 심각하지 않은가?

2

워터월드의 시대가 온다

"지구 전체가 물로 휩싸여 인류의 문명이 수중에 가라앉게 된다. 이러한 엄청난 재난에 인간은 스스로 인공섬을 만들어 그 섬에 그들의 인생을 맡긴 채 생존 투쟁을 벌인다. 그러나 바다 표면 위를 배회하면서 노략질을 하는 해적 집단 스모커들에 의해 끊임없는 생존 위협을 받는다. 이런 해상도시인들에게 유일한 희망인 고독한 영웅이 나타난다."

캐빈 코스트너Kevin Costner가 주연해 1995년 개봉되었던 영화 〈워터월드Waterworld〉의 줄거리다. 이 영화의 전제가 인간들의 자연훼손으로 지구가 더워지면서 북극의 얼음이 녹아 전 지구가 물로 뒤덮인다는 설정이다. 영화처럼 정말 지구가 물로 뒤덮일까? 현재와 같은 기후위기 시나리오라면 가능하지 않을까?

해수면 상승의 원인과 결과는

해수면은 왜 상승하는 것일까? 첫째, 지구가열화로 전 세계의 빙하와 빙상이 녹으면서 바다에 많은 물을 더하기 때문이다. 둘째, 바닷물이 따뜻해지면서 바다의 부피가 커지기 때문이다. 셋째, 육지에서의 액체 상태 물의 양(호수, 저수지, 강, 토양 수분) 감소 때문이다. 그러나 해

●●● 유엔해양지도(UN Atlas of the Oceans)에 따르면, 세계 10대 도시 중 8개 도시가 해안 근처에 있어서 해수면 상승의 직접적인 영향을 받는다. 해안선을 따라 형성된 도시들에게 해수면이 상승하는 바다는 지역 일자리와 지역 산업에 필요한 기반시설을 위협한다.

수면 상승에 가장 크게 기여하는 것은 빙하가 녹아 바닷물이 상승하는 것이고, 그 다음은 해수 온도가 뜨거워지면서 부피가 커져 해수면이 상승하는 것이다. 지구상에서 얼음의 부피와 무게까지 고려할 때 큰 규모의 '영원한' 얼음이 남극과 그린란드에 있다. 지구 전체 얼음의 부피 2,860만km³ 중 2,540만km³의 얼음이 남극에, 290만km³의 얼음이 그린란드에 있다. 그런데 만약 그린란드의 모든 얼음이 녹게 된다

면 해수면은 7.1m 상승할 것이고 남극 전체가 녹는다면 56.2m 상승하게 된다.[123]

2021년 9월에 미 항공우주국이 해수면 상승에 관한 보고서를 발표했다.[124] 해수면 상승은 인간이 초래한 지구가열화의 결과이며, 최근 상승 비율은 지난 2,000년이 넘는 기간 동안 전례가 없었다고 한다. 해수면 상승이 발생하는 원인은 지구가열화와 관련된 두 가지 요인에 의해서다. 빙하가 녹으면서 물이 상승하는 것과 바닷물 온도가 올라가면서 부피가 팽창하는 것이다. 물이 바다에 첨가되고 따뜻해짐에 따라 바닷물이 팽창하는 것이다.

그렇다면 해수면 상승이 왜 중요한 것일까? 미 국립해양대기청NOAA 보고서[125]에 의하면, 미국에서는 인구의 거의 40%가 해안 지역에 살고 있는데 해수면 상승이 홍수, 해안선 침식, 폭풍이 발생할 때 더 큰 피해를 주기 때문이다. 유엔해양지도UN Atlas of the Oceans에 따르면, 세계 10대 도시 중 8개 도시가 해안 근처에 있어서 해수면 상승의 직접적인 영향을 받는다. 해안선을 따라 형성된 도시들에게 해수면이 상승하는 바다는 지역 일자리와 지역 산업에 필요한 기반시설을 위협한다. 도로, 다리, 지하철, 상수도, 유정 및 가스정, 발전소, 하수처리장, 매립지 등은 모두 해수면 상승으로 인해 위험에 처해 있다.

또 해수면이 높아지면 치명적인 슈퍼허리케인이 강타할 때 폭풍해일이 더 내륙까지 영향을 미친다. 해수면이 높아진다는 것은 육지에서 물에 의한 범람이나 홍수 피해가 더 자주 발생하며, 그로 인해 막대한 경

---

123 데이비드 월러스 웰즈, 《2050 거주불능지구》, '추수밭, 2020.

124 NASA, Sea Level, NASA, September 2021.

125 NOAA, Climate Change: Global Sea Level, NOAA, UPDATED DECEMBER 21, 2021.

제적 피해가 발생한다는 것을 의미한다. 또 자연계에서 해수면 상승은 물고기와 야생 생물들에게 서식지를 제공하는 해안 생태계가 변형되거나 사라질 가능성이 커짐을 의미한다. 그리고 바닷물이 높아지면서 민물 대수층을 오염시켜 많은 해안 인근 도시와 농업용 용지에 물 공급이 줄어들고 피해가 발생한다.

해수면이 상승한다는 세계적인 기관들의 전망

그럼 해수면은 현재 매년 어느 정도 상승하고 있는 것일까? 《네이처》에 게재된 2021년 1월의 "지역적인 해양수면 레벨 경향과 가속, 그리고 불확실성"이라는 논문[126]을 보면, 〈그림 5-2〉와 같이 1993년에서 2019년 사이에 세계 거의 전역에서 해수면 상승이 일어나고 있음을 알 수 있다. 가장 많이 상승하는 지역은 연간 6mm 정도이고, 가장 적게 상승하는 지역은 1mm 내외로 나타나 있다. 이처럼 해수면 상승은 계속 가속되고 있다.

　유럽환경청EEA은 2021년 11월 18일에 세계와 유럽의 해수면 상승에 관한 보고서를 발표했다.[127] 이 보고서에 의하면, 지구 평균 해수면은 1900년 이후 약 21cm 상승하면서 가속도가 붙었고 2020년에 역대 최고치를 기록했다. 이들은 지구 평균 해수면이 1995~2014년의 평균에 비해 2100년까지 매우 낮은 배출 시나리오(SSP1-1.9)에서 0.28~0.55m, 매우 높은 배출 시나리오(SSP5-8.5)에서 0.63~1.02m 상승할 가능성이 있다고 주장하고 있다. 그리고 극지방 빙상이 빨리 녹

126　NATURE, Local sea level trends, accelerations and uncertainties over 19932019, nature, Jan 7, 2021.

127　EEA, Global and European sea level rise, EEA, Nov 18, 2021

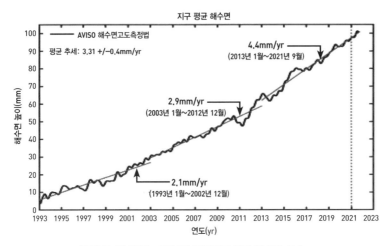

〈그림 5-2〉1993~2021년 9월 지구 평균 해수면 상승

아내릴 경우, 2150년까지 최대 5m까지 상승할 것으로 예측했다. 보고서에서는 1900년에서 2020년까지 연평균 1.7mm/yr의 속도로 21cm의 해수면 상승이 있었는데, 해수면 상승률은 1993~2018년 동안 3.3mm/yr, 2006~2018년 동안 3.7mm/yr로 20세기보다 2배 이상 빨라지고 있다고 주장한다. 이들은 유럽 대부분의 해안선을 따라 일어나는 상대적인 해수면 변화가 지구 평균과 상당히 비슷할 것으로 예상한다.

해수면 상승에 관한 가장 권위 있는 기관인 미 국립해양대기청NOAA에서도 해수면 상승이 심각하다고 2021년 12월 21일에 발표했다.[128] 지구 평균 해수면은 1880년 이후 약 21~24cm 상승했으며, 그중 약 3분의 1이 지난 20년 동안의 상승분이다. 해수면이 상승한 것은 지구가 열화로 인해 빙하와 빙상이 녹고, 해수 온도가 상승하면서 바닷물의 열팽창이 복합적으로 작용했기 때문이다. 2020년 지구 평균 해수면은

---

128 NOAA, Climate Change: Global Sea Level, NOAA, UPDATED DECEMBER 21, 2021.

1993년 평균치보다 91.3mm 높았는데, 이는 1993년~현재까지의 위성 기록 중에서 가장 높은 평균치다. 지구 평균 해수면은 2006년부터 2015년까지 매년 3.6mm씩 상승했는데, 이는 20세기 대부분 동안 연평균 수위인 1.4mm의 2.5배였다.

세계기상기구는 2021년 10월 31일에 '2021년 기후 보고서'를 발표했다.[129] 이 보고서 내용 중에서 해수면 부분을 보면 지구 평균 해수면 변화는 주로 해수면의 열팽창과 육지 얼음이 녹는 것을 통한 해양 온난화에 기인한다고 되어 있다. 1990년대 초반부터 고정밀 고도계 위성으로 측정한 지구 평균 해수면 상승은 1993년과 2002년 사이에 연간 2.1mm, 2013년과 2021년 사이에 연간 4.4mm로 이 기간 사이에 2배 증가했다고 되어 있다. 빙하와 빙상이 빠르게 손실되고 있는 것이 원인이다.

한반도 주변 해역의 해수면 상승은 어떨까

세계기상기구는 2021년 11월 10일에 남서태평양 해수면 동향에 관한 보고서를 발표했다.[130] 이 보고서에 의하면 지구 평균 해수면은 1990년대 초 위성 기록이 시작된 이후 연평균 3.3mm씩 상승했으며 해양 온난화와 육지-얼음 해빙의 결과로 가속도가 붙었다. 가장 해수면 상승률이 높은 지역은 북인도양과 열대 태평양의 서부 지역이다. 우리나라의 해수면 상승률도 전 지구 평균보다 빠른데, 1989~2018년 전 지구 평균 해수면은 매년 1.8mm 높아졌지만, 한반도 주변은 2.74mm, 특히

---

129 WMO, State of Climate in 2021: Extreme events and major impacts, WMO, Oct 31, 2021.

130 WMO, Climate change increases threats in South West Pacific, WMO, Nov 10, 2021.

제주도 주변은 4.75mm씩 상승했다.

2021년 1월 극지연구소의 블로그를 보면 지난 30년간 한반도의 해수면은 약 9cm 상승했다.[131] 1년에 3.12mm씩 상승한 셈이고, 이는 세계 평균인 2mm보다 약 50% 높은 수준이다. 이들은 해양수산부 국립해양조사원이 1990년부터 2019년까지 우리나라 연안에서 해수면 변화를 관측해온 자료를 데이터로 사용했다. 지구가열화와 빙하 감소가 한반도에도 영향을 미치고 있다는 증거다. 그런데 해수면 상승은 일시적인 현상이 아니라 앞으로도 계속, 그리고 더 빨라질 것으로 보인다고 한다.

최근 10년간만 놓고 보면 연평균 3.68mm씩 해수면이 상승하고 있어 해수면 상승이 점점 빨라지는 것을 확인할 수 있다. 해수면 상승은 지역별로도 차이가 컸다. 동해안 3.83mm, 서해안 2.57mm, 남해안 2.65mm 정도이며, 가장 해수면 상승이 심한 곳은 제주도 근처로 4.2mm다. 기상청이 발표한 2021년 10월의 대한민국 기후위기 보고서에 따르면, 세기말에는 우리나라 주변 해수면이 최고 1.1m까지 상승할 수 있다고 한다.

해양수산부는 2021년 12월 20일에 해수면 상승에 관한 보도자료[132]를 배포했다. 지난 30년간(1991~2020) 우리나라 전 연안의 평균 해수면이 매년 3.03mm씩 높아져 평균 9.1cm가량 상승했다는 내용이다. 특히 1990년대보다 최근 10년의 상승 속도가 10% 이상 증가했으며, 이는 해수면의 상승 속도가 계속 빨라지고 있음을 시사한다.

국립해양조사원은 지구가열화에 따른 기후변화 7대 지표 중 하나인 해수면 장기 변동을 파악하기 위해 2009년 이래로 매년 연안 조위관측

---

131 https://m.blog.naver.com/kopriblog/222220684850

132 해양수산부, "우리나라 해수면 지난 30년 동안 평균 9.1cm 높아져", 해양수산부, 2021/12.

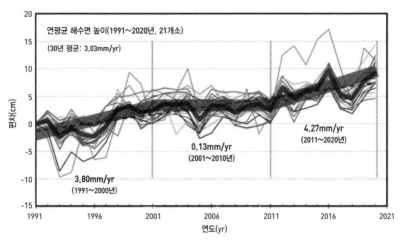

연평균 해수면 높이(1991~2020년, 21개소)

(30년 평균: 3.03mm/yr)

4.27mm/yr
(2011~2020년)

0.13mm/yr
(2001~2010년)

3.80mm/yr
(1991~2000년)

편차(cm)

연도(yr)

〈그림 5-3〉1991~2020년 연평균 해수면 높이 변화 (출처: 국립해양조사원)

소 자료를 분석하여 해수면 상승률을 발표하고 있다. 특히 2021년에는
데이터 처리 방식을 개선·적용한 자료를 바탕으로 1991년부터 2020
년까지 21개 조위관측소의 상승률을 계산했다.

해수면은 지난 30년간 평균적으로 매년 3.03mm씩 높아졌다. 해역
별 평균 해수면 상승률은 동해안(연 3.71mm)이 가장 높았고, 이어서
서해안(연 3.07mm), 남해안(연 2.61mm) 순으로 나타났다. 관측지점별
로 보면 울릉도가 연 6.17mm로 가장 높았으며, 이어 포항, 보령, 인천,
속초 순이었다. 최근 30년간의 연안 평균 해수면 상승 속도를 살펴보
면, 1991~2000년에는 연 3.80mm, 2001~2010년에는 연 0.13mm,
2011~2020년(최근 10년)에는 연 4.27mm로 1990년대 대비 최근 10
년간 약 10% 이상 증가했다.

해수면이 상승하면 어떤 일이 발생할까

해수면 상승은 미래에 어느 정도 영향을 줄까? 데이비드 월러스 웰즈는

그의 책에서 "제프 구델은 이번 세기 안에 침몰선처럼 물속으로 가라앉아 수중 유적으로 전락하고 말 명소를 몇 군데 쭉 언급한다. 우리가 가본 모든 해수욕장, 페이스북 본사, 케네디우주센터, 버지니아주 노퍽에 있는 미국 최대의 해군기지, 몰디브와 마셜 제도 전체, 수천 년 동안 뱅골 호랑이 왕국이었던 맹그로브 숲을 포함해 방글라데시 대부분 지역들이다. 그렇다면 해수면은 얼마나 상승할까? 기온이 3℃만 올라도 해수면은 최소한 50m 상승할 것이다. 파리 협약 당시 2100년을 기준으로 했던 예상보다 100배 높은 수치다. 미국지질조사국에서는 해수면이 최종적으로 80m 이상 높아질 수 있다고 예측하기도 했다"[133]라고 말한다.

해수면 상승의 피해에 대해 우리가 가장 잘 알고 있는 나라들이 남태평양에 있는 작은 섬나라들이다. 알래스카 크기의 넓은 바다에 흩어져 있는 섬들에 있는 나라들로, 평균해발고도가 겨우 1.98m에 지나지 않는다. 현재 예상대로 세기말에 1m 이상 해수면이 상승하게 된다면 높은 곳을 제외한 모든 섬이 물에 잠겨버리게 된다. 2015년 파리기후협약 때도 지구 기온 상승을 2℃로 제한하자고 했을 때 남태평양 국가들 대표단이 2℃ 상승하게 되면 자기들 나라는 다 물에 가라앉게 된다면서 1.5℃ 상승으로 제한해달라고 호소한 적이 있었다. 이들은 살아갈 방법을 다양하게 강구하고 있는데, 땅을 사서 다른 나라로 이주해가려는 나라도 있다. 바로 키리바시공화국으로 2014년에 피지 제도의 바누아레부Vanua Levu섬에 약 24km² 면적의 땅을 매입해 개발하고 있다. 지금 살고 있는 키리바시에서 무려 1,600km나 떨어진 곳에 땅을 마련한 이유는 10만 명의 국민을 대거 이주시키기 위해서다. 마셜 제도에 살고 있는 원주민의 3분의 1은 미국으로 이주했다. 인도양의 몰디브도 인도

---

133 데이비드 월러스 웰즈, 김재경 옮김, 『2050 거주불능 지구』, 추수밭, 2020.

●●● 인도양의 몰디브는 지구가열화로 인해 빙하가 녹으면서 해수면이 계속 상승하자 침수 위기에 놓였다. 미 항공우주국 (NASA)는 "몰디브가 해수면 아래로 가장 먼저 사라지는 섬이 될 것"이라고 경고한 바 있다. 몰디브는 1190개 산호섬 가운데 80% 이상이 해발 1m가 되지 않는데, 이처럼 해수면이 계속 상승하면 2100년에 해수면이 1m를 넘을 것으로 예측되고 있다. 몰디브 정부는 이에 대비해 인도와 스리랑카에 이주할 거주지를 물색하는 한편, '떠다니는 인공섬'으로 구성된 수상 도시를 건설할 계획을 세우고 있다. 〈출처: WIKIMEDIA COMMONS | CC BY-SA 2.0〉

와 스리랑카에 이주할 거주지를 물색하고 있는데, 지금까지 살아온 고향을 떠나기가 어렵지만 삶의 기반인 섬이 물에 잠길 것이기 때문에 어쩔 수 없는 선택을 하고 있는 것이다.

　해수면 상승은 심각한 해안침식을 부른다. 해안침식은 섬나라뿐 아니라 전 세계적인 문제다. 전 세계적으로 인구 1,000만 명이 넘는 메가시티 20개 도시 가운데 15곳이 해안 지대에 위치해 있다. 그리고 250만 명 이상의 인구를 가진 중대형 도시의 65%가 바닷가 옆에 위치해 있다. 그리고 10억 명이 해발 10m 이하에서 생활하고 있다. 이는 너무나 많은 사람이 해수면 상승과 해안침식에 생존을 위협받고 있다는 뜻이다. 해수면 상승으로 인해 인도네시아는 세기말이면 해안 도시 대부분이 바닷물에 잠길 것으로 예상되고 있다. 이에 인도네시아 정부는 인구 1,000만 명이 사는 수도인 자카르타Jakarta를 보르네오Borneo섬의 동東칼리만탄Kalimantan으로 옮기겠다고 2019년에 발표했다.

해수면 상승에 대응하기 위해 많은 나라는 다양한 방법으로 대응에 나섰다. 베니스의 모세 프로젝트Mose Project, 두바이의 수상 도시 건설 등이 대표적이다. 그런데 2021년 6월에 미국 마이애미대와 델라웨어대 공동연구팀은 과학저널 《사이언스》를 통해 해수면 상승의 위협을 피하기 위해 사람과 건물을 대대적으로 이동시키는 방안을 고려해야 할 때라고 주장했다. 해안가 침수 등에 대비해 질서 있는 대규모 이주 계획을 마련하자는 것이다. 대규모 이주 외에 기후위기에 대응하는 방어 행위로 물에 뜨는 부유식 정착지를 짓거나, 폭풍을 막을 수 있는 제방을 쌓거나, 도시의 땅 높이를 높여 공중정원식 거주 공간을 만드는 방법 등이 제안되고 있다.

해수면 상승은 다른 나라만의 일이 아니다. 우리나라 해안가 도시도 머지않아 해수면 상승의 직접적인 영향을 받게 된다. 조만간 닥칠 재난이기 때문에 빠른 대비가 필요하다.

3

해양 산성화로
해양생물이 죽어간다

해양 산성화는 '기후위기와 똑같이 사악한 쌍둥이'라고 불린다. 기후위기 못지않게 엄청난 피해를 주기 때문이다. 해양 산성화는 우리가 보지 못하고 느낄 수 없는 바닷속에서 일어나기 때문에 중요하게 생각하지 않는 경향이 있다. 그러나 식량자원뿐 아니라 생태계 파괴에 이르기까지 해양 산성화의 피해는 매우 다양하고도 크다.

해양 산성화가 발생하는 원인은 무엇일까

해양수산부는 2021년 5월에 해양 산성화가 심각하다는 보고서를 발표했다.[134] 해양 산성화는 대기 중의 이산화탄소가 해양에 흡수되면서 해

---

[134] 해양수산부, "점점 떨어지는 해양의 pH, 이대로는 위험해요! 해양산성화", 해양수산부, 2021/5.

수의 수소이온 농도가 증가함에 따라 pH가 낮아지는 현상을 말한다. 그런데 약 pH8의 약알칼리성을 띤 해수가 중성인 pH7 이하로 내려가는 건 현실적으로 불가능하기 때문에, 해수가 '산성화'된다는 것은 약알칼리성 수준에서 해수의 pH가 감소하는 현상을 의미하게 된다.

그렇다면 해양 산성화는 어떻게 발생하는 것일까? 지금까지 바다는 인류가 배출한 이산화탄소의 25% 이상을 흡수해주면서 기후변화를 저지해주는 역할을 해왔다. 그러나 더 많은 이산화탄소의 배출로 산업화 이전에는 평균 8.2였던 해수의 pH가 현재 8.1 아래로 낮아졌다. 겨우 0.1포인트의 변화는 아무것도 아니라고 생각해서는 안 된다. 매우 작게 보이지만 실제로는 산업화 이전 해수의 pH보다 무려 100배가량 산성화된 것이다. 지난 5,500만 년 동안 변화한 것보다 약 10배 빠른 변화율이다.[135]

대기 중의 이산화탄소 농도가 높아지면 바닷물에 녹는 이산화탄소의 양도 증가하게 된다. 이는 대기와 해양의 이산화탄소 농도 평형을 유지하려는 화학적 작용 때문이다.[136] 그런데 바닷물 속에 녹아든 이산화탄소는 다양한 방식으로 해양생물과 생태계에 영향을 준다. 바닷물에 흡수된 이산화탄소(CO_2)는 물(H_2O) 및 해수에 포함된 탄산이온(CO_3^{2-})과 반응해 중탄산염($2HCO_3^{-}$)을 만들어낸다. 중탄산염은 중성에 가까워 늘어나도 문제가 되지 않지만 해양생물이 탄산칼슘($CaCO_3$) 골격을 만드는 데 필요한 탄산이온(CO_3^{2-})의 소모가 늘어나는 것이 문제가 된다. 해수 속 탄산이온의 감소는 탄산칼슘을 골격으로 하는 해양생물 종의 석회질 분비를 어렵게 해 골격 형성에 지장을 준다. 산호나 굴, 게, 바닷

---

135 CoastAdapt, Ocean acidification and its effects, CoastAdapt, Apr 27, 2019.

136 NOAA, Ocean acidification, NOAA, Apr 21, 2021.

가재 등 탄산칼슘 골격 형성 생물군뿐 아니라 식물성 플랑크톤, 해양 달팽이 등에도 영향을 미치면서 전체 해양 생태계가 파괴되는 것이다.

생명체에 필수적인 화학반응을 포함한 많은 화학반응은 pH의 작은 변화에 민감하다. 예를 들어 인간의 경우 정상 혈액의 pH는 7.35에서 7.45 사이다. 혈중 pH가 0.2~0.3 떨어지면 발작, 혼수, 심지어 사망에 이를 수 있다. 이와 비슷하게 바닷물 pH의 작은 변화는 화학적인 의사소통, 번식, 성장에 영향을 미치면서 해양생물에 해를 끼칠 수 있다. 이렇게 해양의 산성화가 심각해지다 보니 한국해양과학기술원은 현재 속도로 산성화가 진행된다면 몇 세기 안에 산호 등 탄산칼슘 골격 형성 생물들이 사라지고 먹이사슬과 생물 다양성이 무너져 수산자원에도 심각한 영향을 끼칠 것이라고 말한다.

해양 산성화가 해양생물에게 미치는 영향

해양 산성화를 흔히 '바다의 골다공증'이라고도 부른다. 해양 산성화로 인해 큰 피해를 입는 생물은 바닷물에서 칼슘과 탄산염을 결합하여 단단한 껍데기나 골격을 만드는 굴과 산호와 같은 생물들이다. 해양 산성화가 심해지면서 이들이 이용 가능한 탄산이온(CO_3^{2-})이 과도한 수소와 결합하게 되고, 결과적으로 생물들이 그들의 껍질, 골격, 그리고 다른 탄산칼슘 구조를 형성하고 유지하기 위해 석회화하는 데 이용 가능한 탄산이온의 수가 줄어든다. 그리고 산성도가 더욱 심해지면 조개의 껍데기와 골격은 녹기 시작한다.

해양 산성화가 진행되더라도 일부 해양 생물종은 더 극단적인 변화에 적응할 수 있을지 모르지만, 많은 다른 종들은 고통을 겪을 것이고 결국 멸종될 가능성이 있다. 이런 사례는 지금으로부터 5,500만 년 전에 발생했던 해양 산성화를 보면 알 수 있다. 당시 거대한 산성화 사건이 일어나 심해 무척추동물을 포함한 많은 종이 멸종되었다. 더 산성화된 바다가 바다의 모든 해양생물을 파괴하지는 않을 것이지만, 우리가 이미 목격한 30% 정도의 해수 산성도 상승만으로도 이미 일부 해양생물들에게 나쁜 영향을 미치고 있다.

작은 완두콩만한 크기의 작은 바다달팽이는 많은 먹이사슬의 중요한 부분으로 크릴새우부터 고래에 이르기까지 다양한 크기의 생물들이 먹는다. 그런데 해양 산성화가 심해지면서 바다달팽이가 죽어가고 있다. 미 국립해양대기청 연구원들은 남극해에서 바다달팽이의 껍데기가 녹아 해체된 것을 발견하고 산성화가 얼마나 영향을 주는지 실험해보았다. 미 국립해양대기청에서 세기말에 예상되는 탄산염 수치의 바닷물에 넣어보니 바다달팽이의 조개 껍데기가 45일 후 서서히 녹았다.[137] 해양 산성화는 성게에도 영향을 준다. 성게는 산성도가 높아지면 껍데기를 만들고 유지하기 위해 더 많은 에너지를 소비하게 되고 결국 건강을 해친다. 과학자들은 홍합, 성게, 게가 체액의 높은 산성도에 대응하기 위해 보호 껍데기를 용해하기 시작한다는 것을 발견했다. 따라서 이런 생물들은 산성도가 증가하면서 생존하기 위해 적응할 수는 있지만 전반적인 건강은 손상된다는 것이다.[138]

해양 산성화는 산호초에도 나쁜 영향을 준다. 산호초를 짓는 산호들은 그들 스스로 산호 동물들을 수용하고 인간에게 서식지를 제공하는 복잡한 산호초들을 형성하면서 탄산칼슘으로 그들 자신의 집을 만든다. 그런데 해양 산성화는 기존의 산호 골격을 부식시키는 동시에 새로운

---

137 NOAA, Ocean acidification, NOAA, Apr 21, 2021.

138 EPA, Effects of Ocean and Coastal Acidification on Marine Life, EPA, Nov 15, 2021.

●●● 해양 산성화는 대기 중의 이산화탄소가 해양에 흡수되면서 해수의 수소이온 농도가 증가함에 따라 pH가 낮아지는 현상을 말한다. 흔히 '바다의 골다공증'이라고도 불리는 해양 산성화로 인해 큰 피해를 입는 생물은 바닷물에서 칼슘과 탄산염을 결합하여 단단한 껍데기나 골격을 만드는 굴과 산호와 같은 생물들인데, 산성도가 심해지면 껍데기와 골격이 녹기 때문에 멸종될 가능성이 크다.

산호 골격의 성장을 둔화시킨다. 이로 인해 약한 산호초들은 침식에 더 취약해진다. 살아 있는 산호초가 지난 30년 동안 절반으로 감소하여 물고기의 서식지와 전체 암초 시스템의 탄력성을 감소시킨 그레이트 배리어 리프Great Barrier Reef가 좋은 예다.

해양 산성화가 육상동물에 미치는 영향

상어는 '헤엄치는 코'라고 불리는데, 이것은 후각이 매우 민감한 동물이라는 뜻이다. 실제로 상어는 먹이를 찾을 때 후각을 많이 이용한다. 핏방울을 100만 배로 희석해도 몇 킬로미터 밖에서 알아챌 정도다. 그런데 상어의 이런 후각이 조만간 무용지물이 될 것이라고 호주 제임스쿡대학James Cook University 연구진이 밝혔다. 해양 산성도의 변화에 따른 상어의 반응을 연구해보니 산성화한 바닷물에서 상어는 오징어 냄새를 전혀 맡지 못했다고 한다. 이 연구팀은 멸종 위기에 놓인 상어가 굶어 죽는 세상이 될 가능성이 있다고 말한다.

해양 산성화는 우리나라 사람들에게 단백질의 43%를 공급하는 바다 식량이 빠르게 사라진다는 것을 의미한다. 몇 년 전 《사이언스》에 발표된 한 논문에 따르면, 현재 우리가 먹는 생선은 2048년부터는 먹지 못할 것이라고 한다. 어획량이 90% 이상 줄어든다는 전망인데, 이 논문에서는 어업이 붕괴되면 이를 생계로 삼는 9억 명의 사람이 일자리를 잃게 될 것으로 예상한다. 바다 식량이 사라진다면 우리나라는 물론 전 세계가 위기에 빠지게 된다. 해양 산성화에 수온 상승이 겹쳐지면 열대의 독성 생물이 창궐하고. 적조가 빈발하며 독해파리나 파란고리문어 등이 나타나게 된다.

오늘날 전 세계적으로 수십억 명이 넘는 사람들이 바다를 단백질의 주요 공급원으로 삼고 있다. 미국과 전 세계의 많은 일자리와 경제는 바다에 사는 어패류에 의존한다. 해양 산성화로 인해 물고기와 조개류 등의 어획량이 줄어들면 바다에 의지하면서 살고 있는 저개발 국가의 경제는 더욱 어려워진다. 이로 인해 해안가에 사는 사람들이 도시로 이주하게 되고 더 많은 사회적 혼란과 심지어 갈등으로 이어질 수 있다.

해양 산성화를 막고 해양을 보전해야 한다

"지구 표면 71% 차지하는 바다, 인류 생존과 번영을 위한 필수 공간입니다." 2021년 6월 1일에 우리나라 과학기술 석학들이 바다의 온전성을 되찾기 위해 작성한 정책권고안이 전 세계에 동시 공표되었다.[139] 세계 최대 과학기술 민간부문 국제기구인 '국제한림원 연합회IAP, InterAcademy Partnership 성명서'로 공식 발표된 해양환경보호 성명서는 한국이 제안하고 직접 작성한 최초의 국제기구 성명서다.

이 성명서는 해양환경과 생물 다양성 보전을 주도적으로 추진하는 국제기구들과 긴밀한 협력을 통해 실질적인 변화와 대응책을 마련한다는 계획으로 다음과 같은 내용들을 담고 있다.

첫째, 해양 온전성 복원 및 보호를 위한 대규모 행동 변화가 필요하다. 해양자원에 대한 착취에 가까운 행위로 인해 저하된 해양 온전성을 복원하고 보호하기 위해서는 범국가적 차원의 대규모 행동 변화를 이끌어내야 한다는 것이다.

둘째, 생물 다양성과 세대 연속성 유지를 위한 서식지 복원의 중요성

---

139 https://post.naver.com/viewer/postView.naver?volumeNo=32295780&memberNo=36134795&vType=VERTICAL

제기다. 연안 서식지는 생물 다양성과 세대 연속성 유지에 매우 중요한 역할을 하고 있으나 현재 토지 간척과 담수 개발, 오염, 외래종 침입 등으로 크게 훼손되고 있어 신속한 복원이 필요하다.

셋째, 인체 건강을 위협하는 유해물질의 해양 유입 경고다. 중금속, 플라스틱 폐기물 등 해양 유입 유해물질은 생물의 성장과 생식에 지장을 주며, 수산물에 축적되어 인체의 건강을 위협하기 때문에 문제 해결이 시급하다는 것이다.

넷째, 급격한 기후변화로 인한 해양 산성화 등 해양 생태계 변화는 곧 '죽음의 해역' 확장에 다름 아니다. 바다는 기후변화를 완화하는 역할을 해왔으나, 급격한 기후변화로 해양 생태계의 순기능이 위축될 위기에 처해 있다. 이에 대처하기 위해 해초지, 대형 해조 숲, 맹그로브 숲을 보호하는 것이 지구가열화를 완화시키는 우선순위 조치가 되어야 한다고 주장한다.

다섯째, 남획으로 인한 수산자원 감소에 대처해야 한다. 곧 지속가능성에 대한 고민이 절실하다. 불법-비보고-비규제[IUU, Illegal-Unreported-Unregulated] 어업 등으로 수산자원은 감소 추세에 있으며, 과도한 어업은 이미 고통받고 있는 해양 생태계에 대한 압력을 가중시키고 있다. 환경 보전과 수산자원 증산을 위해 양식어업의 지속가능 발전에 대한 고민과 실천적 개선 의지가 강구되어야 한다. 한민구 원장은 "이번 성명서는 심각한 위기에 처해 있는 바다와 인류에 대한 주의를 환기하고 전 세계에 변화를 촉구한다는 점에서 큰 의의가 있다"고 말한다.

바다가 산성화되면 조만간 어패류를 먹지 못하는 세상이 올 수도 있다. 해양 산성화를 막기 위한 노력이 절실하게 필요한 이유다. 해양 산성화를 막는 가장 현실적인 방법은 화석연료를 덜 태우고 맹그로브, 해초, 늪지대 보호 및 조성을 통해 탄소 배출을 줄이는 것이다. 국제해양 생태프로그램IPSO은 해양환경이 지구가열화, 해수 산성화, 어류의 남획, 빙하 용해, 양식으로 인한 서식지 파괴 등으로 인류 역사상 전례 없는 대재앙에 직면해 있다고 진단하면서 각국 정부에 대책을 호소했다. 미국이 2,000억 원의 연구비를 지원했고, 영국과 독일 등 유럽의 국가도 해양 산성화 연구에 착수했다.

우리나라 연근해의 해양 산성화는 세계 평균보다 2배나 빠를 정도로 심각하다. 현재 정부와 학계에서 해양 산성화에 대한 연구를 진행하고 있는데, 해양 산성화 저지와 해양 생태계 회복을 최우선으로 삼는 노력이 시급하다.

SAVE THE PLANET

제6장

빙하가 사라지면

인류는

물에 잠긴다

1

그린란드 빙하와 북극 해빙이
급속히 줄어들고 있다

빙하가 다 녹으면 해수면이 상승하면서 수많은 해안 도시들이 사라진다. 우리는 어떻게 해야 할까? 2020년 연말에 CNN이 기후위기시대에 대응하는 신선한 아이디어를 공개했는데, 이 중 다섯 번째로 나오는 것이 '도쿄만의 해상주택'이다. 소니SONY의 디자인 그룹 '크리에이티브 센터Creative Center'가 기후위기로 달라지게 될 2050년의 생활을 상상하며 그려본 도쿄만의 해상주택 이야기다. 전력 및 수도 시스템을 갖춘 완벽한 미래 주택으로, 해수면 상승에 대응하기 위해 만들어진 주택이며, 하나하나 독립된 주택들은 태풍이 올 때는 해상주택을 서로 연결해 더 크고 안정적인 구조를 만든다.

빙하가 후퇴하고 있다

미 항공우주국은 2021년 12월의 보고서에서 2020년까지 33년 연속으

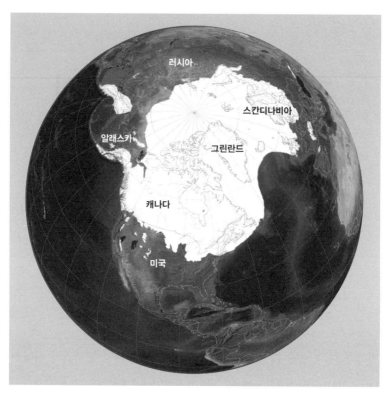

〈그림 6-1〉 플라이스토세 당시의 빙하 면적

로 빙하가 줄어들고 있다고 밝혔다.[140] 세계 빙하 모니터링 서비스의 기
후 기준 네트워크가 1970년 대비 2020년 8월까지의 빙하 질량 균형
을 조사한 결과, 1970년부터 2020년까지 빙하들은 각 빙하 위에 펼쳐
져 있는 약 27.5m에 해당하는 깊이의 얼음을 잃었음이 밝혀졌다. 오늘
날 존재하는 빙하는 마지막 빙하기의 잔해다. 약 1만 년 전 대부분의 빙
하가 극지방으로 후퇴하기 전까지 두꺼운 얼음판이 남북으로 전전하거
나 후퇴를 거듭해왔다. 현재 대륙 규모의 빙상은 그린란드와 남극 대륙
에 있으며, 작은 빙하들은 고위도 지역이나 높은 산 위에 존재하는 정도

---

140 NOAA, Climate Change: Mountain glaciers, NOAA, Aug 12, 2021.

로 그 규모가 줄어들었다.

〈그림 6-1〉는 약 2만 년 전 플라이스토세 빙하기의 마지막 빙하기 동안의 빙하 면적이다. 빙하들은 북아메리카와 유라시아의 넓은 지역에 있었다.[141] 과학자들은 과거 빙하기 동안 지구의 기후와 빙하가 지형을 형성하는 데 어떤 영향을 끼쳤는지 연구하기 시작했다. 그리고 이 연구를 통해 오늘날 인간이 만들어낸 기후위기가 얼마나 빨리 빙하를 사라지게 하는지, 그리고 언제쯤 빙하가 완전히 사라질 것인지에 대한 연구를 병행하고 있다.

그린란드에서 하루에만 85억 톤의 얼음 덩어리가 사라졌다

그린란드의 빙하가 사라지고 있다는 연구는 최근에 활발하게 진행되고 있다. 여기서는 2021년에 연구되었던 그린란드 빙하에 관한 내용을 소개해 보겠다.

① 미《국립과학원회보PNAS, Proceedings of the National Academy of Sciences》는 2021년 5월에 지난 140년 동안 그린란드 중서부 빙하의 융해가 급증했다며 지구가열화의 재앙을 경고했다.[142] 이들은 "우리는 벼랑 끝에 서 있다. 그린란드 빙하가 이미 '티핑 포인트Tipping point(임계점으로 이 점을 지나면 더는 빙하 유실 현상을 막을 수 없다)'를 지나갔을 수도 있다. 앞으로 용해도가 상당히 향상될 것이며 이는 매우 우려스러운 일이다"라고 밝혔다.

② 2021년 8월에 이상고온 현상이 여름철 평균 2배에 해당하는 속도로 그린란드의 얼음을 녹여 하루에만 85억 톤의 얼음 덩어리가 사라졌

---

141 이 데이터는 Science on a Sphere에서 제공한 취리히 응용과학 대학의 데이터를 기반으로 NOAA에서 제작한 이미지다.

142 PNAS, The tipping point might have passed, Common Dreams, May 2021.

다고 한다.[143] 덴마크 기상연구소는 2021년 7월 25일부터 27일까지 그린란드에서 녹은 빙하의 양을 분석해 보고했다. 보고서에 따르면 3일간 녹은 얼음의 양은 총 184억 톤이었다. 그런데 그중 약 46%인 85억 톤이 27일 단 하루에 녹아내렸다는 것이다. 이 당시 녹아내린 얼음의 양은 2012년과 2019년에 이어 세 번째로 큰 규모다. 지난 10년 사이 그린란드의 얼음이 극단적으로 녹아내린 사건이 세 번이나 발생한 것이다. 다만 이번 3일 동안 녹은 지역의 범위는 역대 최대를 기록한 2년 전보다 훨씬 더 넓었다. 빙하의 녹는 속도 또한 빨라졌다. 특히 최근 몇 년 동안 녹아내린 빙하의 양이 2000년 이전과 비교해 약 4배 더 많다. 1990년대에는 매년 약 8,000억 톤의 얼음이 녹아내렸다. 하지만 2000년대는 1조 2,000억 톤이 소실되었고, 2010년대에는 매년 1조 3,000억 톤의 얼음이 녹아 사라졌다는 것이다.

③ 세계기상기구는 2021년 10월에 그린란드 빙하량에 대한 보고서를 발표했다.[144] 이 보고서에 따르면, 그린란드 빙상의 녹는 범위는 초여름 동안에는 장기 평균과 비슷했다. 그러나 8월 중순 따뜻하고 습한 공기가 영향을 주면서 상황이 달라졌다. 2021년 8월에는 기온이 가장 높았고, 많은 빙하들이 녹으면서 용수 유출량이 평년보다 훨씬 높았다. 8월 14일, 그린란드 빙상의 가장 높은 지점인 정상관측소에서 몇 시간 동안 비가 내리는 것이 관측되었다. 당시 대기 온도는 약 9시간 동안 영상으로 유지되었는데 그린란드 정상에서 비가 온 적은 이전에는 없었다.

④ 2021년 12월 14일에 미 국립해양대기청^NOAA은 '북극 성적표'를

---

143 https://m.post.naver.com/viewer/postView.naver?volumeNo=32200633&memberNo=47898314

144 WMO, State of Climate in 2021: Extreme events and major impacts, WMO, Oct 31, 2021.

발표했다.[145] 열여섯 번째 연례 환경 관측 및 분석으로 12개국 111명의 과학자들이 편집했다. 릭 스핀래드Rick Spinrad NOAA 국장은 "북극 성적 표는 인간이 일으킨 기후위기의 영향이 북극 지역을 불과 수십 년 전과 어떻게 극적으로 다른 상태로 몰아가는지를 계속 보여주고 있다. 경악 스럽고 부인할 수 없는 추세다. 우리는 결정적인 순간에 직면했다. 우리 는 기후 위기에 맞서기 위한 조치를 취해야 한다"라고 경고했다.

⑤ 유엔이 2022년 1월에 발표한 보고서에 따르면, 2021년은 빙하가 어는 양보다 녹는 양이 많았던 25번째 되는 해였다고 한다.[146] 세계기상 기구WMO의 연례 기후보고서의 일부를 구성하는 덴마크 북극 모니터링 서비스 폴라 포털Polar Portal의 데이터는 초여름이 춥고 습했으며 6월에 유난히 폭설이 많이 내려 녹는 계절의 시작을 지연시켰다는 것을 보여 준다. 그러나 이후 7월 말 폭염으로 얼음이 상당히 유실되었다. 이로 인 해 2021년 8월까지 1년 동안 빙상은 약 1,660억 톤이 녹아 사라졌다.

2021년에 그린란드 빙하가 사라진 현황에 대한 데이터를 보면 정말 심각하다는 생각이 든다. 기후학자들은 그린란드 얼음이 모두 녹으면 지구 평균 해수면이 7m 정도 높아지면서 주요 해안 도시들이 물에 잠 길 것으로 본다. 당연히 우리나라의 서해안과 남해안의 많은 지역이 물 에 잠기게 된다. 그린란드 빙하가 녹는 것이 그린란드의 문제만이 아니 라 바로 우리의 문제가 되는 것이다.

---

145 NOAA, Arctic Report Card: Climate change transforming Arctic into 'dramatically different state', NOAA, Dec 14, 2021.

146 UN NEWS, Climate change: For 25th year in a row, Greenland ice sheet shrinks, WMO, 7 Jan 7, 2022.

북극의 해빙 면적이 심각하게 줄어들고 있다

장기 기후예보를 할 때 북극 해빙海氷 자료를 참고하는 것은 우리나라에 발생하는 폭염이나 혹한이 북극 해빙 면적의 영향을 받기 때문이다. 북극 해빙에 관한 2021년 보고서를 보면, 먼저 6월에 영국 유니버시티 칼리지 런던University College London의 연구가 있다. 이들은 북극의 해빙 면적도 작아지고 있지만 두께도 얇아지고 있다고 밝혔다. 연구팀은 2021년 6월에 북극의 해빙 두께를 좀 더 정확히 계산하기 위한 모델을 개발해 2002년부터 2018년까지 해빙에 쌓인 눈의 양에 대한 추정치를 산출했다.[147] 그 결과 북극해의 랍테프해Laptev Sea, 카라해Kara Sea, 축치해Chukchi Sea 등 3개 연안 해역의 해빙 두께 감소율이 기존 계산에 비해 각각 70%, 98%, 110% 더 증가했다는 사실을 알아냈다. 심각하게 북극 해빙의 빙하량이 감소하고 있다는 뜻이다.

그리고 북극해의 7개 해역 모두에서 해빙 두께의 변동성이 해마다 58%씩 증가한다는 사실을 발견했다. 해빙의 두께는 북극의 건강을 나타내는 민감한 지표로서, 두꺼운 얼음이 단열재로 작용해 겨울에는 대기가 따뜻해지는 것을 막고 여름에는 햇빛으로부터 바다를 보호하는 역할을 한다. 그러나 해빙의 두께가 얇아지면 더운 여름에는 다 녹을 가능성이 커진다. 현재 북극은 지구 전체 온난화의 2배 이상으로 빨리 데워지고 있는데, 지구를 시원하게 유지하기 위해서는 북극에 수백만 km²의 얼음이 꼭 필요하다.

기후변화에 관한 정부 간 협의체IPCC가 2021년 8월에 발표한 제6차

---

147 UCL, A study on the overall reduction rate of Arctic sea ice thickness and variability of sea ice thickness by year, The Cryosphere, Jun 2021.

●●● 북극 해빙의 손실은 인위적인 지구가열화의 결과로, 북극뿐만 아니라 중위도 지역에서도 기후변화의 원인으로 작용한다. 해빙은 지구로 들어오는 태양에너지의 50~90%를 반사해 극지방을 차갑게 유지하고 지구의 평균기온을 조절하는 역할을 한다. 하지만 최근 지구가열화로 해빙 면적이 감소하면서 반사되지 못하고 지구 표면에 그대로 흡수되는 태양에너지가 증가하고 있다. 이로 인해 다시 지구가열화가 가속화되는 악순환이 반복되고 있다. 〈출처: WIKIMEDIA COMMONS | CC BY—SA 3.0〉

보고서의 요약본에 따르면, 북극의 온난화 속도는 전 지구의 기온 상승 속도보다 2배 이상 빠르다.[148] '제6차 평가보고서[AR6] 제1실무그룹 보고서'에 따르면, 앞으로 온실가스를 가장 적게 배출하는 시나리오에서도 2050년 이전에 최소 한 번은 9월 중 북극 해빙이 거의 다 녹을 가능성이 있는 것으로 전망되었다.

세계기상기구의 보고서를 보면 2021년에 북극 해빙의 변화를 잘 알수 있다. 세계기상기구는 10월에 제26차 당사국총회 보고를 위해 특별보고서를 발표했다.[149] 보고서 내용 중 2021년의 해빙에 관한 내용을 보면 북극의 해빙은 3월에 연중 최대치였음에도 1981~2010년 평균을 밑돌았다. 그 후 6월과 7월 초에 랍테프해와 동그린란드해 지역에서 해빙 범위가 급격히 감소하면서 북극 전역의 해빙 범위는 7월 상반기에 사상 최저치를 기록했다. 그 후 8월에 녹는 속도가 느려졌고, 연중 가장 최소 범위를 보이는 9월에는 472만km²로 최근 몇 년보다 커졌다. 이것은 43년 위성 기록에서 열두 번째로 가장 낮은 얼음 범위였지만 1981~2010년 평균을 훨씬 밑돌았으며, 동그린란드해의 해빙 범위는 큰 폭으로 적어지면서 최저 면적을 보였다고 밝혔다.

이렇게 북극 해빙이 급속하게 녹게 된 배경을 보면 첫째, 2021년에는 지속적으로 북극권에 고온 현상이 발생했다. 북극권의 베르호얀스크Verkhoyansk가 38℃를 기록했고, 5월, 7월, 8월에는 북위 70도 이상인 북극해 지역의 평균기온이 역대 최고치를 기록했다. 두 번째 원인은 해수에 축적된 열로 결빙이 지연되었기 때문이다. 많이 녹은 해빙으로 인해 얼음이 얼어야 할 시기인 10월까지도 결빙이 늦어졌다. 북극해가 여름 동

---

148 기후변화에 관한 정부 간 협의체, 제6차 보고서 요약본, IPCC, 2021/8.

149 WMO, State of Climate in 2021: Extreme events and major impacts, WMO, Oct 13, 2021.

안 머금은 열이 다 빠져나가야만 얼음이 얼기 시작하는데, 축적되었던 많은 열에 의해 결빙이 지연된 것이다. 이로 인해 다년생 빙하가 매년 지속적으로 줄어들고 있다.

빙하가 많이 녹으면 우리나라 기후에도 큰 영향을 준다

미 항공우주국은 2021년 10월에 북극해의 얼음을 더 잘 이해하도록 도와줄 다섯 가지 사실을 발표했다.[150] 첫째, 해빙 범위가 줄어들고 있다는 것인데, 2021년 북극해 얼음 면적은 역사상 열두 번째로 낮았다. 북극 해빙의 최소 범위는 현재 10년당 13.1%의 비율로 감소하고 있다. 지구가열화와 얼음 알베도[151] 피드백 순환ice albedo feedback cycle 때문에 속도가 빨라질 것으로 보인다. 둘째, 해빙은 지구가열화를 막는 데 도움이 된다. 해빙은 햇빛을 막아주는 것 외에 바다 위의 공기를 따뜻하게 하는 것을 막으면서, 바다에 존재하는 열을 가둬놓는다. 셋째, 해빙이 물 위 아래 북극 야생동물들에게 영향을 끼친다. 해빙이 감소하면서 북극여우, 북극곰, 바다표범과 같은 동물들은 서식지를 잃는다. 넷째, 해빙이 해수면 상승에 크게 기여하지 않는다. 그린란드나 남극 빙하와 달리 바다 위에 떠다니는 해빙은 해수면 상승에 거의 영향을 주지 않는다. 다섯째, 인공위성으로 해빙을 관찰할 수 있다. 북극해는 접근하고 연구하기 어려운 곳이지만 미 항공우주국NASA, 미 국립해양대기청NOAA, 유럽우주국ESA,European Space Agency 등은 위성으로 해빙을 관측한다.

---

150 NASA, Five Facts to Help You Understand Sea Ice, NASA, Oct 19, 2021.

151 알베도: 표면이나 물체에 의해 반사되는 태양복사의 비율을 말하며, 종종 퍼센트로 표현된다. 눈이 덮인 표면은 높은 알베도를 가지며 흙이 덮인 표면의 알베도는 높은 값에서부터 낮은 값까지 다양하고 초목으로 덮인 표면과 해양은 낮은 알베도를 가진다. 지구의 알베도는 구름, 눈, 얼음, 나뭇잎으로 덮인 지역 및 토지 피복도의 변화 정도가 변함에 따라 주로 바뀐다.

《네이처》에서 2021년 5월에 북극 해빙 손실에 따른 기후 반응을 설명하는 『대기 피드백Atmospheric feedback』을 출간했다.[152] 북극 해빙의 손실은 인위적인 지구가열화의 결과로, 북극뿐만 아니라 중위도 지역에서도 기후변화의 원인이 될 수 있음을 밝혔다. 해빙은 지구로 들어오는 태양에너지의 50~90%를 반사해 극지방을 차갑게 유지하고 지구의 평균기온을 조절하는 역할을 한다. 하지만 최근 지구가열화로 해빙 면적이 감소하면서 반사되지 못하고 지구 표면에 그대로 흡수되는 태양에너지가 증가하고 있다. 이로 인해 다시 지구가열화가 가속화되는 악순환이 반복되는 것이다.

이와 비슷한 주장을 세계기상기구 클레어 눌리스Clare Nullis 대변인이 2021년 9월 초 제네바에서 열린 유엔 정기 브리핑에서 밝혔는데, 그는 "북극의 기온 상승은 해빙의 급속한 감소로 이어지고 이는 다시 지구가열화의 원인이 되고 있다"라고 경고했다. 눌리스가 말한 것처럼 북극 기온이 상승하면 북극뿐 아니라 중위도 지역의 기후변화에도 영향을 미치게 된다.

우리나라 기상청이 2021년 10월 말 발표한 '2020년 북극 해빙 분석 보고서'[153]에 따르면, 북극해상에서 생성된 수증기가 인근 지역에 눈으로 뿌려져 대륙을 차갑게 식히기도 하고, 북극 상공의 제트 기류를 교란시켜 중위도 지역 날씨에도 큰 영향을 준다고 한다. 보고서는 "북극증폭Arctic Amplification(북극의 급속한 온난화) 현상은 중위도 지역의 이상기후 발생 빈도 및 강도와 연관이 있다. 북극 해빙은 중위도 기후변화에 영향을 주는 중요한 지표라고 할 수 있다"라고 강조했다.

---

152 NATURE, Atmospheric feedback explains disparate climate response to regional Arctic sea-ice loss, nature, Published: 12 May 12, 2021.

153 기상청, 2020 북극해빙분석보고서, 기상청, 2021.

극지방의 온난화로 인해 해빙이 녹으면서 나타나는 현상 중에 해수면 상승도 있지만, 무엇보다 중요한 것은 북극 해빙이 중위도 날씨를 좌지우지하는 기류의 순환과 관련이 있다는 점이다. 북극이 따뜻해져 해빙이 녹으면 북극의 찬 공기가 남쪽으로 내려오지 못하도록 막아주는 바람(제트 기류)이 느려진다. 이럴 경우 공기 덩어리가 한곳에 오래 머물게 돼 극한 폭염이나 폭우가 장기간 이어지는 이상기후가 더 빈번하게 나타날 수 있다. 2021년에 발생한 미 서부의 살인적인 폭염, 유럽과 중국의 대홍수는 바로 북극 해빙이 많이 녹아 기온이 올라가면서 나타난 재앙이었다. 그리고 근본적으로 북극권의 빙하가 사라지면 알베도가 낮아지면서 기후위기는 더 빨리 진행될 수밖에 없다. 북극 빙하가 녹으면 북극곰만 죽는 것이 아니고 우리네 삶도 매우 힘들어질 것이다. "북극곰을 살려주세요"라는 공익광고는 북극곰뿐만이 아니라 우리도 살려달라는 말로 필자에게는 들린다.

2

남극 빙하가 다 녹으면
서울도 물에 잠긴다

기후학자들은 남극대륙에 있는 빙하가 다 녹으면 해수면이 60m 이상 상승할 것으로 보고 있다. 만일 해수면이 60m 상승하면 평균 해발고도가 50m인 서울과 수도권 대부분 지역이 물에 잠겨버린다. 다만 남극 빙하는 북극 해빙이 녹는 속도에 비해서는 느리기 때문에 대처할 수 있는 시간이 아직은 남아 있다.

남극의 국지적 빙하 녹아내림이 티핑 포인트를 넘어서고 있다

남극 빙하가 녹아내린다는 연구는 1990년대 이후 꾸준하게 진행되어 왔다. 여기서는 가장 최근인 2021년의 연구를 소개하겠다. 2021년 4월에 영국의 노섬브리아대학Northumbria University 연구팀은 남극의 파인 아일랜드Pine Island 빙하가 티핑 포인트를 넘어서 되돌릴 수 없을 정도로 녹아내리고 있다는 연구 결과를 발표했다.[154] 남극대륙의 아문센Amundsen 해역에는 2개의 거대한 빙하가 있는데, 파인 아일랜드와 스웨이츠 빙하Thwaites Glacier다. 두 빙하는 한반도보다 약 3배 더 크며, 두 빙하가 전 세계 해수면 상승의 약 10%를 담당하고 있을 정도로 중요한 빙하다. 사실 그동안에도 많은 이들이 이 빙하 지역이 도저히 회복할 수 없을 만큼 붕괴하고 있다고 지적해왔는데, 이번 노섬브리아대학의 연구는 그것이 사실임을 처음으로 확인한 연구였다. 만약 이들의 연구 결과가 사실로 확인된다면 서남극 빙상 전체가 붕괴될 수 있으며, 이럴 경우 지구 해수면이 3m 이상 상승하게 된다.

연구팀은 아문센 해역의 변화하는 바람 패턴과 함께 심해의 장기적인 온난화 및 매몰 추세가 파인 아일랜드 빙하의 빙붕을 붕괴시키고 있다고 판단했다. 파인 아일랜드 빙하는 남극에서 가장 빠르게 줄어들고 있는 빙하 중 하나로, 매년 450억 톤의 얼음이 녹아내리고 있는 것으로 알려져 있다. 1990년대 이후 총 여덟 번의 주요 분리 사건이 일어났고, 최근에는 2019년 10월에도 커다란 균열 2개가 새롭게 발견되어 주목을 끌기도 했다. 기후학자들은 정말로 빙하 녹음이 티핑 포인트를 넘어서면 그것을 멈추는 것은 불가능하다고 본다.

아문센 해역의 또 다른 빙하인 스웨이츠 빙하도 말썽이다. 우리나라 극지연구소는 2021년 11월 15일 공식 포스트에 "남극의 한 빙하가 종말의 날 불러온다!?"라는 기사를 올렸다. 스웨이츠 빙하가 모두 녹아내리면 전 지구적으로 종말Doom's day을 부른다는, 조금은 과장된 제목이었는데, 경각심을 일깨우기 위해 붙인 제목으로 생각된다. 실제 스웨이츠 빙하가 모두 녹는다면 지구 전체 해수면이 약 60cm 상승하면서 저지

---

154 University of Northumbria, The Antarctic glacier collapsed. It went over the tipping point, The Cryosphere, Apr 2021.

●●● 파인 아일랜드 빙하는 남극에서 가장 빠르게 줄어들고 있는 빙하 중 하나로, 매년 450억 톤의 얼음이 녹아내리고 있는 것으로 알려져 있다. 이렇게 빙하가 녹으면 저지대 국가들은 심각학 피해를 입게 된다. 〈출처: WIKIMEDIA COMMONS | Public Domain〉

대 국가들은 심각한 피해를 입게 될 것이다. 극지연구소 포스트에 따르면, 스웨이츠 빙하는 남극에서 가장 빠르게 녹고 있는데, 최근 연구로 그 원인이 밝혀졌다고 한다. 남극대륙에는 '남극 순환류'라 불리는 남극해보다 약간 따듯한 바닷물이 둘러싸고 돌고 있다. 빙하와 바다의 경계인 빙붕 아래에는 바닷물이 들어오며 ㄷ자 모양의 구멍이 만들어진다. 그런데 스웨이츠 빙하 구멍에 이 남극 환류의 따듯한 바닷물이 많이 유입되어 구멍이 커지고 빙하가 빠르게 녹고 있다는 것이다. 그리고 남극의 서쪽 대륙의 두께가 동쪽의 절반밖에 되지 않아 더 많은 지열의 영향을 받게 되면서 빙하가 더 빠르게 녹고 있다는 것이다.

남극 빙하가 줄어드는 원인은 무엇일까

빙하가 줄어드는 가장 큰 원인은 당연히 기온 상승이다. 그러나 지역적으로 다른 특성을 보이기도 하는데 극지연구소와 서울대, 미국 텍사스 공대Texas Tech University 등이 공동으로 연구해보니 남극에 눈이 그치면서 빙하가 줄더라는 것이다.[155] 연구팀은 최근 10여 년간 줄어든 남극 빙하의 30% 정도는 눈이 내리지 않은 결과라고 말하면서 지구가열화로 인해 바다가 따뜻해지면서 빙하가 녹은 것이 가장 큰 문제지만 강설량의 감소도 적지 않은 영향을 미쳤다고 주장했다. 연구팀은 중력관측위성 그레이스GRACE에서 받은 자료와 남극 대기 관측 결과를 종합해 남극 빙하의 양을 변화시키는 변수를 분석했다. 그랬더니 남극 빙하의 양이 변하는 것은 눈이 내려 쌓이는 양과 빙하가 바다로 빠져나가는 양에 의해 결정되더라는 것이다. 눈이 많이 내리거나 빙하의 이동이 멈추면 남극 얼음이 점점 두꺼워지고, 반대의 경우에는 남극 얼음이 점차 얇아진다는 것이다.

남극 빙하는 지난 25년간(1992~2017) 매년 평균 1,100억 톤이 녹아 없어졌다. 그리고 해수면을 약 7.6mm 상승시켰다. 그런데 최근에 들어와 남극 빙하가 사라지는 속도가 급상승하고 있다. 2007년 이후 남극 빙하의 연평균 감소량은 1,940억 톤으로 그 이전의 470억 톤보다 4배 이상 빨라진 것이다. 연구팀은 남극에 눈이 적어진 원인으로 남극진동 Antarctic Oscillation[156]이 강해지면서 중위도로부터 오는 수분을 막았기 때문인 것으로 본다.

---

155 극지연구소 외, "남극빙하가 줄어드는 원인에 대한 연구", Scientific Report, 2020.

156 남극진동은 남극 진동은 남극을 둘러싸는 기압대의 크기가 주기적으로 변하는 현상으로 바람의 세기나 방향에 영향을 미친다.

또 다른 연구에서는 남극이 높은 지열로 인해 빨리 녹는다고 말한다. 지구상에서 가장 빠르게 온난화되고 있는 지역이 서남극 지역이다. 서남쪽 아문센해에 인접한 스웨이츠 빙하는 1980년대 이후 약 5,950억 톤에 이르는 얼음이 녹아 사라졌다. 왜 이 지역이 이렇게 빨리 녹는지에 대한 연구를 독일 알프레드 베게너 연구소AWI, Alfred Wegener Institute와 이탈리아 국립해양지구물리학연구소OGS, National Institute of Oceanography Geophysics가 공동으로 진행해 2021년 8월에 그 결과를 발표했다.[157] 연구팀은 그동안 다른 빙하에 비해 훨씬 더 빠르게 소멸하고 있는 스웨이츠 빙하에 또 다른 원인이 있다고 보고 이 지역을 대상으로 지열의 흐름을 분석해왔다. 그리고 남극 전역을 대상으로 한 지자기장 데이터를 분석해 서남극 지역의 지열 흐름에 대한 새로운 지도를 만들었다. 그랬더니 스웨이츠 빙하 아래 지열이 다른 지역 지열보다 훨씬 높은 것으로 나타났다는 것이다. 연구팀은 이런 결과가 서남극 빙상 밑에 있는 취약한 암석권의 역학과 밀접한 관련이 있다는 것을 보여준다고 주장한다. 또 서남극 대륙 아래의 지각이 동남극 대륙보다 훨씬 얇다는 것을 발견했다고 밝혔다. 서남극 대륙이 약 17~25km 두께로 동남극 대륙의 약 40km에 비해 절반 수준이라는 것이다. 이로 인해 서남극 대륙에서 훨씬 더 많은 지열이 발생하고 있으며, 이것이 서남극 빙하가 빠르게 녹는 원인이라는 것이다. 과학자들은 서남극 빙상이 붕괴하면 해수면이 평균 5m 상승하고, 북극해 빙산이 10년 주기로 3~4%씩 줄다가 21세기에 들어서는 2배 이상 빠른 비율로 녹을 것이라고 예측하기도 했다.

157 AWI et al, 'High geothermal heat flow beneath Thwaites Glacier in West Antarctica inferred from aeromagnetic data', Communications Earth & Environment, Aug 18, 2021.

남극 빙하의 미래는 어떻게 될까

남극대륙의 해빙이 기록상 가장 작은 얼음으로 축소되었다고 최근 NBC가 보도했다.[158] 2022년 3월 18일에 남극 해빙이 43년 만에 처음으로 200만km² 미만으로 떨어졌다는 것이다. 이에 대해 오하이오대학 Ohio University의 라이언 포그Ryan Fogt 교수는 "위성 기록상 해빙 범위가 200만km² 아래로 떨어진 것은 처음 있는 일이다. 이것은 이례적인 일이고 꽤 많은 양이다"라고 말했다.

영국의 레딩대학University of Reading 연구팀은 2021년 4월에 기후위기로 남극 빙붕 3분의 1이 붕괴될 수 있다는 보고서를 발표했다.[159] 이들은 기후위기로 기온이 산업화 이전 수준보다 4℃ 높아질 경우 남극 전체 빙붕 가운데 34%가 녹을 것으로 예측했다. 빙붕은 남극대륙과 이어져 바다에 떠 있는 거대한 얼음덩어리로, 연중 두꺼운 얼음으로 덮여 있다. 남극대륙으로 접근하는 난류의 흐름을 막아 빙하의 형태를 유지하고 대륙에서 빙하가 바다로 흐르는 것을 막는 역할도 한다. 레딩대학교 기상학과 엘라 길버트Ella Gilbert 박사는 "빙붕이 무너지면 마치 병에서 코르크 마개를 제거하는 것과 같이, 빙하로부터 상상할 수 없는 양의 많은 물이 바다로 쏟아지게 될 것"이라고 경고했다. 다만 산업화 이전 대비 기온 상승이 2℃일 경우에는 빙붕이 녹는 지역이 절반으로 줄어들면서 상당한 해수면 상승을 피할 수 있다고 보았다. 연구팀에 따르면, 남극의 라르센C Larsen C, 섀클턴Shackleton, 파인 아일랜드Pine Island, 윌킨스Wilkins 등

---

158 NBC, Antarctica, Arctic undergo simultaneous freakish extreme heat, nbc, Mar 20, 2022.

159 University of Reading, The climate crisis could cause the Antarctic ice shelf to collapse by a third, Geophysical Research Letters, Apr 8, 2021.

지역에 있는 4개의 빙붕이 붕괴될 위험이 가장 높다고 한다. 결국 지구 가열화를 막는 길만이 빙붕 붕괴를 막을 수 있는 단 하나의 방법인 것이다.

과학지 《네이처》는 2021년 10월 1일에 "지구가열화 현상은 더 빈번해지고 남극대륙 전역에서 더 오래 지속될 것으로 예측된다"는 내용의 보고서를 발간했다.[160] 연구팀은 여름 기온이 상승하면서 빙붕과 해안의 눈 덩어리들을 취약하게 만든다고 말한다. 이들은 세계 및 지역 기후 모델을 모두 사용해 연구한 결과 남극대륙 전역에서 오랫동안 계속해서 빙붕과 빙하가 더욱 약해질 것이라고 예상했다. 그리고 21세기 말까지 지구가열화로 인해 발생하는 현상은 서남극의 대부분에서 2배로 증가하고, 심지어 중간 배출 시나리오 하에서도 동남극의 광대한 내륙에서 3배 증가할 것이라고 추정했다. 또 남극대륙을 둘러싼 해안 지역에서 예상되는 가열화 현상이 표면 용해를 증가시켜 몇몇 남극 빙붕의 미래 안정성에 위험을 초래할 수도 있다는 것을 발견했다. 지금은 북극 빙하보다 서서히 녹아내리고 있지만 미래의 지구가열화 정도에 따라 남극 빙하의 융해는 가속화될 가능성이 있다는 것이다.

남극대륙의 빙하는 국지적으로는 눈이 덜 오거나 지열로 인해 빨리 녹거나 덜 녹을 수도 있다. 그러나 궁극적으로 지구가열화가 남극 빙하를 녹이는 가장 큰 원인이다. 따라서 기온 상승을 저지하는 노력이 있어야만 서울에 살고 있는 우리가 바닷물 속으로 침몰하는 비극을 피할 수 있다.

---

160 Nature, Warming events projected to become more frequent and last longer across Antarctica, nature, Published: Oct 01, 2021.

3

산악빙하가 사라지면
물 부족과 빙하 쓰나미가 발생한다

빙하 중 산악에 있는 빙하를 산악빙하Mountain glaciers라 부른다. 산악에 있는 빙하는 바다에 있는 빙하와 달리 인류에게 유익한 점이 많다. 지구상에 위치한 높은 산맥들에는 만년설과 빙하가 남아 있는데 이 빙하에서 녹은 물로 수십억의 인류가 도움을 받는다. 그리고 빙하의 기후효과도 우리가 생각하는 이상으로 매우 크다. 통상 빙하는 0.5에서 0.7의 알베도Albedo를 지닌다. 알베도가 높다는 것은 태양으로부터 오는 빛을 반사하는 양이 많다는 뜻이다. 산악이 빙하가 아닌 황무지나 나무로 뒤덮여 있다면 지금보다 지구 기온이 훨씬 더 높아졌을 것이다.

산악빙하가 계속 줄어들고 있다

산악빙하로 인해 지구 기온이 유지되는 알베도 효과는 어느 정도일까? 비에른 로와르 바스네스Bjørn Roar Vassnes는 이해하기 쉽도록 알베도 효과를 설명한다.[161] 오늘날 지구의 평균온도는 15℃ 정도다. 계산식에 의하면 만약 지구가 완전히 바다로만 덮여 있다면 알베도는 0.06으로 굉장히 낮을 것으로 본다. 그렇다면 지구의 평균온도는 27℃ 정도가 될 것이다. 지구의 온도가 현재보다 12℃ 높아진다면 지구의 대다수 지역은 사람이 살 수 없는 지역이 될 것이다. 그렇다면 지구가 완전히 하얀빛으로 뒤덮인다면 알베도는 1에 가까워질 것이고 평균온도는 대략 영하 40℃ 정도가 된다. 그러니까 산악에 남아 있는 빙하는 가장 큰 역할인 물의 공급 외에 기후위기를 늦추는 역할도 하는 것이다.

그런데 산악빙하가 계속 줄어들고 있다. 사실상 지구의 기후가 따뜻해지고 있다는 가장 큰 증거 중 하나는 전 세계적으로 산악빙하가 후퇴하고 사라진다는 것이다. 빙하는 눈을 통해 질량을 얻고, 녹거나 승화하면서 질량을 잃는다. 빙하가 성장하고 있는지 축소되고 있는지 확인하기 위해 빙하 전문가들은 빙하 시즌이 끝날 때 빙하의 여러 곳에서 눈과 얼음의 상태를 점검한다. 과학자들은 빙하에 넣은 말뚝과 눈높이를 확인하고, 계절별 층의 순서를 조사하기 위해 표면에 눈구덩이를 파고, 눈과 얼음의 특성을 조사하기 위해 긴 기구를 빙하에 삽입한다. 일반적으로 이전 측정에서 눈 두께의 차이는 빙하의 질량 균형, 즉 빙하가 커졌는지 혹은 작아졌는지를 나타낸다. 빙하의 영역과 종점의 변화는 위성사진으로도 추적할 수 있다. 과학자들은 세계 빙하 목록에 있는 10만 개 이상의 빙하를 기술하고 있지만, 그중에서 극소수의 빙하만이 크기나 질량의 기후와 관련된 변화를 측정할 수 있을 만큼 오랫동안 관찰되어 왔다. 과학자들은 약 40개의 빙하로 이루어진 이 세계적인 컬렉션을 '기후 기준 빙하'라고 부른다. 이런 관측을 통해 알 수 있는 것은 수십

---

161 비에른 로와르 바스네스, 심진하 옮김, 『빙하의 반격』, 유아이북스, 2020.

년간의 마이너스 질량 균형 이후 전 세계의 빙하는 줄어들고, 조각나고, 또는 사라지고 있다는 것이다.

세계 빙하 모니터링 서비스의 전문가들은 2020년 연례 글로벌 빙하 변화 회보 업데이트에서 '기준 네트워크'의 빙하가 2017~2018년과 2018~2019년에 1.2m(3.9피트) 이상의 물을 잃었다고 보고했다. 2019~2020년의 예비 추정치는 0.6m(2피트)가 약간 넘는 물이다. 매년 손실을 보면 '기준 네트워크' 빙하는 1970년에 비해 거의 25m(82피트)의 물을 잃었는데, 이는 대략 각 빙하의 정상에서 평균 27.5m(90피트)를 깎아내는 것과 같다.[162] 빙하 전문가 모리 펠토Mauri Pelto는 빙하 손실 속도가 1980년대까지 -171mm에서 1990년대까지 -460mm, 2000년대까지 -500mm, 2000년대 이후 -889mm로 빨라졌다고 보고하면서 "미국 서부의 로키산맥, 남미의 안데스산맥, 아시아의 히말라야산맥 지역에서 빙하는 매년 여름 수억 명의 사람들과 그들이 의존하는 자연 생태계에 물을 공급해주는 얼어붙은 저수지다. 그러나 빙하의 급격한 후퇴는 인류와 자연에게 큰 어려움을 줄 것이다"라고 경고했다.

산악빙하가 녹기 시작하면 빙하홍수가 발생한다

빙하가 녹기 시작하면 가장 먼저 피해가 발생하는 것이 '빙하홍수'다. 빙하에서 녹은 물로 인해 더 빈번하고 큰 피해가 발생한다. 빙하가 녹으면서 끌고 내려오는 얼음이나 흙, 자갈들은 산 중턱에 일시적인 댐을 만든다. 그런데 급격히 빙하가 녹아 대량의 물이 유입되면 이 댐은 무너져 내리면서 그 하류 지역에 엄청난 재난을 불러일으킨다. 빙하홍수라 불

---

162 NOAA, Climate Change: Mountain glaciers, NOAA, Aug 12, 2021.

리는 이 현상은 네팔에서 흔한 일이며 인근 지역인 인도에서도 자주 발생하고 있다.[163]

이런 빙하홍수가 실제로 확인된 건수만 60차례 이상이다. 히말라야 바로 아래에 사는 사람들의 증언에 따르면, 집채만 한 돌들이 굴러 내려와 순식간에 집과 주민들이 떠내려가고, 다리는 부러지고, 마을은 흔적도 없이 사라져버렸다고 한다. 언제 터질지 모르는 빙하 호수가 히말라야 전역에 2만 개 가까이 존재한다. 2020년 동아시아 지역에서는 홍수가 극심했는데, 히말라야산맥 쪽으로도 많은 비가 내렸다. 5월 말부터 계속된 비로 2020년 6월 25일 티베트 자치구 니우타운의 빙하호수 제방이 무너졌다. 원격 감지 영상을 보면 6월 21일 빙하호수에 많은 얼음·눈·바위를 동반한 눈사태가 발생했음을 알 수 있다. 중국 북서부 환경자원연구소의 연구원은 눈사태가 발생한 후 연이은 빙하홍수가 니우타운 하류에 도달해 계곡에 700만m³가 넘는 물이 쏟아져내리면서 수많은 인명피해와 기반시설 파괴가 발생했다고 전했다.

네팔 정부의 연구에 따르면, 네팔의 연간 최고기온 추세가 1971~2014년에 걸쳐 0.056°C/yr였는데, 같은 기간에 높은 히말라야 산지의 온도는 0.086°C/yr로 매우 높은 기온 상승률을 보이고 있다. 결국 기온 상승으로 빙하가 과도하게 녹고 후퇴하면서 빙하호가 늘어날 수밖에 없는 것이다. 네팔 정부의 연구관계자는 "네팔의 더 높은 산에서 빙하 지역들이 줄어들었다. 빙하 면적이 줄어든다는 것은 빙하가 흘러 내리거나 빙하 호수가 만들어져 물이 어딘가에 갇혀 있다는 것을 의미한다"라고 말한다.

문제는 기후위기로 인해 빙하호의 형성 속도가 인간의 대응 속도를

---

163 WMO, Himalayan flood highlights high mountain hazards, WMO, Feb 9, 2021.

●●● 기온 상승으로 산악빙하가 녹아 물이 되면 햇빛을 반사하는 기능은 사라지고 오히려 열을 흡수한다. 이는 산악빙하가 녹으면 더 많은 햇볕이 지상에 흡수되고, 이로 인해 더 높은 기온 상승이 이루어지고, 그러면 더 많은 산악빙하가 녹으면서 더 많은 빙하호가 만들어지는 악순환이 발생하게 된다. 〈출처: WIKIMEDIA COMMONS | CC BY-SA 4.0〉

뛰어넘을 가능성이 높다는 데 있다. 빙하호가 만들어지는 구조를 들여다보면 얼마나 심각한지 알 수 있다. 빙하 같은 얼음은 알베도Albedo(반사도)가 높아 지상에 도달하는 햇볕을 우주로 되쏘는 일종의 반사판 역할을 한다. 하지만 기온 상승으로 빙하가 녹아 물이 되면 햇빛을 반사하는 기능은 사라지고 오히려 열을 흡수한다. 이는 빙하가 녹으면 더 많은 햇볕이 지상에 흡수되고, 이로 인해 더 높은 기온 상승이 이루어지고, 그러면 더 많은 빙하가 녹으면서 더 많은 빙하호가 만들어지는 악순환이 발생한다는 얘기다. 김백민 부경대 환경대기과학과 교수는 "한 번 빙하호가 증가하기 시작하면 걷잡을 수 없는 상황이 될 수 있다. 지난 30년 동안 1.5배 늘었다면 향후 30년 동안에는 10배 이상 늘어날 가능성이 크다"라고 경고한다.

2020년 1월, 유엔개발계획은 힌두쿠시-히말라얀 지역에 3,000개 이상의 빙하호가 만들어졌으며 이 중 33개가 700만 명에 달하는 사람들에게 영향을 미칠 수 있는 임박한 위협이 되고 있다고 추정했다. 이들은 현재 빙하호 용적은 스위스 제네바호의 2배에 해당하는 150km³ 이상이라고 말한다. 이전의 연구에 따르면, 1994년과 2017년 사이에 세계의 빙하, 특히 고산지대의 빙하는 약 6조 5,000억 톤의 질량이 감소되었다고 알려져 있다.

2020년 8월 말 국제학술지 《네이처 기후변화》에 미 항공우주국과 캐나다, 영국 연구진의 연구 결과가 실렸다.[164] 연구 내용은 2018년 전 세계 빙하호 개수가 1990년보다 53% 증가한 1만 4,394개에 달했고, 같은 기간 부피는 48% 늘어난 156.5km³에 이르렀다는 것이다. 약 30년 동안 빙하호 개수와 덩치 모두 대략 1.5배나 늘어난 것이다. 연구진은 이번 분석을 위해 25만 4,000여 장의 위성사진을 확인했다고 밝혔다. 전 지구 단위에서 빙하호가 얼마나 빨리 늘어나는지, 얼마만큼의 물이 빙하호에 담겼는지 등이 밝혀진 건 이 연구가 처음이다. 《사이언스 얼러트Science Alert》에서도 불과 30년 사이에 빙하호의 양이 50%나 급증했다고 경고하고 나섰다.[165] 빙하호는 우리에게는 큰 영향이 없을지 몰라

---

164 NASA et al, world survey using NASA data showing the rapid growth of glaciers,Nature Climate Change, Aug 31, 2020.

165 Science Alert, Glacial Lake Volume Has Surged by 50 Percent in Just 30 Years, Scientists Warn, Science Alert, Sep 1, 2020.

도 해당 지역에 사는 사람들에게는 심각하고 매우 큰 재난을 불러온다.

빙하호가 사라지면 진짜 무서운 놈이 온다

빙하가 녹으면서 발생하는 홍수 피해가 끝나면, 즉 모든 빙하가 다 녹아버리면 진짜 큰 재난이 발생한다. 비에른 로아르 바스네스는 그의 책 『빙하의 반격』에서 히말라야 빙하에서 녹은 물로 살아가는 14억 명의 사람들은 심각한 물 부족을 겪게 될 것이라고 말한다.[166] 히말라야 빙하는 몇천 년 동안 서쪽의 인더스 문명부터 동쪽의 황하 문명까지 고대의 위대한 문명을 가능케 한 물의 공급원이었다. 현재도 전 세계 인구의 5분의 1에 해당하는 사람들에게 물을 공급해주는 역할을 한다. 히말라야 빙하에서 녹은 물은 기온이 40℃까지 치솟는 인도 북부와 방글라데시에 사는 3~4억 명의 사람들에게는 생명의 은인이다. 인더스강의 눈 녹은 물이 생명줄인 파키스탄의 1억 8,000만 명에게도 마찬가지다. 중국의 경우 가장 거대한 강들은 바로 티베트 고원의 고지대에서 기원한다.

빙하와 눈이 다 녹고 나면 이 물에 의지하는 14억 명에게는 심각한 물 분쟁이 다가올 것이다. 미 국방성의 미래 예측을 보면 히말라야의 빙하가 다 녹아버리면 물 분쟁으로 인해 인도와 파키스탄이 핵전쟁을 벌일 것이라는 전망이 나온다. 히말라야의 빙하나 눈이 녹는 것은 우리와 상관없다고 하면 안 된다. 눈이나 빙하가 녹게 되면 기후위기가 더욱 심각해지기 때문에 당장 우리나라 여름 폭염이나 대홍수에도 영향을 줄 수 있다. 히말라야나 높은 산에 쌓여 있는 눈은 인류에게는 축복이다.

---

166 비에른 로아르 바스네스, 심진하 옮김, 『빙하의 반격』, 유아이북스, 2020.

4

영구동토층이 녹으면 재앙이다

세계에서 기후위기에 관한 가장 권위 있는 기관이 유엔 산하 '기후변화에 관한 정부 간 협의체IPCC'다. 기후변화에 관한 정부 간 협의체는 5~7년마다 새로운 보고서를 발표하는데 전 세계의 저명한 기후과학자들이 참여한다. 그런데 보고서 작성에 참여한 과학자들에게 설문조사를 했더니 응답자 중 88%는 세계가 '기후위기'를 겪고 있다고 답했으며, 82%는 남은 생애 중 기후위기에 따른 재앙 같은 결과를 보게 될 것이라고 전망했다. 매우 충격적인 결과이면서도 고개가 끄덕여지는 것은 우리에게 상상하기 어려운 재난들이 지금 발생하고 있기 때문이다. 그리고 여러 기후재난 중에서 영구동토층이 녹아내리는 것도 하나의 증거다.

영구동토층에도 기후위기가 닥치고 있다

영구동토는 여름에도 녹지 않고 2년 이상 1년 내내 항상 얼어있는 퇴적물, 토양 또는 기반암을 의미하며, 지구 표면의 14% 정도에 해당하는 2,100만km²의 면적을 가진다. 주로 북극의 고위도에 위치하고, 북극해의 얕은 대륙붕에 있는 해저 영구동토를 포함한 영구동토층은 오래된 유기탄소 퇴적물을 함유한다. 남반구에는 바다가 더 많아서 남극의 얼음이 없는 몇 지역, 파타고니아, 안데스에만 영구동토층이 있다. 그러나 전체적으로 보면 남반구에도 꽤 많은 영구동토층이 있기 때문에 기후 변화에 중요한 변수가 된다.

세계기상기구는 북극권 지역의 기온이 지구 평균기온 상승보다 2배 이상 빠르게 오르고 있다고 발표했다.[167] 영구동토층이 존재하는 북극(60~85°N)의 최근 5년(2016~2020) 동안의 연간 표면 공기 온도는 1936~2020년 관측 시계열 중 가장 높았다. 그만큼 최근에 들어와 기온 상승이 심각해지고 있다는 말이다.

북극권의 기온이 상승하면서 2060년경에 가면 영구동토지역에 눈이 내리지 않을 것이라는 전망도 나온다. 당초에는 2090년경에 가야 이런 현상이 발생할 것으로 예상했으나 30년이 앞당겨진 것이다. 캐나다 매니토바대University of Manitoba 지구관측과학센터의 미첼 맥크리스털Mitchell McCrystal 박사 연구팀은 2021년 11월에 북극에서 비가 일상화하는 시기가 예상보다 수십 년 더 앞당겨져 기후와 생태계는 물론 사회·경제에 다양한 영향을 미칠 수 있다는 연구 결과를 발표했다.[168] 지구가열화에 따른 해빙 감소로 바닷물이 햇빛에 노출되어 증발량이 늘어나고, 결국 기온 상승으로 대기가 습기를 머금을 수 있는 용량이 늘어나 강수량이

167 WMO, Warmer than average summer forecast in the Arctic, WMO, Jun 11, 2021.

168 Michelle R. McCrystall et al, New climate models reveal faster and larger increases in Arctic precipitation than previously projected, Nature Communications, Published: Nov 30, 2021.

많아질 것이라고 본 것이다. 연구팀은 그린란드와 같은 영구동토지역에서는 지구 기온이 1.5℃만 상승해도 이런 변화가 일어날 것이라고 예상했다.

이런 예상은 이미 현실이 되어서 그린란드에서 가장 높은 3,300m 고지에 비가 내렸다. 그린란드는 전 국토의 85% 이상이 빙상으로 뒤덮인 얼음과 눈의 나라다. 여름에도 영상으로 올라가는 경우가 드물고 영하권에 머무는 동토지역이다. 그런데 그린란드의 낮은 지대가 아닌 가장 높고 추운 3,300m 높이의 고지에 한 여름인 2021년 8월에 비가 내리면서 지구가열화의 심각한 영향을 보여준 것이다. 국제눈빙설데이터센터NSIDC, National Snow and Ice Data Center는 2021년 8월 18일 레터를 통해 그린란드 정상에 비가 내렸다고 보고했다.[169] 2021년 8월 14일, 그린란드 빙상에서 가장 높은 곳에서 기온이 영상으로 오르면서 몇 시간 동안 비가 관측되었던 것이다. 국립과학재단의 정상관측소가 위치한 해발 3,216m에서 강수량에 대한 이전 보고는 없었다. 다만 관측 계기판이 녹는 온도를 기록했던 것은 1995년, 2012년 및 2019년에 발생했었다. 얼음이 녹는 온도인 영상 온도는 8월 16일 이후에는 다시 영하권으로 내려갔다.

그린란드의 저지대도 아니고 3,300m의 가장 높은 관측소에서 영상의 기온이 관측되고 비가 내린 원인은 무엇일까? 관측소가 설치된 그린란드 빙상관측소는 한여름인 7월에도 최고기온이 영하 10℃ 안팎을 밑도는 혹한의 환경이다. 그럼에도 기온이 영상으로 오르면서 비가 내린 것이다. 강한 저기압 중심(중앙 기압 987헥토파스칼)이 허드슨만Hudson Bay을 가로질러 배핀섬Baffin Island을 향해 북동쪽으로 이동했다. 같은 시각

---

169 NSIDC, Rain at the summit of Greenland, NSIDC, Aug. 18, 2021.

덴마크 해협 그린란드 남단 부근의 고기압은 남부 래브라도해^{Labrador Sea}와 배핀만에 강한 기압 구배를 만들어 남서쪽에서 북동쪽으로, 남서쪽 그린란드 해안으로 강한 남서풍이 불었다. 따뜻하고 습한 남서풍 공기가 며칠 동안 그린란드를 뒤덮었다. 제트 기류의 심한 사행으로 인해 그린란드 서쪽 상공으로 오메가 형태의 제트 기류 형태가 나타났는데, 이럴 경우 따뜻한 남쪽 기류가 북쪽으로 깊이 올라가면서 이상 난동을 보이게 된다. 그린란드에 비가 내리면서 많은 얼음의 양이 녹아 바다로 흘러내렸다. 3일간 내린 강우량만 총 70억 톤으로 추정되었으며 비가 내리면서 사흘간 약 214만km²에 달하는 빙상이 녹아 바다로 흘러갔다. 손실 표면 얼음 질량은 8월 중순의 평균치보다 7배나 많았다. 이런 기후위기로 인해 영구동토층이 안정적인 상태가 아닌 매우 불안정한 상태로 바뀌고 있다.

영구동토층이 녹으면 무슨 일이 일어날까

영구동토층이 사라지면 온실가스 증가, 전염병 증가, 시설물 붕괴, 해수면 상승 등 여러 가지 현상이 나타나게 된다. 첫째, 온실가스 증가에 대해 알아보자. 영구동토층의 활성층에서는 여름철에 지의류 등의 생물이 자란다. 그리고 이 생물들이 생명을 다하면 그 사체들은 겨울 동안 그대로 얼거나 낮은 온도에 의해 분해되지 않고 동토층에 계속 보존된다. 이런 과정이 수십만 년간 반복되면서 영구동토층에는 엄청난 유기탄소가 저장되었다. 그런데 최근 들어와 급격한 기온 상승으로 인해 영구동토층이 녹기 시작했고, 이에 따라 발생하는 유기성 물질들이 미생물의 먹이가 된다. 이로 인해 영구동토층이 분해되면 이산화탄소와 메탄 등이 방출된다. 비아른 로아르 바스네스는 영구동토층에 저장된 탄소량은 기절할 정도라고 말한다.[170] 그는 영구동토층 상단의 3m 정도밖에 안 되는 지역에 대기보다 훨씬 더 많은 탄소가 있으며, 플로리다주립대학교 Florida State University의 테드 슈어Ted Shure의 말을 인용하면서 향후 100년 이내에 영구동토층의 3m 정도가 녹을 것이라고 말한다. 그리고 다량의 탄소가 저장된 해저 영구동토층에서도 탄소가 방출될 가능성이 있다고 본다.

많은 기후학자의 말처럼 영구동토층이 녹으면서 그 안에서 잠자던 엄청난 이산화탄소와 메탄이 배출된다면 대기 온도는 더욱 상승할 수밖에 없다. 그러면 영구동토층이 더 녹고 더 많은 온실가스가 배출되고 기온은 더 상승하는 악순환이 되풀이된다. 특히 메탄은 이산화탄소보다 약 20배나 높은 온실효과를 유발하기 때문에 기후위기가 더욱 심각해질 수 있다. 그러나 소수의 과학자들은 너무 지나친 우려라고 말하기도 한다. 육상 영구동토는 여름에는 툰드라 생태계의 일부를 형성하는 활동층 표면으로 덮여 있는데, 봄과 여름 기온이 더 따뜻해지면 활동층이 두꺼워질 것이라고 말한다. 그러면 미생물에게 분해될 수 있는 유기 탄소량이 더 많아질 것이다. 그런데 이 상태에서 기온이 더 올라가게 되면 지의류가 아닌 초목이 자라면서 광합성을 통해 이산화탄소를 더 많이 흡수하게 될 수도 있다는 것이다. 보스턴칼리지Boston College 지구환경학 교수 제레미 샤쿤Jeremy Shakun 박사는 영구동토층 해빙과 지구가열화의 직접적인 관계를 그렇게 우려하지 않아도 된다고 주장한다.

두 번째로 예상되는 것이 전염병과 미생물이다. 2016년 여름 시베리아의 순록 떼에게 치명적인 탄저균 전염병이 창궐했다. 1,500마리의 순록이 죽었고 사람에게도 전염되었다. 여러 원인을 분석한 결과, 영구동

---

170 비에른 로아르 바스네스, 《빙하의 반격》, 유아이북스, 2020.

토에 얼어 있던 탄저균 보유 순록의 사체가 녹아서 전염되었다는 것이다. 이런 사례는 1940년대에도 있었는데 당시에도 큰 규모의 전염병이 발생했다. 이 사고로 2,000마리의 순록이 죽고 96명의 사람이 입원했다. 이 중 12세 소년은 탄저병에 감염된 사슴 고기를 먹고 사망한 바 있다. 이런 참사는 탄저균이 그간 영구동토층에 얼어 있다가 깨어나면서 발생한 일이다. 전염병 전문가들은 영구동토층이 더 많이 녹으면 이와 비슷한 시나리오가 벌어질 것으로 예측한다. 바스네스는 『빙하의 반격》에서 온도 상승 제한선을 1.5℃로 낮추면 전염병의 창궐을 예방할 수 있다고 말한다. 이 이야기는 만일 2℃ 이상 상승한다면 전염병을 막을 수 없다는 뜻이다. 왜냐하면 2℃ 이상의 기온 상승이 발생하면 영구동토층 면적의 40% 이상인 600만km²가 녹게 될 것이기 때문이다.

지난 2015년 프랑스 국립과학연구센터CNRS, Centre National de la Recherche Scientifique의 연구진은 영구동토층에서 약 3만 년 전에 살았을 것으로 보이는 고대 바이러스를 발견하는 데 성공한 바 있다. 당시 바이러스를 발견한 연구진은 분리 실험을 통해 DNA와 단백질이 모두 살아 있는 바이러스를 확보하는 데 성공했다. 의학자들은 고대 바이러스의 감염력은 큰 문제가 없을 것으로 전망한다. 그러나 우려가 되는 것은 고대에 존재했던 박테리아나 바이러스는 현대의 항생물질에 노출된 적이 없다는 점이라고 한다. 미생물들이 얼음이 녹아 깨어나게 되면서 항생물질에 노출되면 상상하지도 못할 새로운 변종 바이러스가 탄생하지 않을까 걱정된다.[171]

세 번째로 예상되는 것이 방사능물질이다. 1955년 소련은 북극권 해안에서 총 130회의 핵무기 실험을 진행했고, 약 260메가톤의 핵에너

---

[171] https://www.sciencetimes.co.kr/news

지가 방출되었다. 여기에 더해 북극권 인근 해저에 수십 척의 잠수함들이 사고로 침몰하여 그 일대는 핵폐기물들로 뒤덮이게 되었다. 약 70년의 시간이 흐르면서 이 지역에 쌓여 있던 방사능물질이 영구동토층으로 흘러 들어갔다. 그리고 산업화 과정에서 발생했던 화학물질도 같이 쌓였다. 그런데 기후위기로 인해 영구동토층이 녹기 시작하면서 우리가 생각지도 않았던 위험이 발생하게 된 것이다. 얼음에 갇혀 있던 방사능이나 화학물질이 기후위기로 지속적으로 유출되고 있다. 이로 인해 토양 및 하천 등이 오염되면서 인류에게 건강에 피해를 주게 된 것이다. 최근 영국 애버리스트위스대Aberystwyth University 연구진이 과학저널인《네이처 기후변화Nature Climate Change》에 기고한 보고서를 보면 이런 추정이 대부분 사실로 드러나고 있다. 오는 2100년까지 영구동토층의 3분의 2가 기후위기로 인해 사라지면서 각종 핵폐기물이 대거 유출될 것으로 보고서는 예측하고 있다.[172]

넷째, 영구동토층이 녹아내리면서 시설물과 사람들이 위험에 처한다. 영구동토지역은 대부분 사람이 살기 어려운 지역임에도 원주민을 비롯해 약 480만 명의 사람들이 살고 있다. 따라서 이곳에서도 각종 시설물이 생겨나고 있고, 특히 북극 인근의 천연자원을 수송하기 위해 송유관이나 가스관 등 사회기반시설도 있다. 핀란드의 헬싱키대University of Helsinki를 비롯한 국제공동연구팀의 연구에서는 이 중 약 75%에 달하는 360만 명의 인구가 2050년까지 '위기'에 직면할 것이라는 결과를 발표했다.[173] 지구가열화로 인해 영구동토층 속 얼음이 녹고 있다면서 사람뿐 아니라 사회기반시설 역시 붕괴 위기에 처했다고 밝혔다. 연구팀은 지

---

172 https://post.naver.com/my.naver?memberNo=30120665

173 University of Helsinki et al, 3.6 million people will face a "crisis" by 2050, Nature Communications, Dec 2018.

표면 가까이 있는 영구동토층이 녹으면서 2050년까지 최소 48%에서 최대 87%의 사회기반시설이 붕괴 위험에 처할 것으로 추정한다. 이들은 영구동토층에서 가장 위험성이 높은 시설이 철도로, 길이 470km에 이르는 중국의 '칭하이-티벳 철도Qinghai-Tibet Railway'와 280km 길이의 지구 위 최북단 철도선 '옵스카야-보바넨코보 철도Obskaya-Bovanenkovo Railway'도 해빙 위험지역에 있다고 경고했다.

영구동토층이 녹게 되면 집이나 나무 등이 무너지고 싱크홀도 발생한다.[174] 영구동토층에는 동식물의 사체 등 다양한 유기물들이 있는데, 차가운 흙 속에 냉동상태를 유지하던 요소들이 바깥공기를 마주하며 부패하면 커다란 문제가 시작된다. 미라처럼 보존되어 있던 사체들은 따뜻한 온도에 썩게 되면서 메탄을 대량으로 생산한다. 이 기체가 땅에 축적되면 부푸는 빵처럼 지표면이 부풀어 오른다. 이러한 현상이 지속되면서 결국 기압을 버티지 못한 땅이 무너지며 싱크홀 형태의 빈 공간이 생기는 것이다. 북극권 영구동토층이 녹아내리면 당장 우리가 알지 못하는 전염병이나 더 강력한 기후재앙이 발생할 가능성이 커진다. 우리 모두 기후위기를 저지하기 위한 노력이 필요한 이유다.

---

174 과학기술정보통신부, "영구동토층의 해빙으로 발생한 깊이 50m의 거대 싱크홀", 과학기술정보통신부, 2020.

제7장

생물 멸종의

시대가

오고 있다

1

지구 생태계가 파괴되고 있다

필자가 가장 좋아하는 TV 프로그램이 내셔널 지오그래픽National Geographic 에서 방영하는 〈동물의 세계〉다. 탄자니아에 있는 세계 최대 세렝게티 국립공원Serengeti National Park에는 사자, 코끼리, 물소, 악어, 하마 등 약 300만 마리의 대형 포유류가 살고 있다. 우기가 끝난 6월 초가 되면 150만 마리에 이르는 세계 최대의 검은꼬리누 무리가 이동하는 장관이 펼쳐진다. 누를 따라가는 포식자와 강을 건널 때 먹이를 기다리는 악어, 초원에서 틈만 나면 공격하는 사자와 하이에나, 치타 등이 등장한다. 이곳에서는 수많은 조류와 뱀 등의 파충류, 그리고 곤충까지 함께 살아간다. 이렇게 많은 생물이 같이 살아갈 수 있는 것은 생태학적으로 훼손되지 않은 온전한 생태계이기 때문이다. 동물과 식물, 나무와 숲, 그리고 강물 등 자연환경이 조화를 이루며 살 수 있는 공간이 있기 때문이다. 그러나 기후위기와 인간의 탐욕으로 코끼리나 코뿔소 등이 멸종위기로 가는 것을 보면 정말 화가 치민다.

생태계는 지금 중병을 앓고 있다

웰즈는 그의 책『2050 거주불능 지구』에서 생태계의 이상 신호가 심각하다고 말한다.[175] 그는 세계자연기금 보고를 인용하면서 지난 40년 동안 척추동물의 절반 이상이 죽었으며, 독일 자연보호 구역에서 25년 사이에 날벌레 개체 수가 4분의 3이나 감소했다고 말한다. 대구는 이주 패턴에 혼란이 생겨서 여러 세기에 걸쳐 대구잡이 어촌 공동체가 형성되어 있던 동부 해안 지역을 벗어나 북극해 쪽으로 이동해버렸고, 흑곰은 동면 주기에 이상이 생겨 겨우내 잠을 자지 않는 경우가 많아졌다고 한다. 수백만 년 동안 개별적으로 진화해온 생물 종들이 기후위기에 의해 한데 모여 처음으로 짝짓기를 시작하면서 프리즐리베어(북극곰과 회색곰의 교잡종)나 코이울프(코요테와 늑대의 교잡종)처럼 완전히 새로운 부류의 잡종이 탄생하고 있다고 한다. 무슨 이야기인가? 우리가 사는 생태계가 기후위기와 환경파괴로 무너지고 있다는 것이다.

2020년 9월 세계자연기금WWF에서는 '지구 생명 보고서 2020'[176]을 발표하면서 지구의 생물 다양성이 큰 폭으로 감소하고 있다고 밝혔다. "1970년부터 2016년까지 관찰된 포유류, 조류, 양서류, 파충류 및 어류의 개체군 크기가 평균 68% 감소한 것으로 나타났다. 생물종의 개체군 규모 변화는 전반적인 생태계 건강의 척도가 되기 때문에 매우 중요하다." 세계자연기금 미국 회장 카터 로버츠Carter Roberts는 "인류의 발길이 야생지역으로 확장되면서 우리는 수많은 야생동물을 절멸시키고 있다. 우리는 또한 기후위기를 악화시키고 있고, 코로나19와 같은 동물원성

---

175 데이비드 월러스 웰즈, 김재경 옮김, 『2050 거주불능 지구』, 추수밭, 2020.

176 WWF, Earth Life Report 2020, Sep 2020.

감염병의 위험을 증가시키고 있다"면서 인류와 동물 모두를 위해 자연과의 관계를 시급히 회복해야 한다고 주장했다. 보고서에서는 가장 심각한 것이 열대우림지역에서 농경을 목적으로 벌어지는 야생동물 서식지 파괴로, 생물 다양성 파괴의 절반 이상을 차지한다고 말한다.

전 지구적인 삼림 벌채의 80%, 담수 사용의 70%가 농업을 목적으로 이뤄지고 있다. 인간이 과도하게 사용하는 토지와 물은 육상 생물 다양성의 70%, 담수 생물 다양성의 50%를 파괴했으며 많은 생물은 인간에 의해 바뀐 환경에서 거의 살아남지 못했다. 또 자연훼손으로 곤충의 개체수나 분포가 심각하게 감소되고 있으며 식물의 멸종 위험은 포유류의 멸종 위험과 비슷한 정도라고 한다.

미국과 캐나다 등 10여 개국이 공동참여하여 2021년에 지구 생태계에 관한 포괄적 연구를 진행했다.[177] 이 연구 결과에 의하면, 지구상의 토지 중 97.1%는 생태학적으로 이제는 온전하지 않은 것으로 밝혀졌다. 지난 500년 동안 너무 많은 생물 종種이 사라졌거나 그 수가 줄어들고 있다고 한다. 약 7,500종의 동물을 대상으로 실시한 조사에 따르면, 1500년 이후 지구 육지 서식지에서 사람에 의해 크고 작은 멸종이 이루어졌다는 것이다. 완벽한 생태계가 남아 있는 지역은 전 지구 육지 면적의 2.9%에 불과했다. 97.1% 지역에서는 생물 다양성 파괴가 일어났는데, 이 중에서 68%는 사람들에 의한 생태계 파괴였다. 생태계가 보존된 지역은 사람들의 손길이 거의 미치지 못하는 캐나다의 아한대 숲, 그린란드의 툰드라, 아마존·콩고·탄자니아·인도네시아에 있는 열대우림 지역이었다. 참으로 안타까운 일이 아닐 수 없다.

---

177 A.J. PLUMPTRE ET AL, Where Might We Find Ecologically Intact Communities, Frontiers in Forests and Global Change, Apr 15, 2021.

다양한 생물들이 사라지고 있다

다양한 생물들이 기후위기와 환경파괴로 인해 사라져가고 있는 사례를 살펴보자. 한국기후환경네트워크는 2021년 3월에 "기후위기로 사막의 새들이 위험하다"라는 내용을 블로그에 올렸다.[178] 미국의 남부 캘리포니아에 위치한 모하비^Mojave 사막에서 기후위기가 진행되면서 새들이 포유류에 비해 더 큰 타격을 입었다는 것이다. 모하비 사막은 최근 들어 평균기온이 2℃ 높아지고, 강우량이 10~20% 감소했다. 그러다 보니 사막의 뜨거운 열이 특히 새들에게 큰 피해를 주면서 2018년 연구에 따르면 20세기 초 대비 평균 43%의 조류 종이 사라졌다는 것이다.

극지연구소는 기후위기에 적응하지 못하고 멸종한 동물들에 관한 내용을 2021년 3월에 게재했다. 지금 같은 양의 온실가스 배출이 계속된다면 극지방의 이상고온 현상이 지속되면서 극지 얼음이 사라지고 얼음 위에서 살아가는 북극곰은 터전을 잃어 80년 뒤에 사라진다고 한다. 그런데 이미 사라진 동물도 있다. 호주에 사는 블램블 케이 멜로미스라고 불리는 귀여운 쥐 모양의 동물이다. 이들은 낮은 지대의 산호초 섬에서 서식하는데, 빙하가 녹아 해수면이 상승하면서 터전이 사라졌고 2009년 이후 지구 상에서 사라졌다.

"얼음 줄어들고 환경오염… 펭귄들, 멸종위기 놓였다."《국민일보》의 2021년 8월 11일 기사 제목이다.[179] 기사에 의하면, 미국 어류·야생동물국은 번식지 파괴를 이유로 황제펭귄을 멸종위기종 보호법에 따른 위기종 목록에 추가할 것을 제안했다고 한다. 기후위기 때문에 바다 해

---

178 https://m.blog.naver.com/greenstartkr/222262782114

179 https://n.news.naver.com/article/005/0001463562?lfrom=kakao

The Destruction of Ecosystem

Global Heating

●●● 온실가스가 대량으로 배출되면서 지구가열화가 가속화되고 있는 상황에서 지구 생태계에서 멸종되어가는 종의 수가 늘어가고 있다. 이로 인해 생물 다양성이 파괴되면 궁극적으로 대멸종 사태가 발생할 수 있다. 우리 모두 지구가열화로 인한 멸종을 특정 종의 일로 볼 것 아니라 지구 생태계에서 하나의 위치를 차지하는 종으로서 인간도 멸종될 수 있다는 마음으로 진지하게 생각해야 한다. 〈출처: WIKIMEDIA COMMONS | Public Domain〉

빙이 급감해 황제펭귄이 대를 이어가기 어려울 것이라는 우려 때문이었다. 학술지《글로벌 체인지 바이올로지Global Change Biology》에 실린 한 연구 결과에 따르면, 현재 수준의 탄소배출과 기후위기가 계속된다면 황제펭귄 집단의 70%가 2050년까지, 98%가 2100년까지 멸종에 이를 것으로 보고 있다. 우즈홀해양학연구원Woods Hole Oceanographic Institution의 해양조류 생태학자 스테파니 제노브리에Stephanie Jenouvrier는 "만일 지구 기후가 현재와 같은 속도로 계속 따뜻해진다면 남극 황제펭귄이 2100년까지 86%나 줄어들 것으로 예상한다. 이 시점에서 그들이 되돌아올 가능성은 거의 없다"라고 주장한다. 기후위기로 귀요미 팽수의 친구들을 더 이상 보기 어렵다는 말이다.

《뉴스펭귄》은 "침팬지, 2050년까지 아프리카 고향 땅 90% 잃을 것"이라는 기사를 게재했다.[180] 미국 학술지《와일리 온라인 라이브러리Wiley Online Library》가 세계자연보전연맹IUCN, International Union for Conservation of Nature and Natural Resources이 20년 동안 축적한 데이터와 지구가열화로 인한 기후위기, 서식지 파괴 및 인구 증가를 결합한 미래 영향을 모델링해 산출해보았더니 고릴라, 침팬지, 보노보가 2050년까지 아프리카 고향 땅 90%를 잃게 된다는 것이다. 고릴라는 동부고릴라와 서부고릴라 2종 모두 세계자연보전연맹 적색목록 '위급CR, Critically Endangered' 단계에 처해 있으며 침팬지와 보노보는 '위기EN, Endangered' 단계에 처해 있다. 연구에 의하면 2050년까지 기후위기와 인간 활동에 의한 야생 서식지 파괴로 이들 종이 살아갈 터전이 지금보다 더욱 축소될 것이라고 한다.

멕시코국립자치대National Autonomous University 연구팀은 최근 미국《국립

---

180 https://m.post.naver.com/viewer/postView.naver?volumeNo=31702447&memberNo=44939664

과학원 회보PNAS, Proceedings of the National Academy of Sciences》에 게재한 논문에서 전 세계 맹금류 종의 37%가 멸종위기에 놓였다는 연구 결과를 발표했다.[181] 연구팀은 "인간 활동에 의한 서식지 파괴·오염, 기후위기의 결과로 지난 30년간 맹금류 종 개체수가 크게 감소했다"면서 특히 아시아, 아프리카에 서식하는 맹금류 개체수가 크게 감소하고 있다고 밝혔다.

대멸종 사태가 다가온다

이렇게 동물이 사라져간다면 언젠가는 대멸종 사태가 발생할 수 있지 않을까? 한국환경산업기술원은 2021년 7월 30일에 블로그를 통해 여섯 번째 대멸종이 일어날 수 있는 이유를 게재했다.[182] 화석 기록에 의하면 지난 6억 년 동안 지구에서는 다섯 번의 대멸종 사태가 발생했었다. 이 중에서 당시 지구에 살고 있던 생명체의 96%가 멸종되었던 시기가 고생대 마지막 지질시대인 페름기와 중생대의 시작인 트라이아스기 경계에 진행된 3차 대멸종이다.

당시 대멸종의 원인은 화산폭발이었다. 초대륙인 판게아가 형성되면서 지질학적 요동으로 시베리아에 대규모 화산이 폭발하고 이것이 무려 100만 년 동안이나 지속되었다. 이로 인해 엄청난 넓이의 숲이 불타고 지구가열화를 만드는 많은 양의 이산화탄소가 분출되면서 지구 온도가 상승했다. 이로 인해 극지방에 얼어 있던 메탄이 분출되면서 지구가열화가 급속도로 진행되었다. 지구가열화는 약 1천만 년 동안 지속되면서 해양 온도를 높였고 해양은 산성화되었다.

181 UNAM, 37% of the world's birds of prey species are endangered, PNAS, Sep 1, 2021.

182 https://m.blog.naver.com/lovekeiti/222450918607

중생대 트라이아스기에서 쥐라기에 발생한 4차 대멸종도 3차 대멸종과 상당히 비슷하게 진행되었다. 모든 대륙이 하나로 모여 합쳐졌던 초대륙이 느리게 분열하면서 중앙 대서양 마그마 분포영역이 만들어지고 대규모 화산폭발이 일어났다. 당연히 대기 중에 이산화탄소가 급증하면서 지구가열화가 시작되었고 무려 800만 년 정도 지속되었다. 이런 대멸종 원인에 대해 예전에는 소행성 충돌, 대규모 화산폭발로 인한 급격한 기후변화, 해양의 산성화, 산소가 완전히 사라져버리는 등 여러 가설이 있었다.

그런데 2018년에 미국 워싱턴대학University of Washington과 스탠포드대학Stanford University 연구진들은 페름기의 대멸종이 지구가열화로 발생했다고 밝혀냈다. 이들은 페름기 말기, 화산폭발 전 상황을 담은 고대기후 모델을 만들었다. 그 다음에 열대 대양의 표면 온도를 10℃가량 높일 수 있도록 온실가스를 높였다. 해수면 온도가 10℃ 정도 올라가자 바다에 녹아 있던 산소의 80%가 사라졌다. 산소가 부족해지면 해양 생명체들이 살아갈 수 없다. 결국 페름기 말기의 수온과 산소 수치 조건에서는 거의 모든 동물이 서식지를 옮기거나 소멸했다는 것이다. 이들의 연구를 통해 지금 지구에서 일어나고 있는 지구가열화가 대멸종기의 기후 상황과 매우 비슷하다는 것을 알 수 있다. 온실가스가 대량으로 배출되면서 지구가 뜨거워지고 생물 다양성이 파괴되고 궁극적으로는 대멸종 사태로 가는 것이 말이다.

그렇다면 인류는 안전한가? 이런 물음에 대해 생각해볼 수 있는 방송 프로그램이 있었다. 2021년 12월에 EBS에서 방영한 〈여섯 번째 대멸종〉은 많은 것을 생각하게 해주었다. 이 프로그램은 총 5부작으로 만들어졌는데, 우리 인류가 맞닥뜨리고 있는 대멸종의 시그널을 생생하게 보여주었다. 1부 〈재앙의 서막〉은 우리나라를 비롯해 호주와 인도네시아 등 전 세계 곳곳에서 벌어지는 멸종의 현장을 보여준다. 영상을 보면 2019년 말에서 2020년 초까지 호주 대륙을 불태웠던 대형 산불로 인해 코알라, 캥거루 등 야생동물 약 30억 마리가 화마에 타 죽는 내용, 말라버린 숲을 뛰쳐나온 코끼리와 매일 밤 전쟁을 치르는 태국 이야기, 인간의 무분별한 개발로 살 곳을 잃은 오랑우탄이 사람 총에 맞아 죽는 인도네시아 이야기가 나온다.

2부 〈침묵의 봄〉에서는 인간의 편의와 아름다움만을 위해 만들어진 도시 속에서 죽어가는 새들을 보여준다. 북미에서는 연간 3~10억 마리의 야생 조류가 유리창 충돌로 죽어가고 우리나라에서도 철새와 텃새 약 800만 마리가 유리창에 부딪혀 죽는다. 서식지를 인간에게 빼앗긴 멸종위기종 흰목물떼새와 꼬마물떼새가 공사장 한복판에 알을 낳는 비참함도 보여준다.

3부 〈탄소 행성〉에서는 인간이 무분별하게 배출한 화석연료로 인해 야생동물이 죽어가는 현장을 고발했다. 석탄은 전 세계 탄소배출량 중 38%를 차지하는데, 석탄이 기후위기를 가속화하고 야생동물 서식지를 무너뜨리며 지구의 숨을 조여오고 있다고 경고한다. 세계 최대 노천 석탄광산이 있는 인도네시아 칼리만탄 동부지역에서는 사람들이 숲을 없애고 석탄광산을 개발한다. 살 곳을 잃은 오랑우탄은 먹거리를 찾기 위해 인간 경계로 내려오고 결국 총에 맞아 죽는 비참한 장면이 나온다.

4부 〈사라진 경계〉는 기온 상승과 가뭄으로 숲의 나무와 웅덩이가 마르면서 코끼리들이 물과 먹이를 찾아 마을로 내려오는 태국 타타키압 지역 이야기가 나온다. 농작물을 먹어치우는 코끼리와 이를 막기 위한 주민들의 치열한 전쟁을 보여주고 있다.

마지막 5부에 가서 과연 멸종은 동물들에게만 해당되는 것인지, 아니면 인간에게도 해당되는 것인지를 생각하게 한다. 코로나19 등 인수공

통전염병이 전 세계에 창궐하면서 인류는 그 어느 때보다 큰 생존의 위기를 맞고 있다. 우리 모두 지구가열화로 인한 멸종을 특정 종의 일로 볼 것 아니라 지구 생태계에서 하나의 위치를 차지하는 종으로서 인간도 멸종될 수 있다는 마음으로 진지하게 생각해보았으면 좋겠다.

2

기후위기와 밀렵으로
멸종 위기에 처한 생물들

예전에 우리나라 청소년 기후운동가들이 피켓을 들고 행진하는 것을 본 적이 있다. 피켓 내용 중에서 "우리도 늙어서 죽고 싶어요"라는 말이 필자에게는 충격으로 다가왔다. '아, 그렇구나. 이젠 인간도 자연사하는 것이 어려운 시대에 살고 있구나.' 어린 청소년들의 입장에서는 기후위기가 그들의 미래 삶의 문제일 것이다. 그런데 동물들은 인류가 만든 기후위기와 환경파괴로 아무 말도 못하고 죽어간다. 팜 오일을 생산하기 위해 불태운 열대우림 숲에서 사는 오랑우탄은 멸종위기종이 되어가고 있다. 플라스틱으로 가득 찬 배를 부둥켜안고 영양실조로 죽어가는 알바트로스 새도 있다. 이젠 지구 생명의 멸종위기 앞에서 모두 자연사하지 못하는 세상이 되어가고 있다.

기후위기에 적응하지 못해 죽는 생물들

해수 온도 상승으로 인해 해양 생물종들은 어려움을 겪는다. 오스트리아의 연구팀 조사에 따르면, 이스라엘 해안에서 살고 있던 조개류 중 토착 고유종의 12%는 이미 멸종했고, 살아남은 개체의 60%도 생식능력이 없거나 충분히 성장하지 못했다고 한다. "뜨거워진 강물 속에서 산 채로 익어가는 연어". 2021년 7월 28일《한겨레신문》기사 제목이다.[183]

2021년에 캐나다 서부 지역인 브리티시 컬럼비아^{British Columbia} 지역의 기온이 49.8℃까지 치솟았다. 이 폭염으로 말미암아 산란을 위해 컬럼비아강으로 돌아온 연어들이 뜨거워진 물속에서 산 채로 익어가는 영상이 공개되었다. 미국 환경보호단체인 컬럼비아 리버키퍼^{Columbia Riverkeeper}가 이 장면을 촬영한 날 강물 수온은 21℃를 넘었다. 연어처럼 알을 낳기 위해 본래 태어났던 하천으로 돌아오는 소하성 어류는 높은 온도에 장시간 노출되면 치명적이다. 미국 수질오염방지법에 따르면 컬럼비아강의 수온은 20℃를 넘으면 안 된다고 규정하고 있다. 당시 미국 서북부와 캐나다 서남부에서 발생했던 폭염으로 조개나 물고기 등 10억 마리가 넘는 해양 생물이 죽었다.

'바다고구마떡' 혹은 '바다인어'라고 불리는 멸종위기종 매너티^{manatee}가 미국 플로리다에서 떼죽음을 당했다. 플로리다 어류 및 야생동물 보호위원회^{FWC}는 2021년 멸종위기종 매너티가 2021에만 1,003마리가 떼죽음을 당했다고 밝혔는데, 2020년보다 2배 이상 증가한 것이다. 전문가들은 떼죽음이 굶주림 때문이라고 밝혔는데 매너티가 주식으로 삼는 해초가 빠른 속도로 사라지기 때문이라는 것이다. 매너티가 좋아하

---

183 https://n.news.naver.com/article/028/0002554434?lfrom=kakao

는 해초가 지난 11년 동안 58% 사라졌는데 원인은 적조 현상 때문이다. 적조는 폐수, 과영양물질, 화학물질이 강이나 바다로 흘러 들어가면서 높은 수온으로 인해 발생한다. 적조가 발생하면 물 표면을 막아 햇빛을 차단하기 때문에 해초가 죽게 된다.

기후위기는 생물들의 삶 자체를 바꾸는 힘이 있다. 포르투갈 리스본 대University of Lisbon 등 연구팀은 "환경적 변수가 일부일처제를 고수한 알바트로스들이 이혼하도록 영향을 주고 있다"라는 내용의 논문을 발표했다.[184] 일반적으로 알바트로스의 이혼비율은 1~3% 정도다. 그런데 해수 온도가 비정상적으로 높이 올라가는 해에는 이 비율이 8%로 높아지더라는 것이다. 연구팀은 해수 온도가 올라가면 먹이가 적어지면서 짝을 두고 사냥을 떠난 알바트로스가 더 멀리 가다 보니 둥지로 돌아오지 못하는 경우가 생기더라고 했다. 여기에다가 해수 온도가 높아지면 알바트로스가 스트레스를 많이 받으면서 자신의 짝에게 책임을 묻기 때문이라고 한다.

기후위기에 대응하는 동물들도 있다. 텔아비브대학Tel Aviv University 연구팀이 2021년 11월에 물고기와 갑각류 같은 연체동물 등 236종 해양 생물의 서식지를 분석한 결과, 지중해 일대에서 생물들이 평균 55m 수심이 깊은 곳으로 이동했다고 밝혔다.[185] 지중해의 해수 온도 상승은 매우 심해서 30년마다 1℃가 상승하고 있다. 연구팀은 1990년 이후 트롤어업으로 수집한 236개 생물종에 대한 포획 수심 자료와 수온 관측 자료를 비교 분석했다. 그랬더니 차가운 물에서 나타나는 종들이 더 깊은

---

184 University of Lisbon, Environmental variability directly affects the prevalence of divorce in monogamous albatrosses, Proceedings of the Royal Society B, Nov 24, 2021.

185 Tel Aviv University, A Study on the Movement of Living Things in the Mediterranean Sea, Earth ecology and biological geography. Nov 12, 2021.

곳으로 이동했고, 넓은 온도 대역에서 활동하는 생물종들이 좁은 온도 대역에서만 사는 종들보다 깊은 곳으로 이동했다는 것이다. 이들은 지중해 생물들이 해수 온도 상승으로 인해 심해로 내려가 적응하고 있지만 해저라는 한계가 있다고 말한다. 이미 대구와 같은 심해어들은 더 내려갈 깊은 곳이 없어 개체수가 감소하고 있다.

인간의 탐욕이 생태계를 죽인다

최근 넷플릭스Netflix에서 다큐멘터리 〈씨스피러시Seaspiracy〉를 보았다. 씨스피러시Seaspiracy는 '바다Sea'와 '음모Conspiracy'를 합친 용어로, 이 영화는 상업적 어업이 해양 생태계에 미치는 영향을 그렸다. 이들은 실제 바다 오염의 주범은 언론과 환경단체가 부르짖는 플라스틱 빨대(전체 해양쓰레기의 0.03%)가 아니라 어망(46%)이라고 말한다. 그리고 해양 생태계를 무너뜨리는 가장 악질적인 행위를 혼획이라고 말한다. 대규모 어획을 하게 되면 고래류, 상어류, 바다거북 등이 함께 그물에 올라온다. 이로 인해 죽는 고래류만 30만 마리나 된다. 어선에서 참다랑어 8마리를 잡는 데 45마리의 돌고래가 혼획으로 죽임을 당하는 영상도 나온다. 기후위기나 환경오염보다 돈을 벌기 위한 상업적 어업이 생태계를 죽이는 것이다. 환경운동가들은 전 세계 혼획으로 죽는 대형 해양 생물 중 25만 마리가 바다거북, 30만 마리가 바닷새, 30만 마리가 작은 돌고래이며, 상어의 경우 무려 1억 마리나 된다고 한다. 혼획으로 대형 해양 생물이 대규모로 사라지면 먹이사슬이 무너져 다른 생물에도 영향을 미치게 된다. 그런데 이런 불법 어업에 어민뿐 아니라 환경단체, 공무원들까지 합력한다는 내용도 있어 더욱 충격적이다. 바다 생태계가 다 무너지고 나면 그다음에는 무엇을 할까?

언젠가 내셔널 지오그래픽 채널의 다큐멘터리를 보다가 국립공원 관리인들이 코뿔소의 코를 자르고 코끼리의 상아도 자르는 것을 보고 충격을 받았다. 뿔이 있으면 밀렵꾼들이 죽이고 나서 뿔을 채취해가기 때문이다. 상아나 뿔 없이 평생 살아야 하는 코끼리와 코뿔소가 가엾다는 생각이 들었다. 그러다 보니 많은 생물학자들이 코끼리를 보호하기 위한 노력을 하고 있다.[186] 케냐 마라 코끼리 프로젝트Mara Elephant Project 소속 제이크 월Jake Wall 박사가 이끈 연구팀은 "아프리카코끼리들이 인간의 탐욕으로 인해 아주 좁은 지역에서 살아가고 있다"라고 말한다. 연구팀은 지난 15년간 보호단체와 함께 아프리카 전역에 분포하는 코끼리 229마리에게 GPS를 달아 코끼리 서식지와 인간 활동 등을 분석했다. 이 분석에 따르면, 아프리카 전체 땅의 62%에 해당하는 약 1,816만km^2 면적이 코끼리에게 적합한 서식지지만 실제 코끼리가 활동하는 범위는 그중 약 17% 정도라는 것이다. 코끼리 상아를 얻으려는 인간의 밀렵 때문이다. 2021년 4월에 세계자연보전연맹IUCN이 발표한 자료에 따르면, 아프리카코끼리에 속하는 둥근귀코끼리African Forest Elephant와 사바나코끼리African Savanna Elephant 2종은 모두 멸종의 위협에 더욱 가까워졌다.

코끼리뿐 아니라 코뿔소도 희생의 대상자다. 이들의 뿔은 일부 아시아 국가에서 항암 효과가 있다고 믿어져 밀렵이 성행하고 있다. 끊임없이 코뿔소들이 죽어나가자, 2020년 6월에 보츠와나 정부는 밀렵꾼으로부터 남아 있는 코뿔소를 지키기 위해 뿔을 잘라내기 시작했다. 코뿔소를 더는 사냥 가치가 없게 만들어 밀렵꾼에게 희생당하지 않도록 하기 위해서다.

아프리카 국가들의 코끼리 보호로 코끼리 상아가 부족해지자, 밀렵

---

186 http://www.newspenguin.com/news/articleView.html?idxno=4348

꾼들은 필리핀에서 멸종위기종인 대왕조개를 불법으로 채취해 밀매하고 있다. 환경운동가들은 코끼리 상아가 부족해지면서 대왕조개 껍데기를 귀걸이나 샹들리에 등 보석 및 장식용품 재료로 대체해 사용한다고 한다. 밀매로 압수된 대왕조개 껍데기 200톤의 가격은 279억 원 정도라고 한다. 돈을 벌기 위해서라면 무슨 짓이나 하는 사람들이 지구 생태계를 무너뜨리고 있는 것이다. 사이가영양도 마찬가지다. 사이가영양은 뿔 거래로 인한 밀렵으로 20세기 후반 개체 수가 90% 이상 급감해 멸종에 가까워졌다. 결국 세계자연보전연맹은 사이가영양을 적색목록 '위급CR, Critically Endangered 종'으로 분류했다.

영국 케임브리지대University of Cambridge 연구진은 2010년부터 2021년까지 아프리카 나이지리아에서 천산갑 밀렵과 밀매 등을 추적한 결과 11년간 천산갑 100만 마리가 밀매에 희생되었다고 밝혔다.[187] 천산갑은 약재용 비늘을 얻기 위해 밀렵되는데 주로 중국과 베트남 등에서 많이 소비된다. 연구팀은 이렇게 밀렵과 밀매가 성행하는 이유 중 하나로 나이지리아 당국의 부패도 한몫했다고 지적한다. 천산갑은 지구에 8종 존재하며 모두 멸종위기종이다. 이번에 밀매된 천산갑은 나무타기천산갑으로 심각한 멸종위기종이며 국제자연보전연맹 적색목록에 '위기EN, Endangerd 종'으로 분류되어 있다.

인간의 잔인함은 멸종위기종이라도 가리지 않는다. 2021년 10월 20일 《뉴스펭귄》의 기사를 보면, 이탈리아 마피아의 한 조직 냉동고에서 멸종위기종인 겨울잠쥐 사체가 발견되었다고 한다.[188] 이날 발견된 겨울

---

187 University of Cambridge, Over the past 11 years, 1 million angels have been sacrificed by trafficking, Biological Conservation, Nov 4, 2021.

188 https://m.post.naver.com/viewer/postView.naver?volumeNo=32582901&memberNo=44939664&vType=VERTICAL

잠쥐는 235마리로, 개별 포장된 채 냉동고 안에 있었다. 또 요리 전에 살을 찌우기 위해 사육 중인 겨울잠쥐도 있었다고 한다. 겨울잠쥐는 마피아 사이에서 진미로 여겨지는데, 중요한 결정을 내릴 때 만찬에 겨울잠쥐 요리를 올린다고 한다.

자신만의 미식을 위해 멸종위기종을 식탁에 올리는 것은 남미에서도 발견된다. 2021년 10월에 밀렵되어 밀매로 팔려가던 멸종위기 푸른바다거북 32마리와 매부리바다거북 10마리가 콜롬비아 육군 불심검문에서 적발되었다. 이들은 주로 부자들의 식용으로 팔려가는데 이날 구조된 거북 중 11마리는 가해자들의 학대로 폐사했다고 한다. 푸른바다거북은 세계자연보전연맹 적색목록에 '위기EN 단계'에 처한 국제적 멸종위기종으로 등재되어 있다. 매부리바다거북은 이보다 한 단계 위인 위급CR, Critically Endangered 종으로 지정된 멸종 직전의 바다거북이다. 인간이 이보다 얼마나 더 탐욕스럽고 이기적으로 변할 수 있을까?

멸종되는 동물을 지키려는 노력들도 최근에 활발해지고 있다. 한 예로 캐나다 브리티시 컬럼비아 지역의 사라져가는 순록을 지키기 위한 노력이 있다.[189] 캐나다 생명다양성 모니터링 연구원들은 순록을 겨울에 산 울타리에 넣어 늑대나 곰, 그리고 다른 포식자로부터 지켜준다. 이런 노력으로 2013년 이후 순록 무리는 3배로 늘어났다. 캐나다의 삼림 순록은 오래된 숲과 높은 산비탈에서 작은 무리를 형성하며 주로 이끼를 먹는다. 그러나 캐나다 서부 지역의 벌목과 석유 및 가스 추출로 인해 순록이 쉽게 늑대나 포식자에게 잡아 먹혔다. 이들은 순록을 잡아서 운반하고, 펜스를 만들고, 동물들을 돌보는 데 1년에 수십만 달러를 투자

189 Pmbywarren Cornwall et al, Indigenous people are leading effort to bring caribou back from brink of extinction, Science, Apr 1, 2022.

했다. 이로 인해 멸종되어가던 순록의 개체수가 회복되었다. 우리 주변의 동물과 생태계가 사라지고 무너진 뒤 인간 혼자 지구에서 살아갈 수 있을까? 그건 불가능하다. 지구에서 동식물과 같이 살아가는 상생의 마인드가 필요한 때다.

3

벌과 나비가 사라지고 있다

식물 번식을 촉진하는 매개체, 벌들이 사라지고 있다

"할아버지는 내게 눈으로 볼 수 있는 것 외에 배울 게 굉장히 많다는 걸 알려주면서 내 마음속에 숨겨진 사다리를 밖으로 꺼내주었다. 이전에 벌통 안을 들여다볼 때는 벌들이 허드렛일을 하는 모습만 보였다. 벌들의 노동이 이토록 나와 관련이 있으리란 생각은 조금도 하지 못했다. 크기에 관계없이 세상의 모든 생명체가 눈에 보이지 않는 각자의 조작 속에서 다른 생명들이 살아가는 데 도움을 주고 있다는 사실은 놀라웠다. 벌처럼 하찮아 보이는 존재가 아무도 모르게 우리를 돕고 있었다면 개미나 벌레, 피라미 같은 것들은 어떨까? 내 주변에서 자연이 눈에 띄지 않게 들이는 공로는 또 무엇이 있을까? 이런 생각이 들자 우주가 나를 위한 계획을 품고 있을 거라는 믿음이 싹텄다."

메러디스 메이Meredith May의 소설 《할아버지와 꿀벌과 나The Honey Bus》에 나오는 내용이다. 주인공이 벌을 통해 사람, 가족, 책임, 선택과 아름다운 삶을 배우게 되는 과정을 잔잔하게 그린 소설이다.

이 소설처럼 우리는 애초에 벌을 하찮게 여긴다. 많은 사람에게 벌은 성가신 존재일 수 있다. 벌들의 유일한 목적은 계속해서 윙윙거리고 포름산이 가득한 침으로 사람을 위협하는 것으로 생각한다. 그러다 보니 벌들이 우리 환경의 중요한 요소임에도 벌이 마땅히 받아야 할 인정을 거의 받지 못하고 있다. 만약 벌이 존재하지 않았다면 인간도 존재하지 않았을 것이라고 2022년 1월에 과학전문지 《사이언스》는 말한다.[190] 우리 식량의 90%를 제공하는 100종의 농작물 중 35%가 벌, 새, 박쥐에 의해 수분受粉되기 때문이다. 벌은 꽃가루를 수컷 수술에서 암컷 암술로 옮기기 때문에 식물들 사이에서 번식을 촉진하는 주요 매개체다. 그런데 이렇게 중요한 생물인 벌이 사라져가고 있다.

미국의 미네소타 공영방송 보도에 따르면, 양봉업자들을 대상으로 한 연례 조사 결과 꿀벌은 계속해서 빠른 속도로 죽어가고 있다고 한다.[191] 2020년 4월부터 2021년 4월까지 1년 동안에 매년 벌 손실 조사를 해온 비영리 단체인 BIP^Bee Informed Partnership의 자료에 따르면, 미국 전국 평균 45.5%의 꿀벌 손실이 발생했다는 것이다. 이러한 손실은 2006년 조사가 시작된 이래 두 번째로 높은 손실률(연간 평균 손해율 39.4%보다 6.1% 포인트 높음)이다. 이 조사는 미국 꿀벌 군락의 약 7%에 해당하는 3,347개 양봉업자가 보고한 벌 사망률에 기반하여 작성한 것이다.[192] 꿀

190 Science, Why Bee Extinction Would Mean the End of Humanity, science ABC, Jan 4, 2022.

191 MPR news, Honey bees are still dying at high rates, MPR news, Jun 23, 2021.

192 AUBURN, US beekeepers continue to report high colony loss rates, no clear progression toward improvement, AUBURN, Published: Jun 24, 2021.

벌이 많이 사라지는 사태는 겨울뿐 아니라 최근에는 여름에도 증가하고 있다고 한다. 나탈리 스타인하우어Natalie Steinhauer 파트너십 과학 코디네이터는 "해마다 변동이 있지만 걱정스러운 부분은 꿀벌 손실이 매년 조금씩 증가하고 있다는 것이다. 그러다 보니 양봉가들의 인식이 변하고 있지만 조사 초기 15% 수준이던 허용 가능한 손실 수준이 2021년 들어 23%까지 조금씩 증가하고 있다"라고 말한다.

벌이 사라지는 원인은 무엇일까

연구에 의하면, 2006년 이후로 벌의 개체수는 상당히 감소하고 있다. 왜 이렇게 벌이 사라지고 있는 것일까? 《사이언스》는 살충제, 질병, 기생충, 그리고 지구가열화로 인한 기후변화가 벌의 감소에 주요한 원인이라고 말한다.[193] 벌 등 중 일부 종은 멸종위기종 목록에 추가되었는데 2017년(하와이노란얼굴벌 7종)에 이어 2018년(녹슨얼굴범블비, 봄부스 아피니)에도 위기종 목록은 추가되었다. 벌들이 가장 많이 사라지고 있는 것은 봉군 붕괴 현상CCD, Colony Collapse Disorder 때문이다. 꿀과 꽃가루를 채집하러 벌집을 나선 벌들이 집으로 돌아오지 않아 유충과 여왕벌이 폐사하는 현상이다. 양봉가들은 벌의 수가 갑자기 줄어들었다고 보고하면서 어른 벌들은 갑자기 대부분 함께 사라졌고, 벌통 안에는 여왕벌과 유충만 남아 있다가 다 죽어간다는 것이다.

이런 사태를 불러오는 원인은 첫째, 살충제 때문이다. 제2차 세계대전이 끝난 이후, 농업에서의 살충제 사용이 급격히 증가했다. 네오니코

---

193 Science ABC, Why Bee Extinction Would Mean the End of Humanity, science ABC, Jan 4, 2022.

티노이드^{Neonicotinoid}(곤충의 중추신경계에 영향을 미쳐 마비와 죽음을 초래하는 비교적 새로운 종류의 살충제)로 알려진 이 살충제의 사용은 벌의 감소에 주요한 역할을 했다. 벌들이 네오니코티노이드에 노출되었을 때, 그들은 집으로 돌아가는 길을 잊어버린다.

두 번째가 기생충이다. 바라오 진드기^{Barrao destructors}라고도 알려진 기생충들도 벌의 죽음에 책임이 있다. 진드기는 벌 군락에서만 번식할 수 있는데, 그들은 어른 벌과 어린 벌에게 똑같이 영향을 미치는 흡혈 기생충이다. 진드기들에 의한 질병으로 벌들은 다리나 날개를 잃게 되고 결국 죽게 된다.

셋째가 기후위기다. 캐나다 오타와대학교^{University of Ottawa} 제레미 커^{Jeremy T. Kerr} 교수팀은 꿀벌들이 지구가열화 적응에 어려움을 겪고 있으며, 기온이 낮은 지역으로 이주하지 못해서 죽어가고 있다고 주장한다. 꿀벌은 온도 변화에 아주 민감한 변온동물인데, 지구가열화로 인한 이상기후로 갑자기 기온이 내려가거나 비가 많이 쏟아지면 적응하지 못해 쉽게 죽을 수 있다. 게다가 지구가열화로 꽃이 피고 지는 기간이 짧아져 꿀벌이 꿀을 모을 수 있는 기간도 짧아지고 결국 생존권이 위협을 받고 있는 것이다.[194] 우리나라 인천대학교 연구팀 역시 꿀벌 감소와 기후변화의 관계를 연구하여 그 결과를 발표했는데, 기후위기와 날씨가 꿀벌 감소에 많은 영향을 주고 있다고 주장한다.[195] 우선 지구가열화로 봄꽃의 개화 시기가 6~8일 앞당겨졌다. 전국적으로 꽃 피는 시기가 이렇게 앞당겨졌을 뿐 아니라 꽃이 피어있는 기간도 짧아지고 있다. 그만큼 꿀벌들의 활동 주기가 짧아지고 꿀벌들의 먹이가 줄어들어 영양은

---

194 Science ABC, Why Bee Extinction Would Mean the End of Humanity, science ABC, Jan 4, 2022.

195 인천대학교산학협력단, "꿀벌 감소와 기후변화 연구 보고서", 인천대학교, 2017.

●●● 캐나다 오타와대학교 제레미 커 교수팀은 꿀벌들이 지구가열화 적응에 어려움을 겪고 있으며, 기온이 낮은 지역으로 이주하지 못해서 죽어가고 있다고 주장한다. 꿀벌은 온도 변화에 아주 민감한 변온동물인데, 지구가열화로 인한 이상기후로 갑자기 기온이 내려가거나 비가 많이 쏟아지면 적응하지 못해 쉽게 죽을 수 있다. 게다가 지구가열화로 꽃이 피고 지는 기간이 짧아지면서 꿀을 모을 수 있는 기간도 짧아짐으로써 꿀벌의 생존권이 위협을 받고 있다. 식물 번식을 촉진하는 매개체인 꿀벌의 멸종은 식물, 동물, 연료의 가용성, 지형, 옷, 그리고 인간의 삶에까지 영향을 미친다. 〈출처: WIKIMEDIA COMMONS | Public Domain〉

결핍되는데 대기오염과 농약 오염이 늘어나다 보니 개체 수가 급속히 줄어드는 것이다.

실제로 최근 2년간 우리나라의 양봉 실적도 줄어들고 있다. 벌꿀 생산량 급감의 주요 원인은 기후위기다. 우리나라의 벌꿀 생산은 70% 이상을 아까시나무에 의존하기 때문에 아까시나무가 꽃을 피우는 봄철 날씨가 꿀벌 농사 1년 작황을 좌우한다. 그런데 2020년부터 2021년까지 2년 동안 봄철에 저온현상으로 아까시나무 개화 기간이 짧아졌고, 잦은 비 때문에 꿀벌의 활동도 부진했다. 한국양봉협회 경북도지회에 따르면 양봉 농가의 평균 꿀 생산량은 2019년 벌통 1개당 20.2kg을 기록했으나 2020년 7.7kg, 2021년 5.9kg으로 2년 사이 4분의 1 수준으로 대폭 줄어들었다고 한다.

이런 기후위기 외에 폭염이나 대형 산불, 극한홍수와 태풍도 벌에게는 치명적이다. 호주 애들레이드대학University of Adelaide 등의 공동연구팀은 산불로 죽어가는 벌에 대한 연구 보고서를 2021년 10월에 발표했다.[196] 연구팀은 북미와 유럽에서부터 콩고와 아시아에 이르기까지 전세계적으로 광범위한 산불 피해가 반복되고 있어 생물 다양성에 치명적인 영향을 미치고 있으며, 많은 종의 개체수가 갑자기 현저하게 감소하고 있다고 경고하고 있다. 이들은 호주 토종벌 가운데 멸종위기종이 2019~2020년 대형 산불 이후 5배 가까이 늘어났다는 결과도 발표했다. "기후위기는 야생동물에게 영향을 미치는 산불과 같은 자연재해의 빈도를 증가시키고 있다." 스테판 캐디 레탈릭 박사의 말이다.

벌이 사라지면 우리는 어떤 영향을 받을까

꿀벌이 멸종하면 우리는 어떤 영향을 받게 될까? 꿀벌의 멸종은 식물, 동물, 연료의 가용성, 지형, 옷, 그리고 인간의 삶에까지 영향을 미칠 것이다.

첫째, 식물에 미치는 영향이다. 어떤 식물들은 바람에 의해 수분되지만, 그 속도는 매우 느리다. 곤충은 지구상의 주요 꽃가루 매개자로, 딱정벌레와 나비도 수분을 하지만 벌은 이러한 목적을 위한 가장 효율적인 곤충이다. 벌이 없다면 우리는 맛있는 사과, 체리, 그리고 많은 다른

---

196 ADELAIDE, EXTINCTION RISK OF NATIVE BEE POPULATIONS INCREASED BY BUSHFIRES, ADELAIDE, Oct 6, 2021.

과일과 채소를 맛볼 수 없을 것이다. 아마도 아몬드 나무가 첫 번째 사상자 중 하나일 것이다. 꿀벌이 멸종하면 농작물 생산량이 크게 감소하게 된다. 비록 쌀이나 밀과 같은 작물들이 곤충의 수분 작용을 필요로 하지 않는다지만, 사람들은 평생 쌀과 빵만 먹고는 생존할 수 없기 때문이다.

둘째, 동물에 미치는 영향이다. 특정 식물 종에 의존하는 초식동물이 먼저 영향을 받는데, 식물이 사라지면 그들도 멸종될 것이다. 예를 들어 우유와 고기로 이용되는 많은 소들은 알팔파와 루핀에 의존하는데, 둘 다 곤충의 수분 작용에 의존한다. 만약 소의 식량 공급이 감소한다면 고기와 우유 생산량은 감소할 것이며 인간의 식생활에 심각한 영향을 미칠 것이다. 초식동물의 개체수 감소로 인해 3차 육식동물은 즉시 고통을 받기 시작할 것이며, 이 시나리오의 유일한 수혜자는 청소동물(독수리, 까마귀 등)이 된다.

셋째, 연료도 영향을 받는다. 연료와 식용유로 사용하기 위해 재배되는 유채는 수분 의존도가 높은데, 유채는 바이오 연료를 생산하는 원재료다. 바이오 연료가 고갈되면 화석연료에 완전히 의존해야 하기 때문에 환경에 더 큰 부담을 주게 될 것이다.

넷째, 의류도 영향을 받는다. 면화는 수분 작용에 매우 크게 의존한다. 벌이 사라지면 면화 생산이 줄어들면서 의류 선택이 크게 줄어들게 될 것이다.

다섯째, 지형적인 영향이다. 벌이 사라지면 대부분 식물들이 자랄 수 없기 때문에, 초원은 메마르고 대규모 사막화가 일어날 것이다. 비가 오면 대규모 산사태가 일어나면서 마을들이 한꺼번에 쓸려갈 것이다. 궁극적으로 지구는 플라스틱으로 가득 찬 거대한 사막이 될 것이다.

꿀벌 멸종은 식량 작물의 생산량 감소를 일으키고 궁극적으로 전 세계적인 기근으로 이어질 것이다. 담수 또한 마르기 시작할 것이고, 그렇게 되면 물 부족으로 나무의 수가 줄어들 것이다. 물이 적고 식량이 줄어들면 인간은 갈증과 기아로 죽게 될 것이다. 출산율과 번식률이 저하되면 궁극적으로 인류는 지속할 수 없을 것이며 몇백 년 안에 멸종될 것이다.

과학자들이 꿀벌을 로봇 벌로 대체하지 않는 한, 다시는 벌로부터 강제로 훔치는 달콤한 꿀을 맛보지 못할 뿐 아니라 우리도 멸종의 길을 가게 될 것이다. 벌들이 사라지면 결국 우리 인간도 사라진다는 것이다. 우리가 벌을 구하기 위해 과감한 조치를 취하지 않는 한, 인류의 생존은 희망이 없다. "벌이 사라지면 4년 안에 인류는 멸종할 것이다"라는 알버트 아인슈타인Albert Einstein의 말을 되새겨볼 때다.

기후가 바뀌면서 나비도 사라진다

기후위기로 나비가 줄어들고 있다. 미국 대학 공동연구팀이 시민 과학자들의 오랜 자연관찰 결과를 토대로 꽃가루 매개충인 나비의 감소 원인이 기후위기에 따른 가을철 온난화 때문이라는 사실을 밝혀냈다.[197] 연구팀은 미국 서부 지역 70개 이상 지점에서 시민 과학자들이 수집한 450여 종의 나비 데이터를 바탕으로 연구했다. 이 연구에는 배추흰나비Pieris rapae와 같이 서식지를 중심으로 살아가는 나비들과 웨스트 코스트 레이디West Coast lady, 바넷사 아나벨라Vanessa annabella처럼 광범위하게 이동하는 나비들이 모두 포함되었다.

---

197 M.L.FORISTER et al, Fewer butterflies seen by community scientists across the warming and drying landscapes of the American West, SCIENCE, Mar 5, 2021.

연구팀은 도시와 국립공원 보존지구 등 다양한 토지 사용 분포에 따라 기후위기로 인한 온난화와 건조화가 나비에 미친 영향을 분석했다. 아울러 다양한 서식환경과 기후를 대표하는 고도 및 위도별 기후위기도 평가에 넣었다. 연구팀이 북미나비학회 자료를 토대로 분석해보니 전체 나비 개체 수가 연간 1.6%씩 감소했다고 한다. 연구팀은 나비의 개체수 감소에 가장 큰 영향을 주는 요소가 기후위기임을 발견했다. 특히 가을철 기후위기가 큰 지역에서의 나비들이 많이 사라졌는데, 가을철 기후위기 영향으로 연 감소율이 1.8%에 달하고 있다고 밝혔다. 가장 많은 감소를 보인 것이 미 서해안에서 겨울을 보내고 있는 서부제왕나비western monarch butterfly였다. 애리조나대University of Arizona 천연과학대 케이티 프루딕Katy Prudic 교수는 "지난 40년간 99.9%가 감소하면서 이제 2,000마리 미만에 머물고 있다"라고 밝힐 정도다. 서부제왕나비는 1980년대 이후 무려 99.9% 급감한 것으로 밝혀졌다.

문제는 나비의 개체수 급감이 나비만의 문제가 아니라는 점이다. 결국 모든 생태계의 파괴를 불러올 수 있다. 나비는 꽃가루와 수분을 매개하고 각종 영양분을 전달하는 등 중요한 역할을 한다. 이들 중 어떤 종은 동물의 사체나 배설물에 있는 유기물을 분해하기도 한다. 또 나비 성체와 유충, 애벌레는 새를 포함한 다양한 야생동물의 식량원에서 큰 비중을 차지해 생태계에 필수적이라는 것이다. 연구팀은 "나비 없는 생태계를 상상하는 일은 정말로 불가능하다. 이번 연구가 기후위기에 맞서 싸우는 동기를 불러일으키길 바란다"라고 말하고 있다.

4

나무도 죽고 땅도 죽어간다

2021년 7월에 아마존 창업자인 제프 베이조스Jeff Bezos가 우주 관광을 다녀왔다. 이 여행 후 그는 "막상 위로 올라가 보면 지구 대기는 믿기 힘들 만큼 얇고 아주 작고 연약한 존재라는 걸 알 수 있다. 우리는 대기를 훼손시키고 있으며, 그것을 머리로만 아는 것과 직접 눈으로 보는 것은 전혀 다르다"고 말했다. 그러자 미국 온라인에선 "기후위기에 둔감한 정치인과 석유 부호들부터 우주 관광을 보내자"라는 제안이 등장했다.

그러나 우주에 갈 것도 없다. 2021년 시베리아에서 발생한 산불, 미 서북부의 대형 산불, 2022년 4월 우리나라 대형 산불, 8월의 기록적인 폭우의 원인이 모두 기후위기 때문이다. 인류가 배출한 온실가스가 만들어낸 괴물들인 것이다. 2021년 미국의 재난 현장 사진을 실은《뉴욕타임스》의 칼럼 제목이 "지금 당장의 묵시록"이었다.

기후위기와 벌채와 동물 감소로 나무가 죽어간다

"앞으로는 크리스마스 트리를 하기가 어려워집니다." 미국에서는 성탄절이 다가오면 나무를 잘라 트리로 장식한다. 이때 가장 많이 사용하는 나무가 구상나무다. 그런데 구상나무는 우리나라의 고산지대에서 자라는 수종이다. 《뉴스펭귄》은 2021년 8월 6일에 "전체 평균 32% 쇠퇴, 기후위기에 한국 7대 고산 침엽수종 멸종위기"라는 기사를 게재했다.[198]

산림청은 2016년도부터 구상나무, 분비나무, 주목, 가문비나무, 눈잣나무, 눈측백, 눈향나무 등 한국 멸종위기 고산 침엽수종 7개를 보전 대상으로 선정해 관리하고 있다. 이 나무들은 우리나라에서는 지리산, 한라산, 설악산 등 전국 31개 산지 약 1만 2,094헥타르(국내 산림 면적의 0.19%)에서 370만 그루가 생육하는 것으로 추정되고 있다. 그런데 산림청이 고산 침엽수종 건강 상태를 1차 모니터링해보니 구상나무림 약 33%, 분비나무림 약 31%, 가문비나무림 약 40% 등 전체적으로 평균 약 32%의 쇠퇴도를 나타냈다고 한다. 이는 쇠퇴도가 26%였던 2년 전보다 증가한 것이다. 기존나무가 쇠퇴해도 어린 나무가 새로 나오면 상관없다. 그러나 어린나무 출현 빈도도 구상나무림 약 43.5%, 분비나무림 약 15%, 가문비나무림 약 14.9%가 감소했다. 결국 7개의 고산 침엽수종이 죽어간다는 뜻이다. 산림청은 고산 침엽수종이 쇠퇴하는 원인을 기후위기로 인한 겨울과 봄철 높은 온도와 가뭄, 적설 감소, 폭염 등에 의한 스트레스라고 보았다. 나무들은 이처럼 기후위기로 죽어가고, 벌채로 죽어가고, 가뭄과 대형 산불로 사라진다.

그런데 전 세계 나무들이 사라지는 원인 중 90%가 농업의 확장 때문

이라고 2021년 6월에 유엔식량농업기구가 발표했다.[199] 유엔식량농업기구는 이전에 알고 있던 것보다 훨씬 더 큰 영향이라면서 우려를 표했다. 삼림 벌채는 숲이 농업과 사회기반시설 같은 다른 토지 용도로 전환되는 것을 말한다. 세계적으로 숲 손실의 절반 이상은 숲이 경작지로 전환되는 경우이며, 가축 방목 역시 숲 손실의 약 40%를 차지한다. 특히 아마존 열대우림, 콩고 열대우림, 인도네시아와 말레이시아 열대우림이 대표적인 지역이다. 2000~2018년에 삼림 벌채의 대부분은 이러한 열대 생물군대에서 일어났다. 남미와 아시아의 열대우림은 계속해서 가장 높은 삼림 벌채율을 기록하고 있다. 아프리카와 아시아에서는 경작지로의 전환이 삼림 손실을 가져오는데, 산림 면적의 75% 이상이 경작지로 전환되었다. 남미에서는 거의 4분의 3의 삼림 벌채가 가축 방목 때문이다.

문제는 우리나라도 심각한 산림 벌채 국가라는 점이다. 2010년대 초반 연간 1만 헥타르대이던 산림 훼손 면적이 최근 5년간에 2만 헥타르대로 급격히 증가하고 있는데, 전문가들은 태양광 발전, 바이오매스 발전 확대 등 친환경 정책을 명목으로 한 벌채가 산림 훼손에 크게 영향을 미치고 있다고 말한다. 지속적인 산림 보호 천명에도 불구하고 실상은 오히려 역행하고 있는 것이다. 태양광 발전을 위해 무분별하게 산림을 벌채한 것도 있지만 나무를 베어 바이오매스를 만들어 화력발전소에서 태우고 있는 것도 문제다. 바이오매스의 신재생에너지 공급인증서[REC] 발급량은 해마다 늘어 전체 재생에너지 발전량 중 2위를 차지한다. 2020년 국산 목재 중 12.4%가 바이오매스로 태워졌는데 바이오매스는 친환경 재생에너지로 알려졌지만, 연소 시 배출량을 고려하면 단위당 온실가스 배

---

199 FAO, COP26: Agricultural expansion drives almost 90 percent of global deforestation, FAO, Jun 11, 2021.

출량이 화석연료보다 많은 더티 에너지dirty energy다.

　동물 다양성이 사라지면서 나무 등의 식물도 줄어든다. 미국 라이스 대학Rice University 연구팀은 기후변화로 동물의 다양성이 줄면서 식물 번식력에도 제약이 생겼으며 그 결과 식물이 기후변화에 적응하는 능력이 59.7%나 감소했다고 발표했다.[200] 연구팀은 각 식물 종이 씨앗을 퍼뜨리는 패턴을 분석하고 동물이 줄어들면서 식물 씨앗이 어떻게 달라지는지 예측하는 모델을 개발했다. 이 모델로 전 세계 식물 406종을 분석해보니, 동물의 다양성이 줄어들면서 식물의 씨앗을 퍼뜨리는 것도 줄어들더라는 것이다. 특히 열매를 주식으로 하는 포유류와 조류의 다양성이 줄어든 것이 주요한 원인으로 나타났다. 또 이런 현상으로 인해 식물들이 기후위기에 대응하지 못하게 되었다는 것이다. 몇몇 식물들은 기후위기로 다른 지역으로 이동해야 하는데, 그러려면 동물이 씨앗을 날라주어야 한다. 그러나 동물 다양성의 감소로 인해 식물이 기후위기에 적응하는 효율이 59.7%나 감소했다는 것이다. 연구팀은 수많은 동물 종이 멸종위기에 놓여 있기 때문에 미래에 식물의 기후 적응 능력은 15% 정도 더 감소할 것으로 추정했다.

토양도 염화와 기후위기로 죽어간다

토양은 모든 피조물의 어머니라고도 불린다. 물이 생명의 근원이라면 흙은 모든 생물의 어머니라는 뜻이다. 건강한 토양은 유엔의 지속 가능 개발 목표를 달성하기 위한 전제조건이며 유엔식량농업기구의 4대 개

200　Evan Freak, As animals decreased due to climate change, the fertility of plants was also greatly damaged. Science, Jan 13, 2022.

선^{Better}(더 나은 생산, 더 나은 영양, 더 나은 환경, 그리고 아무도 남기지 않고 더 나은 삶)의 기초이기도 하다. 그런데 토양의 질은 인간의 잘못된 관리, 과도한 비료 사용, 삼림 벌채, 해수면 상승, 관개를 위해 사용되는 지하수로의 해수 침입 등 다양한 이유로 인해 빠르게 악화되고 있다. 또 기후변화는 더욱 심한 토양의 건조화를 가져온다. 많은 토양 예측 모델들은 세계의 건조 지역이 21세기 말까지 무려 23%까지 확장될 수 있다고 예측한다. 이 중에서 염분의 영향을 받는 토양에 사는 사람들은 기아와 빈곤에 시달릴 수 있다. 그래서 세계식량농업기구는 2021년 토양의 날 주제를 '염분화, 토양 생산성 제고'로 내세웠다.[201]

토양이 염분의 영향을 받는 것을 토양염화라고 부른다. 소금에 감염된 토양은 식염수와 소딕^{sodic}(나트륨을 포함한, 염분이 많은 토양)으로 구성되며 모든 대륙과 거의 모든 기후 조건에서 발생하지만 주로 건조 지역이나 반건조 지역에서 많이 발생한다. 이 지역들은 식량 안보 및 지속 가능성이 매우 중요한 지역이다. 소금에 감염된 토양은 농업 생산성, 수질, 토양 생물 다양성 및 토양 침식의 현저한 감소를 포함하여 다양한 결과를 초래하는 토양 기능에 심각한 영향을 미친다. 소금에 감염된 토양은 오염물질에 대한 완충제 및 필터 역할을 하는 능력이 감소하며, 생태계 서비스 제공을 손상시킨다. 소금에 감염된 토양은 작물이 물을 섭취할 수 있는 능력과 미량 영양소의 가용성을 모두 줄이며, 식물에 독성이 있고 토양 구조를 저하시킬 수 있는 이온을 농축하게 된다.

농경지에서 토양이 높은 염분을 지니게 되는 것은 관개농업의 관행 이래 생긴 것이다. 관개농업으로 반건조하고 건조한 땅에까지 농업이

---

201 FAO, World map of salt-affected soils launched at virtual conference, FAO, Nov 20, 2021.

확장되면서 지난 40년 동안 식량 생산이 크게 증가하기는 했다. 그러나 이런 관개농업은 대규모 물 부족과 함께 토양 염분 문제도 만들어냈다. 대부분의 작물은 소금에 매우 민감하다 보니 작물의 스트레스, 질병 및 오염물질의 심각도가 증가하면서 식량 생산이 대폭 줄어든다. 또 토양에 염분이 많아질 경우 토양 다공성 및 물 보존 특성에도 나쁜 영향을 준다. 생명의 어머니인 토양이 죽어가는 것이다.

세계적으로 토양염화가 심각해지면서 유엔식량농업기구는 2021년 10월 20일부터 사흘간 '염해 토양에 관한 세계 심포지엄'을 개최했다. 5,000명 이상의 전문가가 등록된 심포지엄의 주요 목적은 염분 예방, 기후변화 및 생태계 복원에 대한 지식을 공유하고 정책 입안자를 식품 생산자, 과학자 및 실무자와 연결하는 것이다. 심포지엄에서는 토양의 염분화 및 높은 나트륨 함량의 증가는 건조하거나 반건조한 지역에서 가장 심각한 글로벌 위협 중 하나가 되었다고 했다. 또 해안 지역의 농경지와 관개의 경우 더욱 토양의 염분화에 대응하지 못하는 경우 심각한 피해가 있을 것임에 동의했다. 따라서 토양의 염분화 문제를 해결하기 위해 지속 가능한 토양 관리 관행 채택, 기술 혁신 촉진, 정치적 인식 강화에 이르기까지 다양한 도구가 필요하다는 결론이 도출되었다.

심포지엄에서 유엔식량농업기구는 '염분 영향을 받는 토양 세계 지도'를 발표했는데, 이 지도는 118개국 수백 명의 데이터 전문가가 참여한 공동 프로젝트에 의해 만들어졌다. 이 지도는 전 세계에 8억 3,300만 헥타르 이상의 염분 영향을 받은 토양이 있는데 이 면적은 전 지구 면적의 8.7%임을 보여준다. 대부분 아프리카, 아시아, 라틴아메리카의 자연 건조 지역 또는 반건조 지역에 염분의 영향을 받는 토양이 분포하고 있다. 모든 대륙의 관개토양의 20~50%가 염도가 너무 높다는 것도 보여주는데, 이는 전 세계 15억 명 이상의 사람들이 토양 악화로 인해 식량을 재배하는 데 있어 매우 어려움을 겪고 있다는 것을 의미한다. 기후위기 적응과 관개 사업을 계획할 때 정책 입안자들이 활용할 수 있는 좋은 정보다.

그런데 토양 염분 문제는 2021년 11월 초에 영국 글래스고에서 열린 제26차 유엔기후변화협약 당사국총회에서도 농업 세션에서 논의되었다. 세션에서 염분토양 문제는 수백만 명의 생계에 심각한 도전이라는 것과, 토양의 염분화 문제는 기후위기와 함께 물 부족으로 인해 더 심각해질 것이라는 전망이 나왔다. 토지의 염분 문제 외에 가장 최근에 토양이 탄소를 내뿜어 지구가열화를 촉진시킨다는 연구도 발표되었다.[202] 영국 엑시터대University of Exeter와 스웨덴 스톡홀름대Stockholm University 공동연구팀은 세계 9,000여 곳의 토양을 조사해 평균기온이 상승할수록 토양의 탄소저장량이 줄어든다고 주장했다. 이들은 온도가 10℃ 오를 때마다 탄소저장량은 평균 25% 이상 감소했다고 밝혔다. 특히 점토가 작은 사토계 토양은 점토질인 토양에 비해 3배 많은 탄소를 배출하는데, 고위도 지역의 사토계 토양에 저장된 탄소는 기후변화에 매우 취약하다는 것으로, 특히 북극권 등 고위도 지역의 기온 급상승이 더 많은 탄소배출 문제가 될 수 있다는 것이다. 연구팀은 "땅에는 대기와 지구상 모든 나무를 합친 것보다 많은 탄소가 저장되어 있어서 적은 비율이라고 하더라도 땅에서 탄소가 배출되면 기후에 더 많은 영향을 줄 수밖에 없다"라고 경고하고 있다. 지구는 서로 연결되어 있어서 한 요소가 병들면 다른 요소도 병들 수밖에 없다. 지구가 건강해져야 이곳에서 살고 있는 우리도 건강해진다. 더욱 많은 나무를 심고 오염된 땅을 정화해야만 한다.

202　Exitor University et al, Earth's deterioration is the cause of carbon emissions from the world's soil, Nature Communication, Nov 22, 2021.

5

산호가 사라지면
해양 생태계가 무너진다

바다 생태계에 긍정적인 영향을 주는 산호가 최근에 들어와 사라지고
있다. 세계산호초감시네트워크WCRSN, World Coral Reef Surveillance Network는 10
년 동안에 서울 면적의 20배에 해당하는 산호초가 사라졌다고 2021년
10월에 밝혔다.[203] 유엔환경기금의 지원을 받은 세계산호초감시네트워
크는 73개국 1만 2,000여 개 지역의 산호초를 2009년부터 2018년까
지 관측해보니 1만 1,700km^{2}의 산호초가 사라졌다는 것이다. 정말 심
각하게 산호초가 사라지고 있는 것이다.

많은 기후전문기관들의 전망처럼 앞으로 10년 이후에 산호초가 사라
진다면 엄청난 영향이 발생할 것이다. 세계적인 산호학자인 헬렌 폭스
Helen Fox는 2021년 11월《브뤼셀 타임스The Brussels Times》와의 인터뷰에서

---

203 World Coral reef Surveillance Network., Search Results for As seawater temperatures
rose due to global warming, 14% of the world's coral reefs disappeared in 10 years. UN
Environment, Oct 05, 2021.

"인류에 대한 경고: 죽어가는 산호는 기후재앙의 징조입니다"[204]라고 주장했다. 그는 죽어가는 산호초가 탄광에 있는 카나리아와 마찬가지로 기후 파괴의 위협과 다른 생태계에 무엇이 닥칠지를 미리 알려주는 조기 경고라고 말한다. 폭스 박사는 2009년과 2018년 사이에 2개의 암초 감시 기관이 발간한 보고서를 인용하면서 해수 온도 상승으로 대규모 산호 표백이 발생했고, 결국 세계는 14%의 산호초를 잃었다고 말한다. 산호초의 백화현상은 기후변화의 직접적인 결과이며 결국 전 세계 생태계에 어떤 일이 일어날지 예견해주며, 산호초의 죽음은 인간에게 미치는 지구가열화의 영향을 악화시킬 것이라고 경고했다. 폭스 박사는 "기후위기의 결과로 폭풍은 더 자주, 그리고 더 강렬해지고 있다. 산호초 해안이 폭풍으로 인해 완충되고 해안 보호 전선으로서 중요한 역할을 한다. 만약 산호초가 죽는다면, 폭풍해일의 힘을 깨뜨릴 수 있는 것은 아무것도 없을 것이고, 해안가를 따라 훨씬 더 많은 피해가 발생할 것이다"라고 말한다. 그는 글래스고에서 열렸던 제26차 유엔기후변화협약 당사국총회의 지도자들에게 "남획과 수질오염과 같은 지역적 위협이 감소되는 보호구역을 만들고 해류에 의해 상호 연결되도록 해주면 산호초는 시간이 지남에 따라 적응하고 생존할 수 있다"라며 당사국총회의 지도자들이 어려운 선택을 할 필요가 있다고 말한다.

산호초가 가지는 가장 첫 번째 역할은 해양 생태계 보존이다. 산호초에는 전 세계 해양생물의 4분의 1이 서식한다. 물고기만 해도 4,000종 이상이 서식하고 연체, 극피, 해면동물 등이 산호초를 보금자리 삼고 있으며 거북, 게, 새우, 바다새 등 수많은 동물에게 산호초는 안식처 역할

---

204 Helen Fox, 'Warning to humanity': dying corals sign of climate disaster to come The Brussels Times, Monday, Nov 1, 2021.

●●● 산호초에는 전 세계 해양생물의 4분의 1이 서식한다. 물고기만 해도 4,000종 이상이 서식하고 연체, 극피, 해면동물 등이 산호초를 보금자리 삼고 있으며 거북, 게, 새우, 바다새 등 수많은 해양생물에게 산호초는 안식처 역할을 한다. 이들은 산호초에 알을 낳고, 포식자로부터 몸을 피하면서 다양한 해양 생태계를 만들어낸다. 따라서 지구가열화로 인해 산호초가 사라진다면 바다 생태계가 연쇄적으로 무너질 가능성이 매우 크며, 결국에는 인류에게도 악영향을 미친다. 죽어가는 산호초는 지구가열화로 인한 기후위기로 생태계에 어떤 일이 닥칠지 미리 알려주는 조기 경고다. 〈출처: WIKIMEDIA COM-MONS | Public Domain〉

을 한다. 이들은 산호초에 알을 낳고, 포식자로부터 몸을 피하면서 다양한 해양 생태계를 만들어낸다. 따라서 산호초가 사라진다면 생태계가 연쇄적으로 무너질 가능성이 매우 크다. 해양 생태계뿐 아니라 인류에게도 악영향을 미친다. 국제 환경단체 카본 브리프Carbon Brief는 "산호초를 통해 식량을 조달하고 생계를 유지하는 인구가 5억 명에 달한다"라고 말한다. 즉, 산호초로 인해 발생하는 관광자원과 함께 산호초 인근에 서식하는 수생 생물이 줄어들면서 인근 주민들의 삶이 어려워진다는 것이다.

둘째는 자연재난으로부터 인류를 보호해준다. 산호초는 탄산염 덩어리의 암초이기 때문에 먼바다에서 밀려오는 쓰나미나 폭풍해일로부터 해안을 지키는 천연방파제 역할을 한다. 그런데 산호초가 사라지면 인류는 피해를 줄이기 위해 비용이 많이 들고 반환경적인 인공장벽을 만들어야만 한다. 산호초가 막아주는 폭풍해일이나 홍수의 가치를 돈으로 환산하면 수십억 달러에 이르는데, 현재 기준으로 산호초가 인도네시아, 필리핀, 말레이시아, 쿠바, 멕시코에 가져다주는 이익은 매년 각 나라마다 적어도 4,800억 원에 이른다고 웰즈는 말한다.[205]

셋째, 이산화탄소를 흡수해주는 역할을 한다. 기후위기시대에 산호의 역할은 매우 중요한데, 다른 블루 카본Blue Carbon처럼 막대한 양의 이산화탄소를 흡수해준다. 산호충의 폴립 속에는 $1cm^3$당 $100~200$만 개의 편모조류(갈충조)가 서식하는데, 이들은 광합성을 통해 어마어마한 양의 이산화탄소를 흡수하기 때문에 '바다의 열대우림'이라고 불리는 것이다.

넷째, 기후변화를 알려준다. 산호는 지구의 기온 변화를 알려주는 매우 중요한 기후지표다. 산호는 탄산칼슘으로 몸을 감싼 폴립이라는 해양 무척추동물의 집합으로 형성된다. 수백만 개의 폴립들은 이 구조물 속에 서식하는 조류에서 영양분을 취한다. 가장 흔한 산호는 햇빛이 얕은 물을 투과해 조류의 광합성을 만들어내고 해수 온도가 높은 곳에 산

---

205 데이비드 월러스 웰즈, 김재경 옮김, 『2050 거주불능 지구』, 추수밭, 2020.

다. 또 폭풍이나 큰 파도의 영향이 비교적 적어야 한다. 이런 환경에는 결함이 없고 수백 년 된 산호들이 존재하는데, 대개 태평양 동부의 섬들에서 많이 발견된다.

산호 분석을 통해 기후학자들은 해양에서 벌어진 엘니뇨에 관한 귀중한 자료를 얻는다. 해수 온도의 영향을 가장 많이 받는 동태평양 바다에 수백 년 이상 된 좋은 산호초가 많이 남아 있기 때문이다. 산호에는 성장테가 기록되어 있다. 그 동위원소 함량을 분석하면 산호가 천천히 성장할 때 해수 온도의 변화를 알 수 있다. 즉, 한랭한 물에 사는 산호는 무거운 산소동위원소인 O-18을 많이 함유하고, 온난한 물에 사는 산호는 가벼운 O-16을 많이 함유한다. 엘니뇨 시기에는 산호의 O-18 함유량이 적어지고 라니냐 시기에는 많아진다. 우라늄-토륨연대측정으로도 중요한 기후자료를 얻을 수 있다. 이를 통해 12~14세기에는 엘니뇨가 지금보다 적었던 것을 밝혀내기도 했다.

SAVE THE PLANET

제8장

환경오염은
기후위기만큼
심각하다

1

독성 오염물질은 코로나19보다
더 많은 사람을 죽인다

지속 가능한 환경은 기본 인권이다

"지속 가능한 환경을 갖는 것은 존중받아야 할 기본 인권입니다." 2021년 10월 8일 유엔 인권이사회가 깨끗하고 지속 가능한 환경이 기본 인권이라고 처음으로 인정했다. 47개 이사국으로 구성된 인권이사회는 '안전하고 깨끗하며 건강하고 지속 가능한 환경에 관한 인권' 결의안을 찬성 43개국, 기권 4개국으로 통과시켰다. 현실은 어떤가? 코로나19 사망자보다 더 많은 사람들이 환경오염으로 병들고 죽어간다.

"인류는 자연을 과도하게 착취해왔다." 2021년 2월 유엔환경계획 UNEP은 지구를 살리기 위한 기본 청사진을 발표했다.[206] 이 자리에서 안토니우 구테흐스 유엔 사무총장은 "너무 오랫동안 우리는 자연을 상대

---

206 UNEP, Making Peace With Nature, UNEP, Feb 18, 2021.

로 무의미하고 자살적인 전쟁을 벌여왔다. 그로 인해 지금 세 가지 유형의 상호 영향을 주고받는 환경 위기가 발생했다"라고 말했다. 여기서 세 가지 유형의 위기란 기후위기, 생물 다양성 훼손, 오염위기를 말한다. 구테흐스 유엔 사무총장은 인류가 육지와 바다의 환경을 과도하게 착취하며 악화시키고 있다고 말하면서 대기와 바다는 쓰레기 투기장이 되었으며, 각국 정부는 자연을 보호하는 것보다 착취하는 데 더 많은 비용을 지불하고 있다고 말했다. 인류의 생존을 위협하는 세 가지 유형이 바로 지속 불가능한 생산 및 소비unsustainable production and consumption에 있다면서 사회 전체가 참여하는 긴급조치가 필요하다고 주장했다.

2022년 2월 15일에 유엔 인권이사회는 코로나19보다 독성물질 오염 사망자가 더 많다는 내용의 보고서를 제출했다.[207] 2020년부터 시작된 코로나19로 인한 사망자보다 인류가 내뿜은 독성 화학물질 오염으로 인한 사망자가 더 많다는 것이다. 그리고 저소득 저개발 국가에 오염물질 피해가 집중되면서 사망자도 많다면서 대책 마련에 대한 문제를 제기했다. 보고서에서는 플라스틱, 전자 폐기물, 살충제, 방사능 유출 등으로 인한 오염으로 연간 최소 900만 명 이상이 조기 사망한다고 밝혔다. 이것은 국제 통계 사이트 월드오미터Worldometer가 밝힌 2019년 말 코로나19가 보고된 이후 현재까지 코로나19 사망자인 약 590만 명보다 1.5배 정도 많은 수치다.

보고서는 어느 나라인가와 소득이 어떤가에 따라 독성 화학물질이나 오염에 노출될 위험이 달라지는 환경적 불평등을 특히 강조했다. 독성물질 오염으로 인한 사망자의 92%가량이 저소득 및 중위소득 국가

---

207 UN, There are more deaths from toxic substances than COVID-19. UN Human Rights Council, Feb 15, 2022.

●●● 안토니우 구테흐스 유엔 사무총장은 "너무 오랫동안 우리는 자연을 상대로 무의미하고 자살적인 전쟁을 벌여왔다. 그로 인해 지금 세 가지 유형의 상호 영향을 주고받는 환경 위기가 발생했다"라고 말했다. 여기서 세 가지 유형의 위기란 기후위기, 생물 다양성 훼손, 오염위기를 말한다. 구테흐스 유엔 사무총장은 인류가 육지와 바다의 환경을 과도하게 착취하며 악화시키고 있다고 말하면서 대기와 바다는 쓰레기 투기장이 되었으며, 각국 정부는 자연을 보호하는 것보다 착취하는 데 더 많은 비용을 지불하고 있다고 말했다. 인류의 생존을 위협하는 세 가지 유형이 바로 지속 불가능한 생산 및 소비에 있다면서 사회 전체가 참여하는 긴급조치가 필요하다고 주장했다.

에 집중되어 있다는 것이다. 저개발국가에서 매년 830만 명 이상이 독성물질 오염으로 죽임을 당한다는 것이다. 보고서에서는 의료서비스 부족과 열악한 노동 환경, 독성물질에 대한 지식 부족 등 복합적인 요인이 작용한 결과라고 적시했다.

가장 많은 사람이 사망하는 '희생지대sacrifice zone'에 대한 조치가 시급하다고 유엔은 강조했다. 희생지대는 기후위기 등의 영향으로 거주하기 어려울 만큼 심하게 오염된 장소로, 대부분 저소득 국가나 지역에 속해 있다. 보고서에서 언급된 대표적인 지역이 중국의 공업도시 바오터우

包頭와 인도의 뉴델리$^{New Delhi}$, 핵폭발 실험이 이뤄졌던 카자흐스탄 세메이^{Semey} 지역, 2011년 대지진이 발생해 방사능 유출이 이뤄진 일본 후쿠시마福島 등이다. 보고서에서는 희생지대의 오염 발생 시설을 폐쇄하거나 질 높은 의료 서비스를 제공해야 한다고 하면서 필요하다면 집단이 주도 고려해야 한다고 주장했다. 이 보고서는 케냐 나이로비^{Nairobi}에서 2021년 2월 28일에 개최된 유엔 인권이사회 제49회 정기회의에서 논의되었다.

미세먼지는 끔찍한 독성물질이다

미세먼지(PM$_{10}$)는 기상학에서 지름이 10μm(마이크로미터, 1μm=1000분의 1mm) 이하의 먼지를 말한다. 여기서 P는 particulate(미립자 상태), M은 matter(물질)의 머리글자다. 그러니까 PM은 "대기 중에 떠도는 고체나 액체의 작은 입자상 물질"을 뜻한다. 미세먼지 중 현재 관측하는 입자 크기가 가장 작은 미세먼지를 초미세먼지(PM$_{2.5}$)라 부르며 지름 2.5 μm 이하의 먼지를 말한다. 2.5~10μm 사이를 거친 미세먼지라 부른다. 미세먼지는 지름 10μm 이하의 먼지로 PM$_{10}$이라고 부른다. 미세먼지는 모래 크기보다는 9분의 1 정도로 작고 사람 머리카락 지름(50~70μm)보다 약 5분의 1~7분의 1 정도로 작은 크기다. 너무 작아 눈으로 보이지 않다 보니 미세먼지의 양을 측정하고 표현할 때 질량($\mu g/m^3$)단위를 사용한다.

　미세먼지 중 건강에 더 해로운 것이 초미세먼지다. 초미세먼지의 직경은 머리카락의 약 20분의 1~30분의 1에 불과할 정도로 정말 작다. 황사 등 자연적인 물질인 경우도 있지만 대부분은 인공적인 입자 물질로 공장에서 만들어지는 매연물질이다. 경유차에서 배출되는 배기가스, 석

●●● 입자형 초미세먼지는 폐에 들어가 폐포에 침착되어 세포를 상하게 하고, 액체형 초미세먼지는 산 자체의 독성으로 인체에 큰 피해를 입힌다.

탄 광산 등에서 발생하는 분진, 나무나 풀을 태워 발생하는 연기도 초미세먼지가 된다. 액체형 초미세먼지의 대표적인 물질이 질소산화물(NO_x)이나 황산화물(SO_x)로 이들은 산업체의 공장이나 자동차 배기가스 등에 많이 포함되어 있다. 기체로 배출되는 이러한 물질들이 대기 중에서 수분 등과 화학반응을 일으켜 질산이나 황산이라는 '액체형 입자'로 변한다. 액체형 입자는 입자형 초미세먼지와는 성질이 다르다. 입자형 초미세먼지는 폐에 들어가 폐포에 침착되어 세포를 상하게 한다. 그러나 액체형 초미세먼지는 산 자체의 독성으로 인체에 큰 피해를 입힌다.

우리나라에서 미세먼지를 가장 많이 배출하는 부문은 산업 부문이다. 산업 부문은 석탄발전 등 발전 부문을 제외하고도 우리나라에서 가장 많은 에너지를 사용한다. 당연히 가장 많은 미세먼지를 배출하는데 2016년 기준으로 우리나라에서 만들어지는 미세먼지 중 41%를(발전은 제외) 차지한다. 산업 부문 중 미세먼지를 가장 많이 배출하는 산업 분야는 발전, 석유화학, 제철, 시멘트 등이다. 산업 부문의 특징은 미세먼지를 배출하는 전체 사업장의 2.4%밖에 되지 않는 대형 사업장(1종)이 전체 산업체 오염배출량의 62.7%를 차지한다는 점이다. 대형 사업장 중에서 발전과 철강, 석유, 시멘트 4개 업종의 배출량이 1~3종 대기배출업체 배출량의 87.7%를 차지한다.[208] 자동차나 선박, 항공기에서 발생하는 미세먼지나 석탄발전 등에서 발생하는 미세먼지는 대개 잘 알고 있다. 그러나 우리 생활 주변에서 발생하는 미세먼지의 양이 전체의 18%나 된다는 사실은 잘 모른다. 생활권에서 발생하는 대표적인 미세먼지는 도로 재비산 먼지, 건설공사장의 비산(날림) 먼지, 그리고 농촌에서 발생하는 미세먼지 등이다.

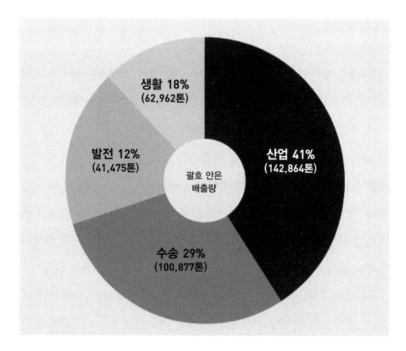

생활 18%
(62,962톤)

발전 12%
(41,475톤)

괄호 안은
배출량

산업 41%
(142,864톤)

수송 29%
(100,877톤)

〈그림 8-1〉 국내 미세먼지 배출 기여율 (출처: 국가기후환경회의)

---

208 발전 35%, 석유화학 24%, 제철제강 21%, 시멘트 8%.

"미세먼지(PM$_{10}$) 농도가 월평균 1%씩 1년 동안 높아질 경우 미세먼지 관련 질환을 앓는 환자 수가 260만 명가량 증가합니다." 성균관대, 순천향대, 경상대 등 공동연구진의 연구 내용이다.[209] 이에 따라 늘어나는 의료비는 649억 5,900만 원에 달하는 것으로 추정되었다. "미세먼지에 많이 노출된 아이들이 적게 노출된 아이보다 폐렴에 걸릴 확률이 5배 높습니다." 신동천 연세대 의대 교수의 말로 미세먼지로부터 아이들을 보호할 필요성이 시급하다고 주장한다.

미세먼지는 심장마비를 부르며 임산부와 아이에게 특히 나쁘다. 초미세먼지로 인해 심혈관질환이 늘어나면서 세계보건기구는 매년 80만 명 정도의 수명이 단축되며, 전 세계 사망 원인의 열세 번째를 차지한다고 발표했다. "미세먼지가 심한 지역에 사는 임신부는 그렇지 않은 지역에 사는 임신부보다 미숙아를 낳을 위험성이 높습니다." 경희대병원 국립암센터 강동경희대병원 공동연구팀이 174만 2,183건의 출생기록을 분석한 결과다. 외국의 연구 중에는 초미세먼지에 노출된 태아의 뇌피질이 얇아진다는 연구 결과도 있다.[210]

미세먼지는 치매, 정신병과 연관성이 있다. 미국 컬럼비아대Columbia University 공동연구팀은 낮은 초미세먼지 농도라도 몇 주 정도 노출되면 치매 위험이 높아진다는 연구 결과를 2021년 5월에 발표했다.[211] "도로 근처에 오래 살수록 초미세먼지에 많이 노출되면서 치매 위험이 높아집니다." 캐나다 공중보건 연구진이 11년간 장기 추적조사를 한 결과[212]

209 성균관대학교 외, '미세먼지로 인한 호흡기 질환 발생의 사회경제적 손실가치 분석' 한국경영컨설팅학회지, 2018.

210 Biological psychiatry journal, 2018.

211 Joanne Ryan & Alice J. Owen, The impact of the climate crisis on brain health, Nature Aging, Published: May 3, 2021.

212 The LANCET, 2017.

다. 도로 가까이 사는 사람일수록 치매 위험이 높았다는 것이다. 주요 도로에서 50m 이내에 사는 사람은 200m 바깥에 사는 사람보다 치매 위험이 최대 12% 높아지는 것으로 밝혀졌다. 또 미세먼지는 정신질환이나 우울증을 부른다. 미국 시카고대University of Chicago의 안드레이 알제츠키Andrey Alzetsky 교수 연구팀은 1억 5,000만 명 이상을 분석한 연구에서 공기오염이 심한 곳에 사는 미국인은 조증과 우울증이 반복되는 양극성 장애로 진단받은 비율이 27%나 높았다고 밝혔다. 환각과 자살 충동으로 나타나는 주요 우울증도 6% 더 많았다고 한다.

우리나라는 국가기후환경회의의 제언 후에 다양한 시책을 통하여 미세먼지 농도를 낮추려는 노력을 하고 있다. 다만 우리나라에서 미세먼지 농도가 가장 높은 계절(12월~4월) 동안 고농도 미세먼지가 발생할 때는 중국에서 미세먼지가 날아올 때다. 필자가 미세먼지를 예보하면서 알게 된 것은 중국 미세먼지의 영향이 없을 때는 우리나라 미세먼지 농도가 '매우 나쁨'까지는 잘 올라가지 않는다는 것이다. 우리나라에서 미세먼지 주의보나 경보가 발표되고 비상저감조치가 발령되는 날의 공통점은 중국 미세먼지의 유입과 함께 우리나라 미세먼지가 합쳐질 때다. 따라서 중국과의 미세먼지 협력이 매우 중요함에도 정부는 손을 놓고 있다. 미세먼지 문제 해결을 위해 만들어진 한·중 환경협력공동위는 지난 2019년 1월 23~24일 서울에서 마지막으로 열린 이후 3년이 지나도록 열린 적이 없다.[213] 문재인 전 대통령은 2019년 3월 "중국에서 오는 미세먼지의 영향을 최소화하기 위해 중국 정부와 협의해 긴급대책을 마련하라"고 지시했고, 당시 환경부 장관이던 조명래 장관도 "한중 협의체를 차관급으로 격상시켜 적극 대처하겠다"고 국민 앞에 약속

---

213 https://n.news.naver.com/article/023/0003665266?lfrom=kakao

해놓고 실제로는 단 한 번도 중국과 협의한 적이 없었다. 우리나라 미세먼지 문제 해결은 중국과의 협력 없이는 이루어질 수 없다. 국민의 건강을 위한 정부의 당당한 외교 자세가 필요해 보인다.

살충제는 환경오염의 대표물질이다

몇 년 전에 가습기 살균제로 큰 사회적 논란이 일었던 적이 있다. 필자도 기관지가 좋지 않아 살균제를 사용하려다가 부지런하지 못해 사용은 못 했다. 그랬는데 가습기 살균제를 사용한 사람들이 원인을 알 수 없는 폐 질환을 앓기 시작하면서 연구가 시작되었다. 원인을 알기 어려웠던 대학병원 관계자들이 합동으로 사례연구를 하던 중 가습기 살균제의 성분으로 쓰인 PHMG/PGH 혹은 CMIT/MIT 성분이 영향을 준 것으로 판단했다. 그리고 이 물질로 동물실험을 해보니 부작용이 발생하더라는 것이다. 결국 2011년 8월에 질병관리본부는 '가습기 살균제, 원인 미상 폐 손상 위험 요인'이라고 발표했고, 이후 이 물질의 사용 자제를 권고한 이후 원인 불명의 폐 손상 환자는 더 이상 발생하지 않았다. 세균을 죽이려 사용했던 가습기 살균제가 오히려 사람을 죽이는 끔찍한 결과를 가져오게 된 것이다.

이처럼 우리 주변에는 우리가 알지 못하는 무서운 살충제가 많다. 우리 역사에도 이런 사례들이 많은데 대표적인 살충제가 DDT다. 1962년, 미국의 과학작가였던 레이첼 카슨Rachel Carson은 『침묵의 봄Silent Spring』이라는 책을 통해 살충제의 위험성에 대해 경고했다. 그녀는 이 책을 통해 당시 매우 인기를 끌던 DDT의 위험성에 대해 경고했다. 인류가 DDT를 계속 남용한다면 결국 곤충뿐 아니라 모든 생물이 사라져 봄이 와도 더 이상 개구리가 울지 않고 새들이 지저귀지 않는 침묵의 봄이 될 것이라 경고한 것이다.

DDT란 dichloro-diphenyl-trichloroethane의 약자로 기염소 화합물이다. 이 물질을 처음으로 합성한 것은 1874년 자이들러$^{O.\ Zeidler}$였으나, 1939년에 와서 스위스의 과학자 뮐러$^{P.\ Müller}$에 의해 뛰어난 살충제임이 알려진다. DDT는 농사를 망치는 메뚜기나 벼멸구 같은 작물 해충뿐 아니라 사람에게 질병을 옮기는 모기, 파리, 빈대, 이 등 거의 모든 종류의 곤충에게 뛰어난 살충효과를 보였다. 필자의 어린 시절에는 이와 빈대 등이 정말 많았다. 어느 날은 DDT를 하얗게 뒤집어쓴 적도 있을 만큼 전능한 살충제였다. 스리랑카에서는 DDT가 보급되지 않았던 1948년까지만 하더라도 해마다 말라리아 환자가 280만 명이나 발생했지만, DDT가 보급된 1963년에는 겨우 17명의 말라리아 환자가 보고되었을 정도로 살충능력이 뛰어났다.

DDT는 곤충의 신경세포에 존재하는 나트륨 이온의 흐름을 방해하여 곤충의 신경을 마비시키고 결국 죽음에 이르게 한다. 물론 곤충만이 아니라 동물과 사람의 신경세포도 병들게 한다. 생태계는 하나로 연결되어 있기 때문에 환경에서 식물로, 식물에서 초식동물로, 그다음 육식동물로 이어지는 먹이 사슬을 타고 DDT는 온 생태계로 퍼졌고, 결국 수많은 양서류와 파충류, 조류들이 DDT 중독으로 인해 멸종위기에 빠지게 되었으며, 생태계 자체가 크게 교란되었다. 이후 세계 모든 나라에서 DDT 사용이 금지되었다.

우리나라에서는 여름철에 모기가 극성을 부리면 스프레이 형태의 살충제를 뿌리거나 훈증기 형태의 살충제를 켠다. 괜찮을까 걱정도 되는데, 실제로 가정용으로 많이 쓰이는 살충제 성분은 피레스로이드^{pyrethroid}계가 대부분을 차지한다. 사람을 비롯한 포유류는 피레스로이드계 살충제 성분을 분해할 수 있는 효소가 있다. 따라서 사람에게 독성이 강하지는 않지만, 많은 양에 노출되는 것은 좋지 않다. 인체로 들어온 피레스로이드계 살충제는 말초신경 세포막의 나트륨 통로에 잘 결합한다. 나트륨 통로는 신경세포 내에서 정보를 전달하는 전기신호 발생에 중요한 역할을 하기 때문에 살충제는 신경 세포막의 나트륨 투과성을 높여 신경을 과도하게 흥분시킨다. 중추신경계가 자극되면 전신을 떨고 근육이 꼬이며 심한 경우 열이 나고 에너지 고갈로 사망할 수도 있다. 그래서 유럽에서는 피레스로이드계 살충제 중 퍼메트린permethrin을 내분비장애 물질로 지정해 엄격히 관리하고 있다. 최근 전 세계의 벌들이 사라지는 가장 큰 원인이 살충제인 이유도 바로 이 때문이다. 필자가 평생절대로 모기살충제를 사용하지 않고 여름에는 모기장만을 이용하는 것도 이 때문이다. 특히 어린이는 독성을 해독하는 간이나 신장이 성숙하지 않아 살충제에 대한 저항력이 약하기 때문에 아무리 시판하고 있고식약처 허가를 받았다 하더라도 가급적 살충제는 사용하지 않는 것이좋다.

2

플라스틱이 생태계를 병들게 한다

"플라스틱 꼭지 잠그세요, 쓰레기 쏟아지는 거대 수도꼭지."《뉴스펭귄》
이 2021년 11월 8일에 올린 기사 제목이다.[214] 하늘에 떠 있는 거대한
수도꼭지에서 플라스틱 쓰레기가 와르르 쏟아져나오고 있다. 예술가이
자 환경운동가인 벤자민 폰 웡Benjamin Von Wong이 선보인 설치작품이다. 폰
웡은 초대형 수도꼭지를 만들어 개조한 다음 100개가 넘는 페트병을
잘라 여러 가닥의 끈을 만들어 수백 개의 플라스틱 쓰레기를 엮어 설치
물을 만들었다. 플라스틱 빨대 16만 8,000개, 플라스틱 컵 1만 8,000
개, 페트병 1만 개가 사용되었다. 그가 설치물을 만든 이유는 플라스틱
쓰레기로 인해 다음 세대가 받을 피해와 부조리에 대해 고발하기 위해
서였다.

---

214 https://www.newspenguin.com/news/articleView.html?idxno=5728

플라스틱이 너무 많이 배출되고 있다

인간은 플라스틱을 아무 생각 없이 버린다. 플라스틱은 제대로 활용되지 못하고 대부분 바다로 떠내려간다. 《한겨레신문》은 2021년 12월에 플라스틱에 관한 기사를 실었다.[215] 기사 내용을 살펴보자.

"국제 해양환경단체 오션 컨서번시Ocean Conservancy에 따르면, 지구 표면의 70%를 차지하는 바다에는 1억 5,000만 톤 이상의 플라스틱이 떠다닌다. 그리고 한 해가 지날 때마다 800만 톤이 추가된다. 이는 1분마다 쓰레기 수거차 한 대 분량의 플라스틱을 바다에 버리는 것과 같다."

바다로 흘러든 플라스틱 쓰레기 중 일부는 해류를 따라 이동하면서 쓰레기 섬을 만든다. 이 가운데 가장 큰 것이 북태평양 아열대 환류가 만든 쓰레기 섬인 '거대 태평양 쓰레기 지대Great Pacific Garbage Patch'다. 하와이 북동쪽 1,600km 떨어진 해상에 만들어진 이 거대한 플라스틱 쓰레기 섬의 면적은 무려 160만km²나 된다. 한반도 넓이의 6배다. 이곳으로 흘러든 플라스틱은 자외선과 바다의 화학작용으로 미세플라스틱으로 변한다. 그런데 이 쓰레기 섬이 해양생물의 새로운 서식지 역할을 하고 있다고 한다. 미국 스미소니언환경연구센터SERC, Smithsonian Environmental Research Center 연구진은 일부 플라스틱을 분석한 결과 40종 이상의 연근해·원양 생물이 뒤섞여 새로운 해양 공동체를 이루고 있다는 것이다. 플라스틱 쓰레기가 바다로 흘러 들어가는 양을 보면 앞으로 연근해 생물종의 원양 서식지는 계속해서 늘어날 가능성이 크다. 연구진은 2050년까지 플라스틱 쓰레기 총량이 250억 톤을 웃돌 것이라는 전망치를 내놓았다. 만약 기후위기로 더 강한 폭풍이나 태풍 등의 기상재해가 잦

---

215 https://www.hani.co.kr/arti/science/science_general/1022254.html

아지면 더 많은 플라스틱 쓰레기가 육지에서 바다로 쏟아져 들어갈 수 있다는 것이다.

그렇다면 어느 나라가 어느 정도의 플라스틱 쓰레기를 배출하는 것일까? 미국 국립과학공학의학원은 2021년 12월에 2016년 기준 각국 국민들이 배출하는 플라스틱 쓰레기의 양을 산출했다.[216] 가장 많은 플라스틱 쓰레기를 배출하는 나라는 미국으로 130kg이었고, 두 번째가 영국으로 99kg이었다. 그런데 놀라지 마시라. 우리나라가 88kg으로 전 세계에서 세 번째로 많은 플라스틱 쓰레기를 배출하는 나라였다. 이어서 독일(81kg), 태국(69kg), 말레이시아(67kg), 아르헨티나(61kg) 등이 뒤를 이었다. 우리의 이웃인 일본은 38kg, 중국은 16kg으로 각각 나타났다. 우리나라 플라스틱 쓰레기 배출량이 이렇게 많다니 정말 부끄럽다.

그런데 중국이 의외로 적게 배출하는 것으로 나타났는데 다른 연구에 의하면 세계 최대의 미세플라스틱을 배출하는 곳이 중국이라는 연구도 있다. 미시간대 연구진이 미 항공우주국의 위성을 이용해서 플라스틱 배출을 측정해보았다.[217] 그랬더니 중국의 양쯔강揚子江과 첸탕강钱塘江 하구에서 서해로 분출되는 미세플라스틱의 양이 엄청 많았다. 비공식적으로 중국 양쯔강에서 세계 최대 규모의 미세플라스틱이 나온다는 추정은 있었지만, 미세플라스틱이 다량 바다로 쏟아지는 모습을 시각적으로 관측한 것은 처음이다. 연구진이 2017년 10월 27일부터 그해 11월 2일까지 관측한 결과, 양쯔강 하구의 미세플라스틱은 한국과 일본 쪽으로 흘러갔다.

---

216   NASEM, U.S. Roles Evaluation on World Ocean Plastic Waste, NASEM, Dec 2021.

217   Christoper Ruff et al, Discovery and imaging of marine microplastics through space radar, IEEE Xplore, Jul 13, 2021.

●●● 우리나라는 연간 플라스틱 소비량 1위, 포장용 플라스틱 사용량 3위 국가인 데다가 부끄럽게도 전 세계에서 세 번째로 많은 플라스틱 쓰레기(88kg)를 배출하는 나라다. 미국의 환경단체 '비욘드 플라스틱스'는 2021년 10월에 플라스틱이 10년 내 석탄보다 더 많은 온실가스를 내뿜게 될 것이라는 보고서를 발표했다. 앞으로 10년 동안 플라스틱에서 나오는 온실가스가 석탄화력발전소보다 더 많게 될 경우 석탄발전을 줄여나가면서 기후변화를 저지하려는 노력은 물거품이 될 것이다. 우리나라 정부가 플라스틱 사용을 대폭 줄이는 환경정책을 시행하고 국민 모두 생활 속에서 플라스틱을 줄이기 위한 노력이 시급하다.

우리나라 해안 인근의 미세플라스틱 오염도 역시 매우 심각하다. "한국 플라스틱 문제는 문자 그대로 엉망진창이다South Korea's plastic problem is a literal trash fire." 미국의 케이블 채널 CNN이 2019년 3월 3일 경북 의성군의 쓰레기산을 보도하면서 한 말이다. 방송은 의성군 단밀면 생송리의 한 폐기물 처리장에 거대한 폐기물 더미가 산을 이루고 있는데, "17만 톤에 달하는 쓰레기 더미가 타면서 연기와 악취가 흘러나오고 있다"라고 보도했다. 그러면서 이들은 한국이 플라스틱을 지나치게 많이 사용한다고 지적했다. 쓰레기 문제는 대부분 플라스틱 사용의 폭증 때문이라는 것이다. 이들의 보도처럼 우리나라는 연간 플라스틱 소비량 1위, 포장용 플라스틱 사용량 3위 국가다. 자원순환정보시스템 자료에 따르면, 2011년 하루 3,949톤이던 전국의 플라스틱 폐기물 발생량은 2016년 5,445톤까지 늘었다고 한다. 다량의 플라스틱이 버려지면 환경은 크게 오염이 될 수밖에 없는 것이다.

그런데 플라스틱이 기후위기까지 가져올 수 있다는 연구도 있다. 미국의 환경단체 '비욘드 플라스틱스Beyond Plastics'는 2021년 10월에 플라스틱이 10년 내 석탄보다 더 많은 온실가스를 내뿜게 될 것이라는 보고서를 발표했다.[218] 현재 미국 플라스틱 산업의 온실가스 배출량은 연간 최소 2억 3,200만 톤으로, 이는 500MW(메가와트) 규모의 석탄화력발전소 116곳에서 뿜어내는 평균 배출량과 맞먹는다는 것이다. 앞으로 10년 동안 플라스틱에서 나오는 온실가스가 석탄화력발전소보다 더 많게 될 경우 석탄발전을 줄여나가면서 기후변화를 저지하려는 노력이 물거품이 된다는 얘기다. 보고서에 의하면 플라스틱이 기후위기의 주범으로 변한 것은 화석연료회사들이 이익이 줄어드는 것을 만회하기 위

---

218 Beyond Plastic, Plastic that beat coal to drive climate change, Beyond Plastic, Oct 2021.

해 플라스틱 생산을 늘리고 있기 때문이라고 한다. 2020년 미국 플라스틱 산업의 온실가스 배출량은 2019년보다 1,000만 톤 증가한 1억 1,400만 톤이나 되었다. 이로 인해 미국 석탄화력발전소의 65%가 문을 닫은 데서 얻은 온실가스 감소분이 상쇄되었다고 한다. 그러다 보니 플라스틱 산업은 기후변화를 저지하기 위한 단체들의 공공의 적이 되었다.

미세플라스틱의 습격

플라스틱은 그 자체로 환경오염을 일으키지만, 플라스틱이 잘게 부서져서 만들어지는 미세플라스틱은 사람이나 생물들에게 많은 해를 끼친다. 미세플라스틱은 크기가 5mm 이하의 매우 작은 플라스틱으로 형태는 조각fragment이나 알갱이sphere, 섬유fiber 등으로 다양하다. 생성 기원에 따라 1차 미세플라스틱과 2차 미세플라스틱으로 나뉜다. 1차 미세플라스틱은 상업적인 목적으로 미세하게 합성한 것으로 치약, 세안제, 스크럽제 같은 생활용품에 포함되어 있다. 2차 플라스틱은 큰 플라스틱 제품이 파도, 해류, 바람, 자외선 등에 의해 자연적으로 분해되어 매우 작아진 것이다.

바다에 미세플라스틱 양이 많아진다면 물고기나 조개 등의 해산물 안에도 미세플라스틱이 많이 있을 수밖에 없다. "해산물을 먹는 사람은 매년 1만 1,000개의 미세플라스틱 조각을 삼키고 있다." 벨기에 겐트대학Universiteit Gent 연구진이 내놓은 충격적인 발표다. 우리나라에서도 조개 등에서 미세플라스틱이 발견되었는데, 2017년 11월 한국해양과학기술원은 경남 진해만 주변 해안에 서식하는 바지락 100g에서 34개, 담치에서는 12개의 미세플라스틱을 검출했다. 연구진은 국내산 조개류 섭취를 통해 인체에 쌓이는 미세플라스틱 양이 매년 210여 개에 이를 것으로 추정했다. 이렇게 된 것은 우리 바다와 연안의 미세플라스틱 오염이 매우 심각하기 때문으로, 해양수산부는 전국 20개 연안의 바닷물 1리터에서 미세플라스틱이 평균 6.67개 검출되었다고 밝히기도 했다. 이런 미세플라스틱의 오염도는 하와이의 2배, 브라질·칠레·싱가포르의 100배 이상이라고 하니 그야말로 문제가 심각하다.

2019년에 캐나다 브리티시컬럼비아대학교University of British Columbia 연구진은 "음식물 섭취 등을 통해 인체로 흡수되는 미세플라스틱 양이 성인 남성은 연간 12만 1,000개, 여성은 9만 8,000개로 추정된다"라고 밝혔다.[219] 아동도 예외가 아니어서 남자아이는 8만 1,000개, 여자아이는 7만 4,000개나 될 정도로 미세플라스틱으로 인한 건강 피해가 우려된다는 것이다.

"미세플라스틱의 습격. 2050년 서해 4분의 1이 '죽음의 바다'". 2022년 2월 10일 한 일간지의 기사 제목이다.[220] 이 기사는 벨기에와 스웨덴, 네덜란드 등의 환경학자들이 참여한 공동연구팀의 연구 결과를 인용했다. 연구팀은 2020년 12월 국제학술지 《환경오염EP, Environmental pollution》에 발표한 논문에서 전 세계 바다의 미세플라스틱 위험도를 평가한 결과, 지중해와 한국의 서해가 미세플라스틱 오염으로 심각한 위험에 처할 징후를 발견했다고 밝혔다. 연구진은 8개 해양 생물종의 생태 독성 자료를 기준으로 '허용 불가 수준unacceptable'의 미세플라스틱 농도를 추정하고, 이를 최선·중간·최악의 시나리오로 나눠 세계 각 해역 수면(0~5m)의 미세플라스틱 농도를 측정해 비교·분석했다. 연구 결과 우

219 British Columbia Univ, The amount of microplastic absorbed into the human body through food intake is large. BCU, Jul 2019.

220 https://www.khan.co.kr/print.html?art_id=202102100600001

리나라 서해는 지중해와 함께 미세플라스틱 오염에 가장 취약한 해역인 것으로 나타났다. 우리나라 정부가 플라스틱 사용을 대폭 줄이는 환경정책을 시행하고 국민 모두 생활 속에서 플라스틱을 줄이기 위한 노력이 필요하다는 생각을 해본다.

미세플라스틱은 인간과 생태계에 어떤 영향을 미칠까

미세플라스틱은 사람들의 건강과 생태계에 매우 나쁜 영향을 미친다. 2021년 10월 정기국회에서 이 문제가 제기되었다. 한 국회의원이 시중 3개 마트에서 각각 소고기 200g을 구입해 전문시험기관에 성분분석을 의뢰한 결과, 미세플라스틱이 약 11만 7,200개 검출되었다고 밝혔다. 고기 아래 깔린 수분 흡수용 패드에서 미세플라스틱이 발생한 것이다.

해양에서 만들어진 미세플라스틱은 더욱 위험한데, 미세플라스틱은 플랑크톤이나 물벼룩 등이 이를 먹이로 착각하고 흡수한다. 이후 작은 물고기를 거쳐 먹이사슬 최상위인 인간에게 누적되어 건강을 위협하는 것이다.

미세플라스틱은 인류 건강에도 많은 해를 끼친다. 미세플라스틱을 섭취한 물고기나 조개 등을 먹을 때 우리 몸에 흡수되는 미세플라스틱이 뇌 안에 축적되어 신경독성물질로 작용한다는 것을 대구경북과학기술원의 바이오융합연구부 최성균·이성준 박사 연구팀이 밝혀냈다.[221] 지금까지는 미세플라스틱이 간, 신장, 장 등에 축적된다는 것은 보고된 적이 있지만, 뇌에 침착해 생리적인 해로움을 가져온다는 연구는 거의 없

---

221 최성균 외, "뇌 보호막을 통과해 축적되는 미세플라스틱의 작용원리 및 영향 규명", DGIST, 2021/10.

었다. 더욱 충격적인 것은, 한국원자력의학원 방사선의학연구소가 쥐 실험을 해보니 미세플라스틱이 단 1시간 만에 신체의 온몸으로 퍼져나 가더라는 것이다. 이들은 미세플라스틱이 위와 장에서는 하루 만에 대부분 몸 밖으로 배출되었으나 간에는 처음보다 5배, 생식기에는 3배나 많은 양이 각각 쌓인다는 사실을 알아냈다. 또 한국원자력의학원은 미세플라스틱이 자폐 스펙트럼 장애를 유발한다는 사실도 알아냈는데,[222] 연구팀이 실험쥐 연구를 통해 미세플라스틱 섭취가 자폐 스펙트럼 장애를 유발한다는 사실을 세계 최초로 규명한 것이다. 보통 자폐증이라 일컫는 자폐 스펙트럼 장애는 영유아에게서 발병하는 난치성 신경발달 장애로 사회관계 형성이나 정서적 상호작용에 어려움을 겪거나 반복적으로 집착한다든지 제한된 관심만을 보이는 등 이상행동을 하는 질환으로, 아직 확실한 원인이 알려져 있지 않다. 이처럼 미세플라스틱은 해양생태계뿐 아니라 인류의 건강에도 매우 해로운 물질인 것이다.

플라스틱도 생태계의 건강에 나쁜 영향을 준다. 《뉴스펭귄》은 2021년 9월에 유엔에서 발표한 플라스틱 오염에 가장 취약한 동물 관련 기사를 게재했다.[223] 유엔 이동성야생동물보호협약CMS, Convention of Migratory Species of Wild Animals이 아시아 태평양 지역 철새가 플라스틱 오염에 가장 취약한 동물이라고 밝혔다는 것이다. 보고서에 따르면 조류 철새, 민물 포유류 갠지스강돌고래, 육상동물 아시아코끼리가 태평양 지역 플라스틱 오염의 가장 큰 영향을 받는다고 한다. 특히 철새 종은 기후위기 영향에 따른 환경 스트레스 지수가 높을 뿐더러 플라스틱 오염에 의한 생존 위협 또한 높게 나타나면서 환경오염에 취약한 동물 1위를 차지했다.

---

222 한국원자력의학원, "미세플라스틱, 자폐 스펙트럼 장애 일으킨다", 한국원자력의학원 보도자료, 2022/2/18.

223 https://www.newspenguin.com/news/articleView.html?idxno=5336

유엔식량농업기구는 2019년에 플라스틱 의존도를 줄이는 5가지 방법을 발표했다.[224] 첫째, 일회용 플라스틱은 피한다. 둘째, 변장된 미세플라스틱 인식이다. 많은 화장품과 미용 제품에는 사실 플라스틱 구슬이 거의 없는 '엑스피리언스'가 들어 있다. 셋째, 재사용 가능한 물병을 사용한다. 넷째, 플라스틱 수저나 포크를 거부하라. 다섯째, 휴지통을 활용하라. 우리나라 소비자기후행동은 2022년에 100만 명 달성을 목표로 '노№ 플라스틱 캠페인'을 지속적으로 전개해 생활 속 플라스틱 사용량을 줄이는 실천 행동을 촉구할 계획이라고 한다. 이런 캠페인에 적극적으로 참여하는 것이 우리의 환경을 지키는 행동이다.

---

224 FAO, 5 ways to reduce our reliance on plastic Our daily choices matter: Turn the tide on plastic, FAO, July 2019.

3

환경오염의 끝판왕
기름유출과 전자 폐기물

기름유출로 극심한 환경오염이 발생한다

최악의 기름유출을 영화화한 작품이 2017년에 우리나라에 개봉된 〈딥워터 호라이즌Deepwater Horizon〉이다.

"2010년 4월 20일, 미국 루이지애나주 앞바다 멕시코만 석유시추선 '딥워터 호라이즌'호. 무리한 작업량으로 인해 이미 배가 시한폭탄 같은 상태임에도 본사는 일정과 비용을 이유로 안전 검사를 무시한다. '딥워터 호라이즌' 호의 총책임자 '지미'와 엔지니어 팀장 '마이크'는 이에 반대하지만, 본사 관리자 '돈'은 이런 항의를 묵살하고 작업을 강행한다. 본격적인 작업이 시작된 직후, 시추관에서 이상 징후를 감지한다. 그리고 그 순간, 배 전체를 뒤흔드는 폭발음과 함께 '딥워터 호라이즌' 호는 거대한 화염에 휩싸이는데…. 사상 최악의 참혹한 해양재난 불길 속에서 살아남기 위한 그들의 사투가 시작된다!"

딥워터 호라이즌 호 폭발사건은 실제로 있었던 기름유출 사건을 영화화한 것이다. 당시 연 매출 246조 원의 세계 2위 석유회사 시추선인 딥워터 호라이즌의 석유 시추 시설이 폭발했다. 거대한 시추선은 라이저라고 부르는 파이프로 해저에 연결되어 있었고, 유정은 원유 분출 방지 장치 4,000m 아래에 있었다. 가스가 유정에 새어 들어가면서 폭발이 일어났고, 5,500m 떨어져 있는 해상 시추선에 불이 붙었다. 원유 시추가 진행 중이던 시추공에서 원유가 부근의 멕시코만으로 흘러 들어갔으며, 이로 인해 미국 역사상 최악의 해상 기름유출 사고가 발생했다. 미 연방법원은 시추회사 BP에 약 23조 7,000억 원 규모의 배상을 선고했다. 단일 기업이 내는 벌금으로는 사상 최대였다.

딥워터 호라이즌 호의 기름유출 사건으로 생태계의 피해가 극심했다. 기름은 유출되면 해수면에 얇은 막을 만들며 퍼져나간다. 가벼운 기름일수록 유막의 두께가 얇고 빨리 분산된다. 바다 표면에 만들어진 유막은 대기에서 바다로 산소가 녹아들어 가는 것을 방해해서 용존산소가 줄어들어 해양생물의 호흡에 나쁜 영향을 미친다. 또 바닷물을 투과하는 햇빛을 줄여 해조류나 식물플랑크톤의 광합성을 방해한다. 가장 먼저 사라지는 종 가운데 하나는 조개나 게와 같이 간조대에 사는 해양생물이다. 이어서 그런 조개나 굴을 먹은 조류들이 독성에 중독되어 목숨을 잃는다. 어류는 오염 지역을 피하기 때문에 큰 피해는 없지만, 석유를 흡수하면 몸에 이상이 나타나며 번식을 못 하게 된다. 새들이 직접적인 피해를 많이 입는다. 딥워터 호라이즌 폭발사건으로 가장 큰 피해를 입은 것은 갈색펠리컨이었다. 물속으로 잠수해서 먹이를 사냥하는 가마우지나 논병아리, 오리, 펠리컨 등은 저체온증으로 죽는다. 바닷속에 들어갔던 새들의 날개에 석유가 묻으면 깃털 사이의 공간이 없어져 따뜻한 공기를 품을 수 없게 되고, 결국 죽고 만다. 또 당시 멕시코만 돌고래들이 떼죽음을 당했다.

기름유출 사고가 너무 빈번하게 발생한다

2021년부터 2022년 1월까지 전 세계에서 발생한 기름유출 사고를 보자. 2021년 5월 29일에 북극에 면한 시베리아 도시 노릴스크Norilsk 에서 대규모 기름이 유출되었다. 2만 톤에 달하는 기름은 북극해로 들어가는 암바르나야Ambarnaya강을 붉게 물들였다. 영국 BBC에 따르면 유출된 기름으로 $350km^2$(약 1억 588만 평)의 강과 호수가 오염되었다고 한다. 러시아 환경감시단은 이 사고 수습에 1조 7,630억 원의 비용이 들며, 생태계 회복까지 5~10년 정도 걸릴 수 있다고 말했다. 사고의 원인은 이례적인 고온 현상으로 북극권의 영구동토층이 녹아내리면서 연료탱크 밑 지반이 내려앉아 발생한 것으로 추정된다.

2021년 6월 2일에는 스리랑카 앞바다에서 MV X-프레스 펄MV-X Press Pearl 호가 침몰했는데, 이 배에는 벙커유 278톤, 가스 50톤, 질산 25톤과 다른 화학물질이 실려 있어 대규모 환경오염 가능성이 높았다. 화물의 플라스틱 포장재 재료인 폴리에틸렌 미세 알갱이들이 바다로 쏟아져 나오면서 스리랑카 해변을 뒤덮었다. 죽은 고기와 새, 바다거북 등의 사체가 해변으로 밀려왔다.

2021년 8월 29일 미국 루이지애나주에 상륙한 슈퍼허리케인 아이다가 멕시코만 해양 석유 시설에 큰 피해를 주면서 기름유출 사고로 이어졌고, 멕시코만 연안 석유 생산시설의 88%가 가동 중단되었다. 아이다는 2021년 전 지구 기후재난 중 피해액이 가장 컸던 태풍이다.

2021년 8월 31일 지중해 인근 시리아의 화력발전소에서 대규모 기름유출 사고가 발생했다. 약 2만 톤의 기름유출로 서울 면적보다 큰 검은 유막이 지중해에 형성돼 심각한 해양오염이 발생했다. 기름유출 사고로 아름다운 휴양지로 알려진 키프로스Kypro섬이 오염되었다.

2021년 10월 2일 미국 캘리포니아 남부 해상에서 대규모 기름유출 사고가 발생했다. 유출된 기름의 양은 최소 47만 7,000리터에 달하며 기름띠는 로스앤젤레스 남쪽에 있는 헌팅턴 해변에서 뉴포트 해변까지 약 9km에 번져 있었다. 기름은 헌팅턴 해안에서 약 8km 떨어진 해상에 있는 석유 굴착 장치 '엘리'와 연결된 파이프라인에서 유출된 것으로 보고 있다. 이 사고로 약 90여 종의 조류가 서식하는 탤버트Talbert 습지도 오염되어 피해가 속출했다.

2022년 1월 15일 남태평양 통가에서 발생한 화산폭발이 1만km 떨어진 페루에서 원유 유출 사고로 이어졌다. 유조선이 정유공장에서 기름을 옮겨 싣던 중 쓰나미로 유조선이 흔들리면서 약 100만 리터의 기름이 유출된 것이다. 기름유출로 페루의 20개가 넘는 해변이 검게 물들면서 페루 정부가 비상사태를 선포했다. 2022년 1월 28일 남미 에콰도르 동부 나포 지역에 내린 집중호우로 인해 지반 침식이 발생하면서 민간 송유관 운영사인 'OCP 에콰도르'의 송유관이 터졌다. 에콰도르 환경부는 유출된 기름이 아마존 자연보호구역으로 퍼졌고 아마존 원주민들이 식수원으로 이용하는 하천까지 오염시킨 것으로 파악되었다고 밝혔다. 이 송유관은 2020년 5월에도 지반 침하로 터지면서 1만 5,000배럴의 기름이 유출되어 아마존 지역을 오염시킨 바 있었다. 기름유출 사고의 대부분은 기후위기에 곁들인 인간이 만든 재앙이다.

우리나라에서도 2017년 12월 7일 태안 앞바다에서 삼성중공업 해상크레인과 유조선 허베이 스피리트호가 충돌하면서 1만 2,547킬로리터의 기름이 바다로 유출된 적이 있다. 우리나라 사상 최악의 해양오염 사고였는데, 세계 각국의 환경 전문가들은 이 사고로 인해 태안 지역에 장기적인 생태·환경 파괴가 일어날 것을 우려했다. 전문가들은 수십 년이 걸려도 사고 이전으로 되돌리기 힘들 것이라며 비관적인 전망을 했다. 그러나 국민 모두가 힘을 합쳐 기름을 없애는 데 진력했고 이젠 완전한 생태계로 되돌아왔다.

해양경찰청은 2021년에 우리나라 해역에서 해양사고(충돌, 침몰, 화재 등)·고의·부주의 등으로 인해 오염물질이 해상으로 유출되는 사고가 247건 발생하여 기름 등 해양오염물질 312.8킬로리터가 유출되었다고 밝혔다. 이것은 2020년에 발생했던 유출량 770.3킬로리터와 비교하면 457.5킬로리터 감소한 양이다. 그러나 모든 원유를 수입하는 우리나라는 언제 우리나라 인근에서 대형 기름유출이 벌어질지 모를 일이다. 모두 다 유비무환의 마음으로 생태계를 지켜야 한다.

전자 폐기물이 늘어나고 있다

전자 폐기물은 원 사용자가 팔거나 기부하거나 버려서 더 이상 가치가 없게 된 낡고 수명이 다한 여러 가지 형태의 전기·전자제품을 뜻한다. 유럽연합에서는 대형 가전제품, 소형 가전제품, 사무·정보·통신 기기, 오락 및 소비자 전자제품, 조명 기구, 전동 공구 및 전자 장비, 완구와 스포츠, 레저용품, 의료 장비와 설비, 모니터 및 제어설비, 자동 디스펜서 등의 폐기물을 WEEE^Waste Electrical and Electronic Equipment(전기전자제품 폐기물)로 정의하고 있다. 전자 폐기물에는 에폭시수지, 섬유유리, PCB(폴리염화 바이페닐), PVC, 열경화성 플라스틱, 납, 주석, 구리, 규소, 베릴륨, 탄소, 철, 알루미늄이 대다수이며, 카드뮴, 수은, 탈륨도 포함된다. 거의 모든 전자제품에 납과 주석이 사용되고 있다.

글로벌 E-폐기물 모니터는 국제통신연합^ITU, International Telecommunication

Union이 발간한 '2020 세계 전자 폐기물 보고서'[225]를 발표했다. 글로벌 E-폐기물 모니터는 국제통신연합, 유엔대학UNU, United Nations University, 유엔교육연구소UNITAR, UN Institute for Training and Research, 국제고형폐기물협회 ISWA, International Solid Waste Association가 공동 주최하는 지속 가능한 사이클 SCYCLE 프로그램 간의 협력단체다. 보고서에서는 점점 더 많은 사람이 글로벌 정보 사회와 디지털 경제에 참여하고 있으며, 그들이 제공하는 기회로부터 혜택을 받게 되었다고 말한다. 이와 동시에 많은 개발도상국의 가처분 소득, 도시화 및 산업화 수준이 높아짐에 따라 전기전자장비EEE, Electrical and Electronic Equipment가 증가하고 결과적으로 더 많은 양의 전자 폐기물이 발생하고 있다고 말한다. 컴퓨터나 휴대전화와 같이 배터리나 플러그가 달린 폐기된 제품들이 2019년에 5,360만 톤 배출되었는데, 이 수치는 전 세계적으로 5년 만에 920만 톤이 증가한 것이다. 보고서에서는 수은, 브롬화 난연제BFR 또는 클로로플루오로카본CFC과 같은 독성 및 유해 물질은 다양한 유형의 전자장비에서 발견되며 환경적으로 건전한 방식으로 처리되지 않으면 인간의 건강과 환경에 심각한 위험을 초래한다고 경고하고 있다. 보고서는 또한 글로벌 전자 폐기물이 2030년까지 7,470만 톤에 도달할 것으로 예상하며, 이는 전기 및 전자 소비율 증가, 수명 주기 단축 및 제한된 수리 옵션에 힘입어 2014년 수치의 거의 2배에 달할 것으로 예상했다. 너무나 심각하게 전자 폐기물이 증가하고 있는 것이다.

그런데 2019년에는 전자 폐기물의 17.4%만이 공식적으로 수거 및 재활용된 것으로 분석되었다. 이에 국제통신연합에서는 2023년까지 글로벌 전자 폐기물 재활용률을 30%로 늘리는 목표를 세웠는데, 공식

225　Global E-waste Monitor, The Global E-waste Monitor 2020, ITU, May 5, 2021.

적인 수거 및 재활용 비율은 그 목표를 달성하기 위해 훨씬 더 빠른 속도로 증가해야 한다고 주장한다. 현재 국가 차원의 전자 폐기물 정책, 입법 또는 규정을 채택한 국가의 수는 2014년과 2019년 사이에 61개국에서 78개국으로 증가했다. 그러나 많은 나라에서 규제 발전이 느리고 집행이 낮으며 수거 및 적절한 전자 폐기물 관리가 이루어지지 않고 있다. 그래서 국제통신연합 회원국은 2023년까지 전자 폐기물 법안을 가진 국가의 비율을 50% 또는 97개국으로 인상하는 목표를 세웠다.

전 세계의 전자 폐기물 중에서 한국이 차지하는 비중은 1.6% 수준 (81만 8,000톤)이다. 1인당 한 해 15.8kg꼴로, 미국(21.1kg)이나 일본 (20.4kg)에 비해 적지만 세계 평균(7.3kg)의 2배가 넘는다. 전자 폐기물 재활용 비율도 유럽에 비해 낮다. 2017년 독일은 전자 폐기물 83만 7,000톤을 회수·재활용했지만 한국은 29만 2,000톤에 그쳤다. 2019년 독일 전자 폐기물의 양(160만 톤)이 한국의 2배임을 감안해도 매우 적은 비율이다.

전자 폐기물로부터 아이들을 보호해야 한다

2021년 6월에 세계보건기구는 "폭증하는 전자 폐기물은 수백만 명의 어린이 건강에 영향을 준다"[226]는 보고서를 발표했다. 이 보고서에서는 폐기된 전기 또는 전자기기의 비공식적인 처리로 인해 건강이 위태로워지는 전 세계 어린이, 청소년 및 예비 산모를 보호하기 위해 효과적이고 구속력 있는 조치가 시급하다고 말한다. 보고서 서문에서 세계보

---

226 WHO, Soaring e-waste affects the health of millions of children, WHO warns, WHO, Jun 15, 2021.

건기구WHO 사무총장인 테워드로스 아드하놈 거브러여수스Tedros Adhanom Ghebreyesus 박사는 "생산량과 폐기량이 증가하면서 전자 폐기물이 어린이들의 생명과 건강을 위험에 빠뜨리고 있습니다. 세계가 플라스틱과 미세플라스틱 오염으로부터 바다와 그들의 생태계를 보호하기 위해 결집한 것과 마찬가지로, 우리는 우리의 가장 귀중한 자원인 우리 아이들의 건강을 전자 폐기물의 증가하는 위협으로부터 보호하기 위해 결집해야 합니다"라고 말한다.

세계보건기구나 국제통신연합 등이 전자 폐기물을 공식적으로 수거하고 재활용해야 한다고 말하는 것은 대다수의 전자 폐기물이 불법으로 처리되고 있기 때문이다. 또 기증이나 전자부품으로 위장한 선진국의 전자 쓰레기가 중국과 인도 등 아시아 등지의 전자 쓰레기 재활용센터로 이동하는 일이 흔하게 발생하고 있다. 이는 수입국의 값싼 노동력과 느슨한 환경법을 악용하여 선진국에서 가난한 나라로 전자 폐기물이 떠넘겨진다는 것을 의미한다.

세계보건기구는 1,290만 명에 달하는 여성들이 비공식 전자 폐기물 분야에서 일하고 있는데, 이것은 잠재적으로 그들을 유독성 전자 폐기물에 노출시키고 그들과 태아들을 위험에 빠뜨릴 수 있다고 본다.[227] 한편 폐기물 처리가 하위 분야인 비공식 산업 분야에서는 5세 이하 아동청소년 1,800만 명 이상이 활발하게 활동하고 있다. 아이들의 작은 손이 어른들의 손보다 더 손재주가 좋기 때문에 전자 폐기물 재활용에 아이들이 참여한다. 그리고 다른 어린이들은 대부분 납과 수은을 포함한 높은 수준의 유독성 화학물질이 그들의 지적 능력을 손상시킬 수 있는

---

227 WHO, Soaring e-waste affects the health of millions of children, WHO warns, WHO, Jun 15, 2021.

●●● 세계보건기구(WHO) 사무총장인 테워드로스 아드하놈 거브러여수스 박사는 "전자기기의 생산량과 폐기량이 증가하면서 전자 폐기물이 어린이들의 생명과 건강을 위험에 빠뜨리고 있습니다. 세계가 플라스틱과 미세플라스틱 오염으로부터 바다와 그들의 생태계를 보호하기 위해 결집한 것과 마찬가지로, 우리는 우리의 가장 귀중한 자원인 우리 아이들의 건강을 전자 폐기물의 증가하는 위협으로부터 보호하기 위해 결집해야 합니다"라고 말한다.

전자 폐기물 재활용센터 근처에서 살고, 학교에 가고, 놀고 있다. 전자 폐기물에 노출된 어린이들은 독성 화학물질에 노출되고 몸집에 비해 더 많은 오염물질을 흡수하지만 이를 대사하거나 배출하는 능력은 떨어진다. 정말 심각한 일이 아닐 수 없다.

그렇다면 전자 폐기물이 인체에 미치는 영향은 무엇일까? 구리나 금과 같은 귀중한 물질을 회수하기 위해 전자 폐기물을 회수하는 근로자들은 납, 수은, 니켈, 브롬화 난연제, 다순환 방향족 탄화수소(PAHs)를 포함한 1,000개 이상의 유해 물질에 노출될 위험이 있다. 임산부의 경우 독성 전자 폐기물에 노출되면 태아의 건강과 발육에 문제가 생길 수 있다. 잠재적인 건강상의 악영향으로는 저출산과 사산, 조산과 같은 부정적인 출산 결과가 포함된다. 전자 폐기물 재활용 활동에 따르는 납 노출은 신생아들의 주의력 결핍/과잉 활동 장애ADHD, 행동 문제, 아동 기질의 변화, 감각 통합 어려움, 인지 및 언어 점수 감소와 관련이 있다. 전자 폐기물과 관련된 다른 불리한 아동 건강 영향으로는 폐 기능 변화, 호흡 및 호흡기 효과, DNA 손상, 갑상선 기능 저하, 그리고 암과 심혈관 질환과 같은 일부 만성 질환의 위험 증가가 포함된다.

가장 심각한 것은 이런 전자 폐기물에 대한 인식이 약하다 보니 부적절한 폐기물 관리가 이루어진다는 점이다. 따라서 세계보건기구는 전자 폐기물의 환경친화적인 처리와 근로자, 가족, 지역사회의 건강과 안전을 보장하기 위해 수출업자, 수입업자, 그리고 정부의 효과적이고 구속력 있는 조치를 요구하고 있다. 소비자인 우리들은 전자제품을 구매하려 할 때 깨끗한 물건을 만드는 회사 물품을 사는 운동을 해야 한다. 꼭 전자기기가 필요한 것인지 다시 한 번 생각해보고, 제품을 다 사용하면 기부한다. 그리고 가능한 한 친환경적인 부품으로 만든 전자기기를 사용해야만 한다.

제9장

기후위기에
어떻게
대응해야 할까

1

탄소중립은 반드시 이루어져야 한다

환경보건시민센터는 2022년 1월 4일에 기후위기 여론조사 결과를 발표했다. 여론조사 결과를 보면 우리나라 국민의 89.2%는 "기후위기를 체감한다"라고 답했다. 또 응답자 88.5%는 "기후위기 해결을 위해 도입되는 정책으로 인한 불편함을 감수할 의향이 있다"라고 답변했다. 2022년 1월에 기후·멸종위기 전문 매체《뉴스펭귄》도 공식 홈페이지에서 진행했던 '핑크펭귄폴' 투표 결과를 공개했다. "향후 몇 년간 경제성장이 둔화되더라도 한국이 기후위기에 강력히 대응해야 한다고 생각하십니까?"라는 질문에 총참가인원 195명 중 168명이 "그렇다(둔화돼도 기후위기 강력 대응)"라는 응답을 선택했다.

탄소중립은 실존의 문제다

사람들은 기후위기를 극복하기 위해 돈을 쓰기보다는 건강이나 복지에 더 많은 투자를 해야 한다고 말한다. 그러나 우리가 탄소중립을 이루지 못해 기후위기가 계속 증폭된다면 우리의 삶 동안에 못 볼 꼴 보는 재난이 줄을 이을 것이다. 당연히 우리의 아이들이 사는 세상에서는 기후재난이 매일 만나는 일상이 될 것이다. 빌 게이츠는 "기후위기가 인류에 대한 실존적 위협이 아니라 해도 기후위기로 인해 더 어려운 삶을 살게 될 것이며, 특히 세계에서 가장 가난한 사람들이 더욱 가난해질 것이다. 우리가 더 이상 온실가스를 대기에 배출하지 않을 때까지 상황은 악화되기 때문에 기후위기는 보건과 교육만큼 관심을 받아야 한다"[228]라고 말한다.

빌 게이츠가 말하는 더 이상 온실가스를 대기 중에 배출하지 않는 상황이 바로 탄소중립carbon neutrality이다. 탄소중립은 인간의 활동에 의한 온실가스 배출을 최대한 줄이고, 남은 온실가스는 흡수(산림 등), 제거 (CCUS[229])해서 실질적인 배출량을 0(Zero)으로 만든다는 개념이다. 즉, 획기적으로 배출량을 먼저 줄여야 하고, 그래도 남는 탄소는 흡수되는 탄소량을 같게 해 탄소 '순배출이 0'이 되게 하는 것으로, '넷-제로Net-Zero' 혹은 탄소 제로carbon zero라고 부르기도 한다. 현재 전 세계적으로 사용되고 있는 탄소중립은 기후위기에 대응해 안전하고 지속 가능한 사회를 만들기 위한 2050년까지의 온실가스 감축 목표이자 의지를 담은 개념이라고 할 수 있다.

세계의 많은 기후 전문가들은 우리가 탄소를 줄이는 노력을 하더라도 세기말에 가면 최소한 지구 기온이 5℃ 이상 상승할 것으로 예상한다. 그러나 "모든 지구촌이 합심해서 탄소중립을 실현해나가면 최악

---

228 빌 게이츠, 김민주·이엽 옮김, 『기후재앙을 피하는 법』, 김영사, 2021.

229 CCUS(Carbon Capture,. Utilization and Storage): 이산화탄소 포집, 저장, 활용 기술.

●●● 우리가 탄소중립을 이루지 못해 기후위기가 계속 증폭된다면 우리의 아이들이 사는 세상에서는 기후재난이 매일 만나는 일상이 될 것이다. 빌 게이츠는 "기후위기가 인류에 대한 실존적 위협이 아니라 해도 기후위기로 인해 더 어려운 삶을 살게 될 것이며, 특히 세계에서 가장 가난한 사람들이 더욱 가난해질 것이다. 우리가 더 이상 온실가스를 대기에 배출하지 않을 때까지 상황은 악화되기 때문에 기후위기는 보건과 교육만큼 관심을 받아야 한다"라고 말한다.

의 기후위기는 막을 수 있다." 2021년 11월 5일 과학전문지 《사이언스 폴리시》에 실린 미국 퍼시픽노스웨스트국립연구소PNNL, Pacific Northwest National Laboratory와 미국 환경청EPA, Environmental Protection Agency 등 4개국 팀이 공동으로 연구한 논문에서 나온 말이다.[230] 이들은 전 세계 각국이 선언한 탄소중립 및 온실가스 목표가 그대로 이루어진다면 최악의 기후위

---

230 Yang Ou et al, Can updated climate pledges limit warming well below 2°C?, CLIMATE POLICY, Nov 5, 2021.

기는 막을 수 있다는 희망을 실은 보고서를 제출했다. 이 연구는 제26차 유엔기후변화협약 당사국총회에 과학적인 데이터를 제공하기 위해 진행되었다. 이들의 연구에 의하면 세계 각국이 약속한 온실가스 감축 목표를 달성하면 21세기 말 온도 변화가 4°C를 넘어설 확률은 거의 없다고 한다. 그리고 2°C 미만으로 기온 상승이 억제될 확률은 34%로 예측했는데, 이것은 2015년 파리협정에서 제출되었던 탄소 감축 목표를 분석했을 때의 예측치 8%에 비해 매우 증가한 수치로, 기후위기를 막을 수 있다는 희망적인 메시지를 뒷받침하는 과학적이고 객관적인 데이터를 제공하고 있다. 이번 논문의 교신저자인 미국 퍼시픽노스웨스트 국립연구소의 전해원 박사는 "최근 세계 각국이 탄소중립 목표를 제시하면서 지금까지 우려해왔던 4°C 이상 최악의 기후변화가 일어날 확률은 거의 없어졌지만 우선 1.5°C 목표를 이루기 위해 더 강화된 감축 목표가 필요하다"라고 말했다. 다만 전 박사는 각국이 목표를 정하는 것이 중요한 것이 아니라 목표를 달성하기 위한 각국 정부의 실질적인 노력이 필요하다고 말한다. 목표는 누구나 세우고 발표할 수 있지만 정말 실천하기는 매우 어렵기 때문에 전 박사의 말이 가슴에 와 닿았다.

탄소중립은 기후재난 발생 확률을 큰 폭으로 떨어뜨린다

2021년 4월 22일에 미국의 조 바이든 대통령이 주관한 기후정상회의가 열렸다. 모든 나라들이 온실가스 배출량을 획기적으로 줄이겠다는 목표를 발표했고 우리나라도 온실가스 감축 목표량을 상향하기로 약속했다. 이처럼 전 세계가 협력하여 온실가스를 줄이고 탄소중립을 실현한다면 기후변화로 인한 피해 비용을 절반으로 줄일 수 있다.

기후정상회의 이후에 우리 대외경제정책연구원은 "기후정상회의 주요 내용 및 시사점"이라는 보고서를 발표했다.[231] 보고서에 따르면 조바이든 미국 대통령은 "2030년까지 온실가스 배출량을 2005년 대비 50~52% 감축하겠다"라는 목표치를 제시했다. 이는 오바마 행정부가 제시했던 2025년까지의 감축 목표(26~28% 감축)보다 2배 상향한 수치로, 획기적으로 온실가스를 줄이겠다는 의지를 표명한 것이다. 유럽연합은 2030년까지 1990년 배출량 대비 40%를 감축하겠다는 목표 수준을 55%로 상향 조정했으며, 일본도 2030년까지 감축 목표를 2013년 대비 26%에서 46%로 상향하겠다고 발표했다. 당시 2030년까지 얼마만큼 온실가스를 줄이겠다는 실질적인 목표를 제시하지 못한 나라가 우리나라와 중국이었다. 우리나라는 2050년에 탄소중립을, 중국은 2060년에 탄소중립을 실현하겠다는 큰 목표는 제시했었다.

기후위기를 막기 위해 2015년에 파리협약을 통해 전 세계는 온실가스 배출을 막기로 결의했다. 그런데 당시 배출량 저감 목표를 제출했음에도 목표치가 거의 2배 이상 늘어난 것은 그만큼 기후위기가 심각하다는 방증이다. 2021년 세계경제포럼WEF, World Economic Forum은 향후 10년 동안 전 세계 경제의 가장 심각한 위협요소로 기후변화 대응 실패를 꼽았다. 최근 2020년, 2021년, 2022년 지구촌을 강타한 기후재난은 최악이었다. 여기에 코로나19 팬데믹까지 더해지면서 전 세계의 사회경제 상황까지 악화시켰다. 기후위기와 코로나19 대유행이라는 전 지구적 위기의 공통점은 국경을 넘나들며 국적을 가리지 않으며, 사망자 발생만이 아니라 사회경제 환경 전반에 악영향을 미친다는 것이다. 또 지구상 어느 나라도 이런 위기에서 자유로울 수 없다. 그러니까 일부 국가나 지자체, 개인의 노력으로 해결할 수 있는 차원을 넘어섰기 때문에 전 지

231 문진영 외, "기후정상회의 주요 내용 및 시사점", 대외경제정책연구원, 2021/5/7.

구적으로 공동 대응하되 지금까지의 목표보다 획기적인 온실가스 저감이 있어야만 한다는 것이다.

현재 국제사회에서 말하는 2050년 탄소중립을 이루기 위해서는 2030년까지 2000년 대비 50% 이상 온실가스 배출량을 줄여야만 한다. 그래야 지구 평균기온 상승을 산업화 이전 대비 2℃보다 현저히 낮은 수준으로 유지할 수 있다. 기후위기 위험을 고려할 때 위험 부담은 위해요인(기후위기, 감염병) 등에 의해 인간의 생명과 재산에 악영향을 미치는 피해의 크기(심각도)와 발생 가능성(발생 확률)으로 정의된다. 그런데 기후위기로 인한 피해의 크기와 발생 확률을 고려했을 때 2100년까지 기온 상승을 2℃ 이하로 안정시켜야만 한다는 것이고 2100년까지 2℃ 이하 안정화는 2050년에 탄소중립을 이뤄야 달성이 가능하다는 것이다. 경제연구원에서는 현재 추세로 온실가스를 배출할 경우 2100년까지 우리나라의 경제 누적 피해 금액은 4,867조 원이 될 것으로 추정했다. 만일 탄소중립 시나리오로 우리나라가 적극적으로 온실가스를 줄일 경우 피해액은 1,667조 원으로 거의 46%가 줄어든다고 보았다. 특히 4,000조 원 이상의 대규모 기후변화 피해가 발생할 확률은 현재의 배출 추세를 유지하는 경우 20%, 탄소중립 시나리오로 갈 때는 1.8%, 탄소중립 시에는 0.0002%로 나타날 것으로 전망했다. 탄소중립으로 가는 것이 얼마나 우리의 생명과 재산을 지키는 일인지 잘 알 수 있다.

우리나라의 탄소중립 계획은 적정한가

2021년 10월 로마 세계기후정상회의에서 우리나라는 2050년 탄소중립을 하겠다고 선언했다. 이를 이행하기 위해 대통령 직속으로 탄소중립위원회가 만들어졌고 이곳에서 탄소중립에 관한 계획을 수립하고 있다. 그리고 2050년 탄소중립 목표를 담은 기후위기 대응을 위한 탄소중립·녹색성장 기본법(탄소중립기본법)이 2021년 8월 31일 국회 본회의를 통과했다. 우리나라는 유럽연합, 스웨덴, 영국, 프랑스, 독일, 덴마크, 스페인, 뉴질랜드, 캐나다, 일본 등에 이어 세계에서 열네 번째로 탄소중립을 법제화한 국가가 되었다. 국회를 통과한 탄소중립기본법은 정부에 2018년 배출량 기준 최소 35%를 넘는 수준의 2030년 국가 온실가스 감축 목표NDC, Nationally Determined Contribution를 설정하도록 권고했다.

'2050 탄소중립 시나리오'는 2050년 온실가스 국내 순배출량 제로(0)를 의미하는 탄소중립이 실현되었을 때의 부문별 전환 내용에 대한 전망을 담았다. 정부는 2021년 10월 18일 제2차 전체회의를 통해 '2050 탄소중립 시나리오'와 '2030 국가 온실가스 감축 목표 상향안'을 심의·의결했다.

먼저 전력 부문을 보자. 2050 탄소중립 시나리오는 석탄과 액화천연가스LNG 등 화력발전을 전면 중단해 배출 자체를 최대한 줄이는 A안과 석탄발전소를 모두 폐쇄하되 LNG 발전이 잔존하는 대신 탄소포집·이용·저장기술CCUS 등 온실가스 제거기술을 적극 활용하는 B안으로 구성되어 있다. A안, B안 모두 2050년 온실가스 순배출량은 '0(제로화)'를 목표로 한다. 또한 전기·열 생산에 소요되는 탄소배출을 최소화하기 위해 석탄발전을 중단해야 한다는 내용이 담겨 있다. 각 시나리오 안에는 국내 순배출량을 '0'로 만들기 위한 부문별 감축 방향과 감축 수단에 관한 내용이 포함되었다.

구체적으로 살펴보면 A안은 2050년까지 석탄과 LNG 전원의 발전량이 0테라와트시TWh가 된다. 이에 따른 공백은 신재생에너지가 채우게 된다. 재생에너지의 2050년 예상 발전량은 889.8테라와트시로 전체의

70.8%를 차지하는 수준이다. 이어 무탄소 가스터빈(270.0테라와트시, 21.5%), 원자력(76.9테라와트시, 6.1%), 연료전지(17.1테라와트시, 1.4%), 부생가스[232](3.9테라와트시, 0.3%) 순이다. B안에서는 석탄은 때지 않고 LNG를 연료로 하는 화력발전은 일부 유지된다. 따라서 발전 부문의 2050년 온실가스 배출량도 0(A안)가 아닌 2,070만 톤이 된다. 이에 따른 LNG 전원의 발전량은 61테라와트시로 비중은 5.0%다. 재생에너지와 무탄소 가스터빈 발전량도 각각 7.36테라와트시(60.9%), 166.5테라와트시(13.8%)로 A안에 비해 줄어든다. 대신 연료전지와 원자력발전량이 각각 121.4테라와트시(10.1%), 86.9테라와트시(7.2%)로 상향 조정된다.

둘째, 산업 부문의 온실가스를 2050년까지 80% 감축하기로 했다. 2018년 기준 2억 6,060만 톤의 온실가스 배출량을 2050년까지 5,110만 톤으로 80.4% 줄일 계획이다. 산업별로 보면 철강은 탄소계 공정(고로+전로)을 수소환원 제철로 100% 대체하고, 철스크랩 전기로 조강을 확대해 배출량의 95%를 감축할 계획이다. 시멘트는 유연탄에서 폐합성수지 등으로 연료를 전환하고 일부 원료는 석회석에서 슬래그 등으로 바꿔 배출량을 53% 줄일 예정이다. 석유화학·정유의 경우 전기가열로를 도입하고, 석유납사에서 바이오납사로 원료를 전환해 배출량을 73%가량 축소하기로 했다.

수송 부문의 경우 전기·수소차 등 무공해차 보급을 97% 이상으로 확대하는 A안은 280만 톤(2018년 대비 97.1% 감축)의 온실가스를 배출한다. 무공해차 보급 85% 이상에 내연기관차가 일부 잔존하는 B안은

---

232 부생가스: 제품 생산 공정에서 필요로 하는 화학 원료 외에 부산물로 발생하는 가스를 일컫는 말로, 공정 과정에 따라 가스의 종류와 에너지원의 용도가 달라진다.

920만 톤(90.6% 감축)의 온실가스를 배출한다. 수소 부문에서는 국내 생산 수소를 100% '그린 수소'로 공급하는 A안은 온실가스 배출량이 없지만, 국내 생산 수소 일부를 추출 수소 또는 부생 수소로 공급하는 B안은 900만 톤의 온실가스를 배출한다.

농축산 부문에서는 영농법 개선, 저탄소 어선 보급 등을 통해 농경지와 수산업 현장에서의 온실가스 발생을 최소화하고, 저탄소 가축 관리와 식생활 전환, 저탄소 단백질 식품개발 등을 통해 2018년 대비 배출량을 37.7% 감축할 계획이다. 이 밖에도 폐기물 감량, 청정에너지원으로 수전해수소(그린 수소) 활용 확대, 산림·해양·하천 등 흡수원 조성, 이산화탄소 포집 및 저장·활용CCUS 기술의 상용화를 제안했다.

특이사항은 정부가 탄소중립 이행 과정에서 온실가스 배출로 인한 피해 비용을 발전 원가에 반영한다는 방침이다. 배출권 비용을 원가에 포함하는 환경급전을 강화해 발전 부문의 탄소중립을 추진하고, 연료비와 함께 탄소 비용을 전기요금에 반영하기로 했다. 이를 통해 전기요금 정상화를 이뤄 절약을 꾀하고 전력 수요를 줄인다는 것이다. 이 밖에도 탄소중립위원회는 저탄소·녹색 산업으로의 전환에 따른 일자리 감소 등 피해를 최소화하기 위한 방안도 마련할 것으로 보인다. 위원회는 업종 전환에 대비한 체계적인 근로자 직업 훈련·교육 체계 마련, 고용 안정화 대책 마련, 신규 일자리 발굴 등을 제안했다.

탄소중립위원회의 제안에서는 아직 상용화되지 못한 기술들을 포함시킨 것을 볼 수 있다. 이런 기술들이 구현되지 못할 경우에 대한 대책이 미진한 것이 아닌가 한다. 그러나 어떤 계획이라도 완전한 것은 없다. 얼마나 적극적으로 정부가 주도해 탄소중립으로 갈 것인지가 더 중요하다. 국제사회는 한국에 기후변화에 대한 책임, 국가 능력에 걸맞은 감축 목표를 기대하고 있다. 한국 온실가스 배출량은 2018년 기준 세계 11위, 1인당 배출량으로 따지면 경제협력개발기구^{OECD, Organization for} Economic Cooperation and Development 회원국 중 7위이며 역대 누출 총량도 세계 17위에 해당한다. 온실가스 감축 능력에 대한 판단 기준은 결국 감축 비용을 감당할 경제력인데, 우리나라는 2020년 명목 국내총생산^{GDP} 기준 세계 10위 경제대국이다. 따라서 우리가 감당해야 할 탄소중립 몫을 충실히 수행해야 할 필요가 있다고 생각한다.

실제로 정부도 2022년 3월 22일에 '2030 국가 온실가스 감축 목표 NDC'를 40%로 상향하고 국가 탄소중립 기본계획을 수립하는 등의 내용을 담은 '기후위기 대응을 위한 탄소중립·녹색성장 기본법 시행령 안'을 확정했다. 이젠 탄소중립으로 가는 발걸음이 시작된 것이다. 한 가지 지적하고 싶은 것은 대기 중의 이산화탄소를 100% 제거하더라도 모든 것이 완벽해지는 것은 아니라는 점이다. 또 80%만 제거한다고 해서 기후재앙이 시작되는 것은 아니다. 다만 이산화탄소를 제거하는 양이 많으면 많을수록 우리가 누리는 혜택은 더 커지고 늘어난다. 그래서 탄소중립으로 빨리 가야 한다고 말하는 것이다.

탄소세에 대한 논의가 필요하다

탄소세는 이산화탄소 저감 대책의 하나로 선진국을 중심으로 논의되고 있는 세제로, 그 본질상 부과금의 한 형태다. 화석연료를 사용하는 경우 연료에 함유되어 있는 탄소 함유량에 비례해 세금을 부과하는 제도다. 그러니까 탄소세란 일종의 종량세로서 탄소배출량에 따라 세를 부과하는 것으로, 이는 에너지사용에 따라 배출되는 이산화탄소의 배출을 억제하는 데 그 목적이 있는 목적세라 할 수 있다. 유럽의 일부 국가는 이미 물품에 탄소세를 부과하고 있고, 유럽 이외의 나라도 탄소배출을 억

제하도록 여러 조치를 취하고 있다. 예를 들어, 우리나라가 자동차를 유럽에 수출하려면 자동차 제조에서 탄소 사용이 기준 이하여야 한다는 것 등이 이에 속한다.

탄소세의 목적은 지구가열화 방지를 위해 이산화탄소를 배출하는 석유·석탄 등 각종 화석에너지 사용에 세금을 부과하여 이의 사용을 줄이자는 것이다. 탄소세를 거둠으로 인해 이산화탄소를 많이 함유하는 화석연료의 가격을 전반적으로 인상함으로써 화석연료 이용을 억제할 수 있다. 또 탄소세는 대체에너지 개발을 촉진하여 간접적으로 이산화탄소의 배출량을 억제하려는 목적도 있다. 그러나 1991년 12월 유럽공동체 에너지환경 각료회의에서 도입 방침을 합의한 이래 유럽을 중심으로 한 25개 나라만 겨우 시행하고 있을 정도로 기업들의 탄소세 부담이 만만치 않다. 미국 등 세계 대다수의 국가들이 아직도 탄소세 도입을 하지 않는 것은 이 때문이다. 산업화된 모든 나라가 화석연료에 절대적으로 의존하고 있기 때문에 탄소세를 실시하면 국민경제에 큰 부담으로 작용한다. 그러다 보니 탄소세로 인한 부담을 줄여주기 위해 법인세나 소득세 등을 감면해주는 나라들이 많다.

다음은 2021년 9월 한 언론사의 기사 중 일부다.[233]

"7월 말, 포스코와 현대제철은 올해 2분기에 역대 최대 규모의 영업이익을 달성했다고 실적을 발표했다. 하지만 웃을 수가 없다. 철강은 대표적인 탄소배출 산업인데 유럽연합과 미국이 탄소국경세를 도입하겠다고 나섰기 때문이다. 탄소국경세에 적응하기도 어려운데 우리나라 정부가 2050 탄소중립을 실현하기 위해 국내 기업에 적용할 탄소세 도입을 추진 중이라는 소식이 있기 때문이다."

---

233 https://www.donga.com/news/article/all/20210804/108352440/1

사실 탄소세는 수출과 제조업 중심의 우리나라 기업들에게는 중대한 도전이 아닐 수 없다. 우리나라에서는 탄소중립 전환 지원을 위한 '기후 대응기금' 마련을 위한 세제와 부담금, 배출권거래제 등 탄소 가격 부과 체계의 전면 검토에 착수한 상태다. 전국경제인연합회는 최근 2019년 온실가스 배출량을 기준으로 탄소세 도입 시 세율에 따라 연간 7조 3,000억 원에서 36조 3,000억 원의 기업 부담이 추가될 것으로 예측했다. 탄소세 도입이 기업들에게 큰 부담이라는 것이다. 이런 어려움을 기업들이 잘 헤쳐나갈 수 있도록 정부도 기업의 생산 활동을 위해 적극적으로 지원해야 할 것으로 본다.

2

신재생에너지 확충과
수소경제로의 전환이 필요하다

2021년 11월에 영국 글래스고에서 열린 제26차 유엔기후변화협약 당사국총회에서는 지구의 기후변화를 저지하기 위해 탄소중립으로 가는 길에 대한 논의와 협약이 있었다. 이에 앞서 국제에너지기구[IEA, International Energy Agency]는 2020년 10월에 '세계 에너지 전망 2021' 특별판[234]을 통해 많은 국가들이 청정에너지 전환을 어느 정도 이루었는지, 그리고 1.5°C 목표에 도달하기 위해 얼마나 더 많은 청정에너지를 확보해야 하는지에 대한 여러 자료들을 제공했다. 이들은 에너지 문제를 통한 탄소중립으로 1.5°C 상승 억제 목표를 이룰 수 있다고 본다.

---

234 IEA, World Energy Outlook 2021, IEA, Oct 5, 2020.

새로운 에너지경제로 가야 한다

에너지 부문은 산업화 시대부터 현재까지 지구 평균온도를 $1.1°C$ 이상 상승시킨 온실가스 배출량의 거의 4분의 3을 차지하고 있다. 당장 우리에게 닥치고 있는 극단적인 날씨와 기후재앙에 많은 영향을 주고 있기에 에너지 분야가 기후변화 해결의 핵심이 되어야만 한다. 문제는 2050년까지 약 20억 명의 인구가 더 증가하게 되는데 인구 증가와 함께 저소득 국가가 소득이 높아지면 더 많은 에너지를 사용할 수밖에 없게 된다는 점이다. 그러므로 현재의 화석연료 의존과 에너지 배출 집약적인 형태로는 도저히 탄소중립을 달성하기가 매우 힘들다는 것이 현실이다. 이런 문제를 해결하기 위해 새로운 글로벌 에너지경제가 등장하고 있지만, 그 전환은 여전히 갈 길이 멀어 보인다.

2020년에 코로나19 봉쇄의 와중에도 풍력, 태양광 등 재생에너지원은 계속 빠르게 성장했고, 전기차는 새로운 판매 기록을 세웠다. 앞으로 새로운 에너지경제는 더욱 전기화되고 효율적이며 상호 연결되고 깨끗해질 것이다. 이런 것들은 정책 행동과 기술 혁신 선순환의 산물이며, 이 방향으로 갈 수 있는 것은 비용이 계속 낮아지고 있기 때문이라고 국제에너지기구는 주장한다. 사실 에너지 시장에서 태양열 발전이나 풍력은 현재 새로운 전기 발전의 가장 저렴한 공급원이 되었다. 청정에너지 기술은 투자 및 고용을 위한 새로운 분야이자 국제 협력 및 경쟁의 역동적인 분야가 될 수 있다고 세계에너지기구는 주장한다. 다만 문제는 코로나19로 인한 경기침체로부터 경제가 회복하는 와중에 천연가스, 석탄, 전기 시장의 수요가 폭증하자 가격이 급격하게 상승했다는 것이다. 그 결과, 현재 재생에너지 분야가 급성장하고 있음에도 불구하고 화석연료의 과다한 사용으로 인해 역사상 두 번째로 큰 연간 이산화탄소 배출량 증가를 보이고 있다. 그러다 보니 2021년 5월에 발표된 국제에너지기구의 랜드마크인 '2050년 순 제로 배출 시나리오'[235]로부터 조금 멀어지는 것이 아닌가 하는 우려가 있다.

2021년 11월에 열린 제26차 유엔기후변화협약 당사국총회에서 많은 국가들이 기후 목표에 도달하기 위한 탄소 저감 약속을 했는데, 이는 결국 에너지에서 탄소량을 줄이겠다는 것을 의미한다. 국제에너지기구는 제26차 유엔기후변화협약 당사국총회 이전에 각국이 약속했던 탄소 저감 노력을 기반으로 에너지 사용 및 수급원을 예측했다. 2030년까지 연간 태양광 및 풍력 추가량은 500기가와트^{GW}에 달할 것이고, 그로 인해 전력 부문의 석탄 소비량은 최근에 기록한 최고치보다 20% 정도 낮아질 것으로 예상되며, 전기차 판매의 빠른 성장과 지속적인 연비 개선으로 인해 2025년경에 가면 석유수요가 정점에 이른 후 감소하기 시작할 것으로 보고 있다. 또한 에너지의 효율 향상으로 2030년 이후 전 세계의 에너지 수요는 증가하게 될 것이다. 그럼에도 각국의 약속이 성공적으로 추진된다면 2050년까지의 기간 동안 전 세계 에너지 관련 이산화탄소 배출량은 40% 정도 감소할 것이다. 특히 전력 부문에서 가장 많이 감소할 것으로 예상된다. 그러나 국제에너지기구는 두 가지 우려를 하고 있다. 첫째, 에너지 관련 이산화탄소 배출량 감소는 시멘트 및 철강 생산 산업이 배출하는 이산화탄소와 화물 트럭 같은 중장비 운송의 지속적인 성장에 의해 상쇄될 수 있다는 점이다. 둘째, 신흥시장과 개발도상국들은 탄소를 줄이기보다 생존하기 위한 산업 및 시설 인프라를 구축하기 위해 더 많은 이산화탄소를 배출할 것이다라는 점이다.

---

235 IEA, Net Zero by 2050 Scenario, IEA, updated May 2021.

신재생에너지의 비중을 높여야 한다

궁극적으로 탄소중립으로 가기 위해서는 저탄소 에너지 사용을 늘려야 한다. 국제에너지기구는 세계가 1.5°C로 정상 궤도에 오르게 하려면 2030년까지 청정에너지 프로젝트 및 인프라에 대한 연간 투자가 거의 4조 달러로 급증해야 한다고 말한다. 이를 위해 에너지 전환을 지원하는 자본의 흐름을 가속화해야 한다고 본다. 에너지 투자는 민간 개발자와 소비자, 금융업자가 정부가 정한 시장 신호와 정책에 대응해 수행해나가되 국제개발은행이나 대규모 기후금융 등이 보장을 해주어 투자자들의 투자를 촉진하게 해야 한다는 것이다.

그러나 2021년에 세계적으로 발생한 극단적인 기후재앙으로 에너지 인프라에 대한 위험이 증가하고 있다. 예를 들어, 전 세계 전기 네트워크의 약 4분의 1이 파괴적인 사이클론의 위험에 직면해 있고, 해안에 설치된 풍력발전소의 10% 이상이 심각한 해안 홍수에 노출되기 쉬우며, 담수 냉각 화력발전소의 3분의 1이 물 스트레스가 높은 지역에 위치해 있다. 게다가 기온 상승으로 스마트 그리드Smart Grid[236]와 열 발전소의 성능에 영향을 줄 수도 있다. 따라서 국제에너지기구는 재난 발생 후 에너지 시스템의 복원력 강화가 시급하다고 주장한다.

이제 전 세계가 에너지원을 확보하기 위해 신재생에너지의 증설로 방향을 틀었다. 2020년 12월 2일에 국제에너지기구는 '2021년 재생에너지 및 2026년 분석 및 예측' 보고서를 발표했다.[237] 국제에너지기구는 재생 가능한 전력 성장이 전 세계적으로 그 어느 때보다 빠르게 가속화

---

236 스마트 그리드: 전력 공급자와 소비자가 실시간 정보를 교환함으로써 에너지 효율을 최적화하는 차세대 지능형 전력망.

237 IEA, 2021 Renewable Energy and 2026 Analysis and Prediction, IEA, Dec 2, 2020.

●●● 2020년에 코로나19 봉쇄의 와중에도 풍력, 태양광 등 신재생에너지원은 계속 빠르게 성장하고 있고, 전기차는 새로운 판매 기록을 세웠다. 앞으로 새로운 에너지경제는 더욱 전기화되고 효율적이며 상호 연결되고 깨끗해질 것이다. 이런 것들은 정책 행동과 기술 혁신 선순환의 산물이며, 이 방향으로 갈 수 있는 것은 비용이 계속 낮아지고 있기 때문이라고 국제에너지기구는 주장한다. 에너지 시장에서 태양열 발전이나 풍력은 현재 새로운 전기 발전의 가장 저렴한 공급원이 되었다. 그러나 우리나라는 신재생에너지가 차지하는 비율이 7% 이하로 아직은 매우 적다. 그러나 탄소중립으로 가기 위해서는 신재생에너지의 비중을 더 높여야 한다.

되면서 새로운 세계 에너지 경제의 등장을 뒷받침하고 있다고 말한다. 또한 현재 신재생에너지 증설이 매년 새로운 기록을 세워나가고 있지만 제26차 당사국총회에서 논의된 더 강력한 정책과 기후목표를 뒷받침하기 위해서는 주요 부문에 걸쳐 더 빠른 구축이 필요하다고 강조한다. 보고서에서는 태양 전지판, 풍력 터빈, 그리고 다른 재생 가능한 기술로부터 전기를 생산할 수 있는 세계의 능력은 2021년에 새로운 설비의 사상 최고기록을 세울 것으로 기대되면서 앞으로 몇 년 동안 가속화될 것이라고 주장한다.

국제에너지기구 연례 재생에너지 시장 보고서 최신호에 따르면, 태양광 패널과 풍력 터빈 제작에 사용되는 핵심 소재 비용이 상승했음에도 불구하고 2021년 신재생 전력 용량 추가는 290기가와트^{GW}로 종전 최고치를 넘어설 것으로 전망했다. 그리고 2026년까지 전 지구 신재생 가능 전력 용량은 2020년 수준에서 60% 이상 증가하면서 현재 화석연료와 핵을 합친 총 세계 전력 용량에 해당하는 4,800기가와트 이상으로 증가할 것이라고 예측했다. 2026년까지 전 세계 전력 용량 증가의 거의 95%가 신재생에너지로 충당될 것이며, 이 중 태양광 발전이 절반 이상이 될 것이라고 전망한다. 2021년부터 2026년까지의 기간 동안 추가된 신재생에너지 가능 용량은 2015년부터 2020년까지보다 50%가 늘어날 것으로 예상되는데, 이것은 제26차 당사국총회의 강력한 지지와 보다 야심찬 청정에너지 목표에 의해서 추진될 수 있을 것으로 보고 있다.

우리나라는 신재생에너지가 차지하는 비율이 7% 이하로 아직은 매우 적다. 그러나 탄소중립으로 가기 위해서는 반드시 가야 할 길이라고 본다. 정부에서 2050년에 신재생에너지의 비율을 70% 이상으로 늘리겠다고 말한 만큼 지금부터라도 신재생에너지 확충을 위한 설비는 물론 다양한 인프라까지 매칭되는 제도 및 정책을 시행해야 할 것으로 생각한다.

수소에너지를 왜 친환경 에너지라고 부르는 것일까

탄소중립을 위해서 가장 절실한 것이 화석연료 의존을 줄이고 신재생에너지를 대폭 확장하는 것이다. 신재생에너지 사회로 가게 되면 에너지 활용 방안이 지금과는 달라진다. 신재생에너지 발전을 통해 얻은 전기에너지와 수소에너지를 사용하는 방법으로 변한다. 그중에서도 궁극적인 친환경 에너지라고 불리는 수소에너지를 사용하는 방향으로 가야만 한다.

그렇다면 왜 수소를 친환경 에너지라고 부를까? 수소를 연료로 하는 수소연료전지는 수소와 산소가 화학반응을 일으켜 전기를 생산한다. 이때 환경오염 물질은 전혀 배출하지 않고 부산물은 오직 순수한 물뿐이다. 그렇기 때문에 수소는 청정에너지원으로 주목받고 있다. 여기에 수소와 연료전지만 있다면 전기에너지가 사용되는 모든 분야에 쉽게 적용할 수 있다는 이점이 있다. 재생에너지는 계절과 날씨 등에 따라 발전량 변동이 커질 수 있는데, 수소에너지는 언제든 순발력 있게 대응할 수 있다. 예를 들어, 재생에너지가 많이 발생할 때는 이를 활용해 수소를 만들어놓고, 전력이 부족할 때는 수소를 다시 전기로 만들면 된다. 또한 수소만 원활히 공급받는다면 수요지 인근에서 분산형 전원으로 활용하기에도 아주 좋다.

수소는 청정에너지원일 뿐 아니라 다른 에너지보다 에너지 저장수단으로서의 가치도 탁월하다. 그런데 왜 현재 당장 모든 에너지원에 사용하지 못하는 것일까? 현재 우리나라에서 생산되는 수소의 96% 이상은 친환경 수소라고 불리기 어려운 그레이 수소다. 수소는 생산 방식에 따

●●● 수소를 연료로 하는 수소연료전지는 수소와 산소가 화학반응을 일으켜 전기를 생산한다. 이 때 환경오염 물질은 전혀 배출하지 않고 부산물은 오직 순수한 물뿐이다. 그렇기 때문에 수소는 청정에너지원으로 주목받고 있다. 탄소중립을 위해서 가장 절실한 것이 화석연료 의존을 줄이고 신재생에너지를 대폭 확장하는 것이다. 그 무엇보다도 궁극적인 친환경 에너지라고 불리는 수소에너지를 사용하는 방향으로 가야만 한다.

라 그레이 수소, 블루 수소, 그린 수소로 나뉜다.[238]

먼저 그레이 수소를 생산하는 과정을 보자. 그레이 수소는 천연가스의 주성분인 메탄과 고온의 수증기를 촉매 화학반응을 통해 수소와 이산화탄소를 만들어낸다. 그런데 약 1kg의 수소를 생산하는 데 이산화탄소 10kg을 배출한다. 그레이 수소는 워싱그린일 뿐 친환경 에너지는 아니다.

두 번째 블루 수소는 이산화탄소 포집 및 저장기술을 활용해 그레이 수소 대비 친환경성이 높다는 장점이 있다. 그레이 수소보다는 이산화탄소 배출이 적어 친환경성이 높지만, 이산화탄소 포집 및 저장 기술이 최근에 들어 상용화 단계지만 아직 비용이 높고 또 이산화탄소를 완전히 제거하지는 못한다는 문제가 있다.

마지막으로 진짜 청정에너지라고 부를 수 있는 그린 수소가 있다. 반드시 신재생에너지를 통해 얻은 전기로 수소를 만드는 것이 그린 수소의 핵심이다. 그린 수소는 물의 전기분해를 통해 얻어지는 수소로, 태양광 또는 풍력 같은 신재생에너지를 통해 얻은 전기에너지를 물에 가해 수소와 산소를 생산한다. 따라서 생산 과정에서 이산화탄소 배출이 전혀 없어 최고의 친환경 수소라 불린다. 따라서 탄소중립으로 가기 위해서는 그린 수소를 많이 생산해야 한다.

그렇다면 왜 현재 수소의 약 96%를 차지하는 그레이 수소 대신 더 친환경적인 그린 수소를 사용하지 못할까? 먼저 신재생에너지로부터 전력을 생산하는 단가가 너무 높다. 둘째, 그린 수소를 생산하는 수전해 설비의 효율이 낮아 수소 생산을 위해 많은 전력을 사용해야 한다. 이러한 경제적·기술적 한계로 인해 현재는 주로 그레이 수소를 사용하

---

238 https://news.hmgjournal.com/Tech/

는 것이다. 현재 상황으로는 그레이 수소보다 친환경적인 블루 수소 확대를 위해 이산화탄소 포집 및 저장 기술 고도화가 필요하고 포집 비용도 낮추어야 한다. 그러나 장기적인 관점으로 본다면 결국 그린 수소 사용이 주를 이루어야 탄소중립으로 갈 수 있다. 이를 위해 각국은 수전해 및 신재생에너지 발전 기술, 그린 수소 인프라 등 그린 수소 사회 구축을 위한 다양한 노력을 진행하고 있다. 현재 재생에너지가 풍부한 북아메리카나 유럽 일부 지역에서는 그린 수소 생산을 위한 대용량 수전해 실증사업을 진행하고 있는 상태다.

현재는 재생에너지 전력이 넘칠 경우 배터리 에너지저장장치ESS, Energy Storage System를 사용하지만 한계가 있기 때문에 수소로 변환해 저장하면 쉽게 잉여전력 문제를 해결할 수 있다. 올해 재생에너지 잉여전력이 많으면 수소 에너지저장장치에 저장했다가 내년에 쓰면 되기 때문에 에너지의 안정성에 크게 도움이 된다.

우리나라 수소에너지 정책은 무엇일까

우리 정부는 수소에너지에 대해 어떠한 계획을 가지고 있을까? 정부는 2021년 11월 26일에 제1차 수소경제 이행 기본계획을 발표했다.[239] 수소경제의 필요성은 첫째, 탄소중립 핵심 수단이기 때문이다. 수소는 열과 전기를 생산하면서 온실가스와 미세먼지 등 유해 물질 배출이 없는 친환경 에너지이며, 재생에너지를 활용하여 수소를 만들면 탄소중립 발전이 가능해지고 특히 산업계에서 온실가스 배출량의 75%를 차지하는 에너지 다소비 산업인 철강과 석유화학, 시멘트, 알루미늄 등에 탄소 저

---

239 산업통상자원부, 제1차 수소경제 이행 기본계획 공고안, 산업통상자원부, 2021/11.

감 수단을 제공할 수 있다.

둘째, 산업 경쟁력을 제고할 수 있다. 에너지 생산-전달-소비(산업·건물·수송) 등의 전주기 활용이 가능하여 신산업 창출이 가능하며 전통산업의 재도약 기회도 제공할 수 있다. 예를 들어 발전(연료전지·가스터빈), 저장(에너지저장장치ESS), 수송(수소차·열차·선박), 산업공정(원료·연소) 등 산업 전반에 걸쳐 다양하게 활용될 전망이다.

셋째, 전력계통을 안정화할 수 있다. 에너지저장 및 유연 발전을 통해 재생에너지의 변동성을 줄여 계통 유연성 확보와 함께 안정화에 기여할 수 있다. 분산전원(연료전지), 수소 저장기술 등을 활용하여 시간별·계절별 에너지 수요 편차와 재생에너지 간헐성에 따른 수급 불균형을 해소할 수 있는 장점이 있다.

넷째, 에너지 안보를 강화할 수 있다. 국산 기술을 활용한 신규 에너지원 확보와 산업 부문 화석연료 소비 대체를 통해 에너지 수입 의존도를 경감시킬 수 있다. 또 우리나라 재생에너지 발전 및 수소 생산기술을 해외에 적용하고, 생산된 수소를 국내로 도입하여 에너지 자립 비중을 확대할 수 있다. 우리나라의 2019년 에너지의존도를 보면 수입에 93.5%를 의지하고 있으며 우리나라 자체 에너지원 생산은 6.5%밖에 안 된다. 1차 에너지 공급은 석유가 38.7%, LNG가 17.7%, 유연탄이 25.6%, 원자력이 10.3%, 수력이나 신재생에너지가 6.3%이다. 나머지는 무연탄이다.

우리나라가 수소경제로 나갈 수밖에 없는 것은 선진국을 중심으로 국가별 강점에 기반하여 미래 수소 시장 선점을 위한 정책을 최근에 경쟁적으로 수립하여 발표하고 있기 때문이다. 특히 호주나 칠레, 사우디 등 재생에너지원이 풍부한 국가는 그린 수소를 대량으로 생산하여 수소 수출국 지위를 확보하기 위한 정책 지원에 집중하고 있다. 이외에 수소 활용 부문에 정책적 초점을 맞춘 국가도 있다. 우리나라나 일본은 수송이나 발전 부문, 유럽은 산업 부문에 중점을 두고 있다. 특히 가장 깨끗한 수소인 그린 수소 프로젝트가 각국에서 활성화되고 있다. 유럽은 2030년 목표로 67기가와트 설비용량으로 연 360만 톤을 생산한다는 프로젝트를 진행 중이며, 호주나 칠레, 사우디 등도 유럽보다는 규모가 작지만 대단위 프로젝트를 진행하고 있다. 우리나라에서도 대기업을 중심으로 대규모 투자계획을 발표하고 있다. 자동차, 철강, 석유화학 등 다양한 기업에서 2030년까지 43조 원 투자계획을 발표하고, 기존 사업 영역에서 수소 분야로 외연을 확대하고 있다. 이에 따라 수소산업 종사자와 매출액, 투자액은 계속 증가하고 있다.

현재 우리나라의 수소 생산 현황을 보면 부생·추출 수소 중심 공급 인프라를 확충하고, 그린 수소 생산에 필요한 수전해 설비 규모 확대를 위한 실증을 추진 중이다. 대규모 석유화학단지(울산·여수·대산) 중심으로 수소 파이프라인 설치, 고순도 수소 생산기술 확보를 통해 수소를 연간 약 180만 톤 활용하고 있다. 부생 수소 출하 센터 구축을 지속적으로 확대하고, 전국 단위 공급망 구축을 위해 추출 수소 생산기지를 창원과 삼척, 평택에 건설 중이다. 제주와 동해, 새만금에서 수전해 설비 규모 스케일 업 기술개발을 거쳐 3개 지역을 대상으로 상용화를 위한 수전해 실증 프로젝트에 착수했다. 그러나 부생·추출 수소를 중심으로 한 수소 공급은 확대되고 있으나, 그린·블루 수소 생산·도입을 위한 인프라는 여전히 부족한 형편이다. 그리고 그린·블루 수소 기술은 선도국 대비 4~7년 기술 격차가 존재하여 친환경적인 생산으로 전환하기가 쉽지 않다. 그리고 수소 가격 안정화와 그린 수소 확대를 위한 해외 도입 필요성에도 불구하고 해외 프로젝트 참여와 도입 인프라 구축 역시 미흡한 상황이다. 따라서 앞으로는 대규모 수전해 기술 확보를 통해 그린 수소 중심으로 공급체계를 전환하고, 양자·다자협력 활성화로 해외 도입 방안을 마련해나가야만 한다.

3

탈석탄이 시급히 이루어져야 한다

석탄은 지질시대의 식물이 퇴적·매몰된 후 열과 압력의 작용을 받아
변질 생성된 흑갈색의 가연성 암석을 말한다. 인간은 지하 깊숙한 곳에
서 수억 년의 시간에 걸쳐 만들어진 석탄을 캐내어 산업혁명을 시작했
고 이로 인해 지구상의 경제와 산업은 2세기에 걸쳐 눈부신 발전을 이
루었다. 현재 석탄을 이용한 화력발전은 전 세계 전기 사용량의 40%를
감당하고 있다. 문제는 이처럼 많은 에너지를 공급하는 석탄을 사용하
면 할수록 엄청난 양의 오염물질과 이산화탄소가 배출된다는 것이다.
석탄 사용으로 인해 지구는 병들기 시작했고 지구가열화가 심각해지면
서 기후위기가 찾아왔다. 인류에게 에너지를 공급해준 석탄이 인류를
파멸시킬 수 있는 물질이 된 것이다.

석탄은 퇴출되어야만 한다

『하얀 석탄』[240]이라는 책이 있다. 이 책에서 검은 석탄은 더티 에너지이면서 미세먼지, 더러운 연기, 이산화탄소를 배출하는 오래된 기존 석탄화력발전소를 가리킨다. 하얀 석탄은 질산화산소, 황산화산소, 초미세먼지 등을 배출하는 수준이 제로 베이스에 가깝고 이산화탄소를 포집하는 제3세대 석탄화력발전소를 지칭한다. 석탄발전소가 하얀 석탄이된다면 더 이상 바랄 것이 없다. 에너지원으로 가격이 싸고 공급원도 거의 무궁무진하기 때문이다. 그러나 현실에서는 하얀 석탄이 존재하기가매우 어렵다. 하얀 석탄을 만들기 위한 기술도 부족하고 신재생에너지에 비해 막대한 돈이 들기 때문이다. 그렇기 때문에 국제에너지기구IEA가 앞장서서 탈석탄을 부르짖는 것이다.

국제에너지기구는 '2050 넷 제로: 글로벌 에너지 부문을 위한 로드맵'을 통해 "최소한 이 정도는 해야 탄소중립이 가능하다"는 요구사항을 발표했다.[241] 첫 번째 순서에서는 ① OECD 국가의 경우 2035년까지 발전 부문에서 화석연료를 퇴출, 탄소배출을 '0'로 만들어야 한다. ② 석탄뿐 아니라 모든 종류의 화석연료를 캐내는 행위는 지금 당장 중단해야 한다. ③ 재생에너지는 대대적으로 빠르게 확대해야 한다는 세 가지를 요구했다. 그리고 두 번째 순서에서는 2050년 탄소중립을 달성하기 위한 최소 충족 요건들을 내걸었다. ① 2021년 석탄발전소, 탄광, 유전, 가스전의 신규 개발이나 확장 중단, ② 2025년 화석연료를 이용하는 모든 보일러의 판매 금지, ③ 2030년 모든 신축 건축물을 '탄소 제로

---

[240] 이대환, 『하얀 석탄』, 아시아, 2017.

[241] IEA, Net Zero by 2050 : A Roadmap for the Global Energy Sector, IEA Flagship report, May 2021.

건축물'로 건축, 선진국 석탄발전 폐쇄, ④ 2035년 내연기관 신차 판매 중단, 선진국 발전 부문 탄소중립, ⑤ 2040년 신축 건축물 및 구축 모든 건축물의 50%를 '탄소제로 건축물' 건축, 전 세계 발전 부문 탄소중립, 전 세계 석탄발전 단계적 폐쇄, ⑥ 2045년 전 세계 열 수요 50%를 히트펌프로 공급, ⑦ 2050년 모든 건축물의 85% 이상이 '탄소 제로 건축물', 전 세계 발전량 70%가 태양광 및 풍력 발전 등이다. 국제에너지기구는 기후위기를 극복하기 위한 탄소중립 실현 방안으로 화석연료의 퇴출, 특히 석탄발전소의 조속한 폐쇄를 강력하게 주장하고 있다. 2030년에는 선진국이 발전 분야에서 석탄발전을 폐쇄해야 하며, 2040년에는 전 세계 모든 석탄발전을 단계적으로 폐쇄해야 한다는 것이다.

국제에너지기구의 주장에 부응하여 2021년 11월 초에 개최된 제26차 유엔기후변화협약 당사국총회에서는 석탄발전을 퇴출하는 협의가 진행되었다. 지금까지 당사국총회에서 석탄발전이 논의된 적은 없었다. 그러나 탄소중립을 이루기 위해서는 석탄발전 폐쇄가 매우 중요하다는 유엔과 총회 개최국 영국의 주장으로 합의안 절충에 들어갔다. 이처럼 당사국총회에서 시작은 희망적이었다. 2021년 11월 4일 영국의 당사국총회 회장단이 배포한 보도자료[242]에 의하면, "세계 20대 석탄발전 사용 국가 중 5개국을 포함하여 최소 23개국이 석탄발전을 단계적으로 중단하기로 새로운 약속을 했다. 최소 25개국과 공공금융기관이 2022년 말까지 감소되지 않은 화석연료 에너지 분야에 대한 국제적인 공공 지원을 중단하기로 약속했다. 영국 및 국제 파트너들의 지원으로 190개 회원국의 연합이 석탄발전을 단계적으로 중단하고 새로운 석탄발전소에 대한 지원을 중단하기로 합의했다."

---

242 UNFCCC, End of Coal in Sight at COP26, UNFCCC, Nov 4, 2021.

이러한 합의는 최근 중국, 일본, 한국이 해외 석탄 금융을 중단하겠다고 발표한 데 이은 것으로, 석탄발전에 대한 모든 중요한 공공국제금융이 사실상 종료되었다는 것을 의미한다. 또 제26차 유엔기후변화협약 당사국총회 파트너인 이탈리아, 캐나다, 미국, 덴마크 등 25개국은 공공 금융기관과 함께 2022년 말까지 화석연료 에너지 분야에 대한 국제적 공공 지원을 종료하고 대신 클린에너지에 대한 지원을 우선하기로 하는 영국 주도의 공동성명에 서명했다. 이를 통해 연간 약 178억 달러의 공공 지원이 화석연료에서 청정에너지로 전환될 수 있다.

에너지의 날에 관한 다른 발표들은 다음과 같다. 에너지 전환 협의회와 GEAPP^Global Energy Alliance for People and Planet 간의 전략적 파트너십이 있었다. 11월 2일 자선단체와 개발은행으로부터 100억 달러의 기금을 받아 발표된 GEAPP는 2030년까지 개발도상국과 신흥국의 10억 명에게 깨끗하고 재생 가능한 에너지를 제공하고 1억 5,000만 개의 녹색 일자리를 창출하는 것을 목표로 하고 있다. 다만 제26차 유엔기후변화협약 당사국총회 회의장 주변에서는 각국에서 몰려온 비정부기구^NGO, Non Governmental Organization 및 기후운동가들이 석탄뿐 아니라 가스와 석유 사용을 중단해야 한다고 외쳤다.[243]

석탄의 퇴출이 아닌 단계적 감축 합의로 COP26이 끝났다

그러나 2030년까지 전 세계의 기후변화 대응을 강화하며 석탄발전을 퇴출하고자 했던 주최국 등의 목표와 달리 국제사회가 석탄의 '단계적

---

243 UN News, Energy day'at COP26: Voices call out for an end to use of coal, gas and oil, UN, Nov 4, 2021.

감축phase down'에 합의하는 수준에서 제26차 유엔기후변화협약 당사국총회COP26(이하 COP26)가 폐회했다. 원래 합의문 초안에 담겼던 석탄의 '단계적 퇴출phase out'에 대해 온실가스 배출 3위 국가인 인도가 반대했다. 인도의 부펜더 야다브Phupender Yadav 환경기후장관은 인도는 개도국이 빈곤 문제와 싸워야 한다는 이유로 협상 막판에 합의문에 있던 석탄 사용 '중단'을 '감축'으로 수정하라고 요구했다. 일부 개도국들이 이에 동조하면서 인도의 요구사항이 관철된 것이다. 마지막 정부 대표단 발언에서 피지 대표는 "1.5℃를 지키기 위한 노력이 중요하다. 그래서 모든 나라에 석탄 퇴출을 호소한다"라고 말했다. 그러나 결국 석탄 퇴출은 실패했고 알록 샤마 COP26 의장은 부실한 성과에 사과했으며, 기후환경단체는 'COP 장례식'을 열었다. 안토니우 구테흐스 유엔 사무총장은 "우리의 연약한 행성은 실타래에 걸려 있다. 우리는 여전히 기후재앙의 문을 두드리고 있다. 승인된 본문은 오늘날 세계의 이익, 조건, 모순, 그리고 정치적 의지의 상태를 반영한다. 불행하게도 집단적인 정치적 의지는 모순을 극복하기 충분하지 않았다"라고 말했다.

미흡하지만 석탄협약이 체결된 것은 그나마 다행이다. 국제에너지기구가 주장한 2030년 선진국 석탄발전 퇴출, 2040년 개도국 석탄발전 단계적 퇴출 등의 목표에 40개국은 동의하면서 석탄협약을 맺었다. 영국 정부는 성명에 참여한 국가들은 자국 안팎의 신규 석탄발전소 투자를 즉시 중단하고, 청정에너지 도입을 서두르기로 했다고 발표했다. 폐지에 동의한 국가 가운데 폴란드, 베트남, 칠레 등 23개국은 신규 석탄발전소 건설과 허가 발급을 중단하고 궁극적으로 석탄 연료 사용을 중단하기로 처음으로 약속한 나라들이다. 그러나 이 탈석탄 성명에 미국과 중국, 인도, 러시아 등은 아예 빠졌다. 다만 이번 석탄협약에서 빠졌던 미국을 비롯한 주요 20개국(G20)은 탄소 저감장치가 갖춰지지 않은 해외 화석연료 사업에 2022년 말까지 해외 자금 조달을 중단하기로 약속했다.

COP26은 이런 성과도 거두었지만 전 세계 기후변화 대응에 있어 의지와 노력보다는 각국의 이기심이 강력하게 작동한다는 것을 확인시킨 회의였다는 평가가 지배적이다. 세계적인 노력이 필요한 일에 자국의 이익이 더 중요하다면서 강대국들이 찬물을 뿌린 것이다. 2023년 제28차 총회에서 전 세계 정상들이 다시 만나 협의하자고 했지만 석탄 퇴출의 시기만 계속 늦어지는 것은 아닐까 우려스럽다.

석탄 사용이 2022년에는 사상 최대가 될 전망이다

국제에너지기구는 2021년에 전 세계적으로 석탄화력 발전량이 강하게 반등하고 있다고 밝혔다.[244] 미국과 유럽의 유가 상승과 중국의 경제활동 증가로 인한 것인데, 2020년 상반기와 비교하면 2021년 상반기의 석탄발전 증가율은 15%에 육박한다. 중국(+21%), 인도(+13%), 미국(+35%) 모두 2021년 1분기 석탄화력 발전량이 그전 해 같은 시기에 비해 상승했다. 특히 2021년 하반기에는 천연가스 가격이 큰 폭으로 상승하면서 미국, 유럽, 아시아 등 주요 시장에서 석탄 사용이 대폭 늘었고 전 세계적으로 이산화탄소 배출량이 증가했다.

각국에서 석탄발전이 늘게 된 원인을 살펴보자. 먼저 중국의 경우 2020년 말에서 2021년 초까지 발전 믹스에서 석탄의 점유율은 2020년 초 최저치에서 반등했다. 이러한 반등은 강수량이 적어지면서 수력 발전량이 감소하였는데 에너지 수요가 늘었기 때문이다. 중국의 석탄

---

244 IEA, Coal-Fired Power, IEA, Nov 2021.

점유율은 2020년 11월부터 확대되어 2021년 4월까지 66.5%로 2019년과 2020년 같은 기간보다 매우 높았다. 2021년 초 인도는 바람이 약해지면서 풍력발전량이 줄어든 데다 수요가 급증하면서 석탄화력발전이 증가했다. 2019년 초 이후 최고 수준인 79%의 전력 혼합 점유율로 상승했는데, 석탄화력발전은 2019년 1분기부터 2021년 1분기까지 11% 성장했다. 2021년의 가스 가격 상승은 특히 미국과 유럽연합에서 석탄으로 다시 전환하는 결과를 가져올 것으로 예상된다. 미국 전력에서 석탄의 점유율은 2020년 4월 월간 최저치인 15%를 기록한 뒤 올라가면서 한파가 닥쳤던 2021년 2월 주간 점유율이 30%로 정점을 찍었다. 그러나 2021년 3월부터 5월까지 재생에너지 생산량이 증가하면서 미국 전력 믹스에서 석탄 비중이 다시 20% 안팎으로 떨어졌다. 그럼에도 불구하고 2021년 5월까지 전년에 비해 절대 석탄발전이 36%나 증가했다.

국제에너지기구는 2022년에는 전체 석탄 수요가 사상 최고치를 기록할 가능성이 높다고 밝혔다.[245] 2021년 12월에 발표한 연례 시장 보고서에서 석탄 생산량이 2021년 연간 최고치를 경신하며 온실가스 감축 노력을 저해하고 있으며 2022년에는 세계 석탄 수요가 사상 최고치를 기록할 가능성이 있다고 밝혔다. 보고서에서는 석탄에서 발생하는 세계 발전량은 2019년과 2020년에 감소한 후 2021년에는 9% 급증해 사상 최고치인 1만 350테라와트시^{TWh}를 기록할 것으로 예상했다. 2021년에 경기 회복 속도가 빨라 저탄소 공급이 따라잡을 수 없는 전력 수요를 훨씬 빠르게 끌어올린 것이 반등을 견인하고 있다면서 천연

---

245 IEA, Coal power's sharp rebound is taking it to a new record in 2021, threatening net zero goals, IEA, Dec 17, 2021.

●●● 국제에너지기구는 기후 패턴과 경제성장에 따라 전체 석탄 수요는 빠르면 2022년에 사상 최고치를 경신하고 향후 2년간 그 수준을 유지할 것으로 예측하면서 신속하고 강력한 정책 조치가 필요하다는 점을 강조했다. 파티 비롤 국제에너지기구 사무총장은 "석탄은 세계 탄소배출의 가장 큰 원천이며 올해 역사적으로 높은 수준의 석탄발전은 제로를 향해 탄소배출량을 감소시키려는 노력에 있어서 세계가 얼마나 멀리 떨어져 있는지를 보여주는 걱정스러운 신호입니다. …정부의 강력하고 즉각적인 조치가 없다면, 지구가열화를 1.5℃로 제한할 가능성은 거의 없을 것입니다"라고 우려를 표명했다.

가스 가격의 가파른 상승이 석탄발전의 가격 경쟁력을 높이면서 수요를 증가시켰다는 것이다. 국제에너지기구는 기후 패턴과 경제성장에 따라 전체 석탄 수요는 빠르면 2022년에 사상 최고치를 경신하고 향후 2년간 그 수준을 유지할 것으로 예측하면서 신속하고 강력한 정책 조치가 필요하다는 점을 강조했다.

파티 비롤Fatih Birol 국제에너지기구 사무총장은 "석탄은 세계 탄소배출의 가장 큰 원천이며 올해 역사적으로 높은 수준의 석탄발전은 제로를 향해 탄소 배출량을 감소시키려는 노력에 있어서 세계가 얼마나 멀리 떨어져 있는지를 보여주는 걱정스러운 신호입니다. 영향받는 사람들에게 공정하고 저렴하며 안전한 방식으로 탄소배출을 다루기 위한 정부의 강력하고 즉각적인 조치가 없다면, 지구가열화를 1.5℃로 제한할 가능성은 거의 없을 것입니다"라고 우려를 표명했다.

우리나라 석탄 정책과 나아갈 길

5년 전 영국 환경단체 '기후행동추적CAT, Climate Action Tracker'으로부터 '기후악당국'이라는 지적까지 받았던 우리나라의 경우 여전히 석탄발전이 에너지의 3분의 1 이상을 담당하고 있다. 2021년 8월 기준 우리나라에는 총 58기의 석탄 발전소가 운영 중이다. 이 가운데 2기는 2021년 신설되었다. 그리고 2020년 기준 국내 석탄발전소 에너지 생산비율은 35.6%다. 2017년의 43.1% 이후 꾸준히 줄어들고 있지만 여전히 전체 에너지 생산비율 가운데 가장 높은 비중을 차지한다. 그런데 문제는 우리나라가 2024년까지 석탄발전소 5기를 추가 신설한다는 것이다. 2021년 건설된 2기를 포함해 신규 7기가 모두 운영될 경우 최소 약 3,850만 톤에 달하는 온실가스가 추가 배출될 것으로 보인다. 경제적인 문제도 있는 것이, 지금 세워진 7기의 석탄화력발전소는 2050년이면 조기에 폐쇄되어야 한다. 2021년 10월 31일 문재인 대통령이 G20 정상회의에서 2050년에는 석탄발전소를 폐쇄하겠다고 약속했기 때문이다.

우리나라가 탈석탄의 속도를 내지 못하는 이유는 안정적인 전력 조달이 어렵기 때문이다. 신재생에너지가 공급하는 에너지가 7% 이하인 상황에서 원자력발전도 줄였기 때문이다. 하루라도 빨리 신재생에너지 중심의 제도와 전력망으로 전환하고, 원자력발전을 늘리는 방법, 탈석탄 추진 과정에서 피해 지역의 산업과 근로자를 보상하는 방안을 동시에 추진해야 한다. 윤순진 탄소중립위원회 위원장도 "적법한 절차를 거쳐 추진 중인 사업을 사업주의 자발적 의사 없이 중단하는 것은 현실적으로 어렵다. 석탄발전의 조기 폐지를 위해서는 사회적 합의를 바탕으로 법적 근거와 보상 방안 마련이 필요하다"라고 지적한 바 있다. 독일은 탈석탄 정책 추진 과정에서 피해 지역에 400억 유로를 지원해 지역의 경제활동이 지속 가능하도록 하고 58세 이상 노동자가 석탄화력발전소 폐지로 실직하더라도 정부가 최대 5년간 금전적 보상을 해주었다.

외국에서는 석탄화력발전소를 CCUS^Carbon Capture and Storage (탄소 포집·활용·저장 기술)[246]로 개조해서 이산화탄소 배출을 저지한다. CCUS의 새로운 모멘텀은 전 세계에 CCUS와 함께 약 10개의 석탄화력발전소를 건설하는 계획에 박차를 가했다. 또 석탄발전소에서 암모니아나 지속 가능한 바이오 에너지와 같은 저탄소 연료의 공동 사용 방법도 있다. 연소 시 이산화탄소를 배출하지 않는 암모니아는 석탄화력발전소 배출량을 줄이기 위한 대체연료다. 이산화탄소 분리 기술도 빨리 실용화해야 한다. 모든 노력이 합쳐져야만 석탄발전에서 나오는 엄청난 양의 이산화탄소를 줄일 수 있다. 그게 우리가 사는 길이다.

---

246 CCUS: 대기 중에 있는 이산화탄소뿐 아니라 산업공정에서 발생하는 이산화탄소를 포집해 활용하거나 이를 저장하는 기술이다. 영어로는 Carbon capture and storage, 줄여서 CCUS라고 부른다.

4

산림과 블루카본은 보호되어야 한다

최근 산에서 혼자 살아가는 자연인의 모습이 텔레비전에서 시리즈로 방영되고 있다. 거의 죽을병에 걸렸다가 산에 올라 살아난 사람들의 이야기도 나온다. 이 이야기는 산과 숲의 자연적 치유 기능이 대단하다는 것을 말해준다. 숲이 우거진 산지대에 오래 머물면 기압이나 온도, 습도 등의 영향으로 비정상적이었던 호흡수, 맥박수, 혈압이 정상으로 되돌아오고 새로운 모세혈관들이 더 생긴다. 건강에 불리한 외부 환경에 대한 면역과 저항성이 크게 높아지다 보니 암과 아토피 등 각종 질환을 치료하기 위해 '치유의 숲'을 찾는 이들이 많아지고 있다. 숲이 건강에 좋다는 사실에 착안하여 '숲의 치유 기능'을 최초로 활용한 나라가 독일인데, 독일은 숲 치유에 의료보험 혜택을 부여하고 있다.

인류의 건강에 도움을 주는 숲이 사라져간다

코로나19 위기는 사람들의 건강이 생태계 건강과 연관되어 있다는 사실을 잘 알려주었다. 인류가 자연을 잘 보존하고 지속 가능하게 사용하는 것이 기후위기를 저지하고 인류의 생존과 건강에 도움이 된다는 것이다. 그런데 자연 중에 소중한 자원이 바로 산림이다. 산림은 지구의 육지 생물 다양성의 대부분을 포함하고 있다. 지구의 숲에는 6만 종의 나무 종이 있고, 80%의 양서류가 살며, 75%의 새가 둥지를 틀고, 68%의 지구 포유류가 살아간다. 그렇기 때문에 숲을 보호하는 것이 인류의 지속 가능한 생존에 매우 중요하다. 그런데 인류의 삶에 긍정적인 영향을 주는 숲이 점차 사라지고 있다.

유엔식량농업기구가 2020년 5월 7일 로마회의에서 발표한 보고서[247]에 따르면, 2015년 이후 연간 1,000만 헥타르가 다른 용도로 전환되는 등 세계 삼림 벌채는 계속되고 있다고 한다. 오늘날 지구상의 인구 한 사람당 0.52헥타르에 해당하는 40억 6,000만 헥타르의 숲이 있는데 산림이 새로 생기는 것을 제외하면 세계 산림 면적은 2010년 이후 매년 470만 헥타르씩 감소하고 있다는 것이다. 전 세계 산림의 절반에 가까운 면적은 유엔식량농업기구의 산림관리대상인데, 유엔식량농업기구와 700명이 넘는 전문가들로 구성된 글로벌 네트워크가 협업하여 236개국과 영토에서 60개 이상의 요인을 조사했다. 여기서 나온 몇 가지 주요한 결과를 보면 첫째, 세계 산림 면적은 1990년 이후 약 1억 7,800만 헥타르가 줄었는데, 이는 리비아 영토 크기의 규모다. 둘째, 최근 10

---

247 FAO, Forest loss slows globally as sustainable management grows, FAO, May 7, 2020, Rome.

●●● 지구의 숲에는 6만 종의 나무 종이 있고, 80%의 양서류가 살며, 75%의 새가 둥지를 틀고, 68%의 지구 포유류가 살아간다. 그렇기 때문에 숲을 보호하는 것이 인류의 지속 가능한 생존에 매우 중요하다. 그런데 인류의 삶에 긍정적인 영향을 주는 숲이 점차 사라지고 있다. 유엔식량농업기구 사무총장 취동위는 "산림 벌채와 숲의 파괴는 놀라운 속도로 계속 일어나고 있으며 이는 생물 다양성의 지속적인 손실에 크게 기여하고 있다"라고 경고하고 나섰다.

년 동안 아시아, 오세아니아, 유럽 등지에서 산림 지역이 증가했지만 아프리카에서는 산림이 손실된 비율이 가장 높았고, 다음이 남미 지역이었다. 셋째, 인간간섭이나 자연재해(산불, 붕괴, 화산, 태풍, 한발 등)에 의한 교란 흔적이 없는 1차림이 전체 산림의 약 30% 정도이며 주로 목재와 비목산물의 생산에 사용된다. 넷째, 토양과 수질 보호를 위해 지정된 산림의 비중이 높아지고 있다. 다섯째, 산림 면적이 감소하면서 산림에서 흡수하는 탄소량이 줄어들고 있다.

2020년 5월 22일 세계 다양성의 날에 유엔은 보고서[248]를 발표했다. 제목이 "세계의 숲이 계속 줄어들고 있기에, 그들의 생물 다양성을 보호하기 위한 긴급한 조치가 필요하다"였다. 이 보고서는 유엔식량농업기구FAO, Food and Agriculture Organization가 유엔환경계획UNEP과 처음으로 협력하고 유엔 환경프로그램 세계보전감시센터UNEP-WCMC, UN Environment Programme World Conservation Monitoring Centre의 기술 입력을 통해 만들어졌다. 보고서에서는 지난 30년 동안 삼림 벌채율은 감소하고 있지만 1990년 이후 숲을 농업 및 다른 토지 이용으로 전환하면서 4억 2,000만 헥타르의 숲이 사라졌다면서 산림이 유실되었다는 점을 부각한다. 유엔식량농업기구 사무총장 취동위屈冬玉는 "산림 벌채와 숲의 파괴는 놀라운 속도로 계속 일어나고 있으며 이는 생물 다양성의 지속적인 손실에 크게 기여하고 있다"라고 경고하고 나섰다.

우리나라의 숲도 사라지고 있다

2020년 12월 31일에 한국수목원관리원이 보고서[249]를 냈다. 생물 다양성의 보고는 산림습원인데, 산림습원은 숲과 나무 등으로 이루어진 산림 지역에 있는 모든 습지를 가리키는 말이다. 최근 국립수목원의 조사 결과에 따르면 국내의 산림습원은 총 1,264개소이며, 그중 생물 다양성이 특히 풍부한 지역은 약 400여 개소인 것으로 밝혀졌다. 산림습원에서 국가식물유전자원의 3분의 1에 해당하는 약 1,400여 종의 식물이 자라고 있고, 국내 습지식물의 43%, 수생식물의 39%가 서식한다. 그러

---

248 UN report; As the world's forests continue to shrink, urgent action is needed to safeguard their biodiversity, UN, May 22, 2020.

249 한국수목원관리원, "수목원클라쓰 : 산림습원의 가치", 한국수목원관리원, 2020/12.

나 개발로 인해 파괴되고 훼손된 곳이 많다 보니 우리나라에 남아 있는 산림습원의 총면적은 3.1km²로, 매우 좁은 산림습원만 남아 있다는 것이다.

게다가 더욱 심각한 것은 우리나라의 산림이 급속도로 훼손되고 있다는 것이다. 2010년대 초반 연간 1만 헥타르대이던 산림 훼손 면적이 최근 5년간 2만 헥타르대로 급격히 증가하고 있다. 시간이 갈수록 대한민국의 숲이 더 빠르게 사라지는 원인으로 전문가들은 태양광 발전, 바이오매스 발전 확대 등 친환경 정책을 명목으로 한 벌채가 산림 훼손에 크게 영향을 미쳤고, 앞으로 더욱 가속화될 것이라고 주장한다. 실제로 미국의 '지구숲감시Global Forest Watch'에서 위성데이터 및 통계자료를 분석해보니 최근 5년간 10만 6,000헥타르의 대한민국 내 산림이 사라졌다고 한다. 특히 과거와 비교해 산림 훼손의 속도는 시간이 갈수록 가속화되고 있는데, 2001년 산림 훼손 양은 5,500헥타르에 불과했고 2010년대 초반에도 1만 헥타르 초중반대를 유지했는데 최근에는 2만 헥타르 이상 훼손되고 있다는 것이다. 그리고 홍석환 부산대 교수의 분석에 따르면, 지난 5년간 전국의 태양광발전소 설치를 위해 벌목된 나무 규모만 291만 그루에 달한다고 한다.

이런 와중에 2021년에는 산림청이 오래된 나무를 베어내고 어린 나무를 심겠다고 발표하면서 논란이 일었다. 산림청은 2021년 식목일에 2050년까지 '탄소중립'을 달성한다는 정부 목표에 맞춰 '오래된 나무'를 베어내고 그 자리에 어린나무 30억 그루를 심어 향후 30년간 3,400만 톤의 탄소를 흡수하겠다는 목표를 발표했다. 산림청이 내세운 이론으로는 나이가 든 나무는 탄소 흡수 능력이 떨어지기 때문에 베어내고, 그 자리에 어린 나무를 심어서 그린 뉴딜Green New Deal에서 밝힌 탄소중립에 기여하겠다는 것이다. 향후 30년간 크게 자란 나무를 벌목할 규모는

3억 그루에 달하는데 벌채한 나무와 나뭇가지 등을 화력발전소 땔감으로 쓰는 '바이오매스 발전'도 크게 늘릴 계획이라고 한다. 그러자 환경연합은 "산림청이 30년간 26억 그루를 심겠다는 계획은 경제림의 40%를 차지하는 90만 헥타르에서 나무들을 모두 베어내고 새로 어린 나무를 심겠다는 계획이기 때문에 국민의 공분을 사고 있다"라고 밝히면서 논란이 일어난 것이다. 필자는 아름드리나무들이 잘려나가는 것을 막아야 한다고 생각한다. 큰 나무들을 없애고 어린 나무들을 심어 얼만큼의 시간이 흘러야 잘라낸 큰 나무만큼 성장할까? 최소한 30년에서 50년은 걸리는데, 그 기간 동안 성숙한 숲이 주는 경관뿐만 아니라 기후조절기능, 산사태나 전염병 방지, 건강 기여 등은 사라진다. 정부는 나무를 자르기는 쉬워도 다시 심어 키우기는 어렵다는 사실과 급격히 사라지는 산림을 보호하려는 노력이 더 필요하다는 것을 알아야 한다.

산림이 지속적으로 사라지는 원인은 무엇일까?

2021년 6월 11일에 유엔식량농업기구는 제26차 유엔기후변화협약 당사국총회(COP26)를 앞두고 "COP26: 농업의 확장은 전 세계 삼림 벌채의 거의 90%를 차지합니다"라는 보고서[250]를 발표했다. 보고서에 따르면, 농업 확장은 전 세계 삼림 벌채에서 이전에 생각했던 것보다 훨씬 더 큰 영향을 보이고 있다. 삼림 벌채는 농업과 사회기반시설 같은 다른 토지 용도로 전환하기 위해 숲을 제거하는 것을 말한다. 연구에 따르면, 세계적으로 숲 손실의 절반 이상은 경작지로 전환되었기 때문이고,

---

250 FAO, COP26: Agricultural expansion drives almost 90 percent of global deforestation, FAO, Jun 11, 2021.

40%가량이 가축 방목을 위해 숲을 없앴다고 한다. 특히 새로운 연구를 통해 알려진 것은 열대우림지역에서 농업 확장으로 더 많은 산림이 사라진다는 것이다. 사실 삼림 벌채의 원인은 전 세계의 지역마다 다르다. 도시와 기반시설 개발이 더 큰 영향을 미치는 유럽을 제외한 모든 지역에서 농업이 삼림 파괴의 주요 원인이다. 아프리카와 아시아에서는 경작지로의 전환이 삼림 손실을 지배하고 있으며, 산림 면적의 75% 이상이 경작지로 전환되었다. 남아메리카에서는 거의 4분의 3의 산림이 가축 방목을 위해 사라졌다. 이번 연구는 유엔식량농업기구가 미 항공우주국, 그리고 구글과 협력하여 개발된 인공위성 데이터와 도구를 사용하여 수행되었으며, 거의 130개국 800명 이상의 전문가들과 긴밀히 협력하여 결과를 만들어낸 자료다.

그런데 특히 산림 벌채가 열대우림에서 가장 심각한 이유는 무엇일까? 미 항공우주국은 2021년 7월 27일에 "기후 및 인간 영향에 대한 열대우림의 취약점을 지수화하다"라는 보고서[251]를 발표했다. 이 지수는 세계의 열대우림이 동일한 조건으로 벌채되는 것이 아니고 지역에 따라 다르다는 것을 보여준다. 남아메리카의 아마존 분지는 기후위기와 인간의 토지 이용 변화로 인해 많은 산림이 사라지고 있다. 아프리카의 콩고 분지는 아마존처럼 지구가열화로 인해 강수량이 줄어들면서 건조한 경향이 있지만 회복력은 매우 좋다. 대부분의 아시아 열대우림은 기후위기보다는 농업을 위해 토지로 변경하면서 산림이 사라지고 있다. 미 항공우주국 제트추진연구소의 연구팀장이 "열대우림은 아마도 지구상에서 가장 멸종위기에 처한 서식지일 겁니다. 기후위기 탄광의 카나리아입니

---

251 NASA, Index Ranks Rainforests' Vulnerability to Climate and Human Impacts, NASA, Jul 27, 2021.

376 — 기후위기, 지구의 마지막 경고

다"[252]라고 말하는 것처럼 현재 열대우림은 심각하다. 지난 세기 동안 열대우림의 15~20%가 잘려나갔고 또 다른 10%는 퇴화되었다.

산림협약은 지켜져야 한다

산림이 많이 사라지다 보니 전 세계적으로 산림을 지켜야 한다는 협약이 만들어졌다. 2021년 11월에 영국 글래스고에서 개최된 제26차 유엔기후변화협약 당사국총회(COP26)에서 의미 있는 협약이 많이 합의되었다. 여러 협약 중에 산림파괴 중단 및 토지복원 협의도 있었다. 지구가열화를 막기 위한 여러 방안 중 하나가 산림보호다. 산림을 보호해 많은 이산화탄소를 흡수하게 해주는 것이 2050 탄소중립을 이루는 좋은 방법이라는 것이다. 그래서 제26차 유엔기후변화협약 당사국총회에서 산림의 중요성에 대한 논의가 있었고 또 산림을 보호하자는 결의를 했다. 당사국총회에 참석한 105개국 이상의 정상들은 2030년까지 산림파괴를 멈추고 토양을 회복하기 위해 협력하기로 합의했다. 합의된 내용의 제목은 "산림·토지 이용에 관한 선언Declaration on Forest and Land Use'으로 산림과 토지를 복원하는 이 협약에 브라질과 인도네시아, 콩고민주공화국 등 전 세계 삼림의 85%를 차지하는 국가들이 동참했다. 석탄 중단이나 메탄협약에는 불참했던 중국이나 러시아도 산림보존에는 참여했으며, 우리나라는 물론 미국, 일본 등도 참여했다. 의장국인 영국의 보리스 존슨Boris Johnson 총리는 이번 합의가 "기념비적인 행동이다. 우리

---

252 19세기 광부들은 탄광에 들어갈 때 카나리아를 데리고 갔는데, 아름다운 소리를 가진 카나리아가 유독 일산화탄소에 민감했기 때문이다. 갱도 안에 카나리아가 든 새장을 밀어넣은 뒤 꺼내 보면 유독가스가 있는지를 확인할 수 있었다. 눈앞의 위기를 사전에 예고해주는 존재로 '탄광의 카나리아'라는 말을 사용한다.

는 자연의 정복자로서의 인류의 오랜 역사를 끝내고 자연의 보호자가 될 기회를 맞았다"라고 밝혔다.

"인간은 식물과 비슷하다. 충분한 영양분 섭취와 휴식으로 성장하며 살아간다. 그러나 식물은 인간과는 다르다. 식물은 누군가의 잘잘못을 따지지 않고 그저 모든 것을 포용하고 정화한다. 반대로 인간은 식물이 살아가는 환경을 오염시키면서도 그저 아낌없이 받는 것에 익숙해져가고 있다. 아낌없이 주는 나무의 밑동마저 사라질 위기에 처한 지금, 우리가 당연하게 누리며 살아온 '자연의 시간'을 깊이 있게 관찰해볼 때다."

지금 우리에게 아낌없이 주어왔던 나무들이 사라지고 있다는《뉴스펭귄》손아영 기자의 경고를 모두가 되새겼으면 좋겠다.

블루카본이 큰 주목을 받고 있는 이유

탄소를 없애기 위한 숲 보존도 필요하지만, 해양 생태계도 온실가스를 줄이는 방안이 되는데 이것을 블루카본이라고 부른다. 블루카본이란 어패류, 잘피, 염생식물 등 바닷가에 서식하는 생물뿐 아니라, 갯벌 등 해양 생태계가 흡수하는 탄소를 의미한다. 푸른 숲의 수많은 나무가 이산화탄소를 흡수하는 것처럼, 해양 생태계도 이산화탄소를 흡수하고 저장하는 역할을 한다. 최근 블루카본이 주목받고 있는 이유는 해양 생태계의 온실가스 흡수 속도가 육지 생태계보다 최대 50배나 빠르기 때문이다. 제16차 유엔기후변화협약 당사국총회에서 국제 연구기관과 단체들이 블루카본에 대한 사업화 방안을 제시하기도 할 정도로 블루카본은 우리나라뿐 아니라 세계 여러 나라로부터 큰 주목을 받고 있다. 특히 삼면이 바다로 둘러싸인 우리나라는 다양한 잘피와 염생식물, 넓은 갯벌 등 풍부한 블루카본 자원을 보유하고 있어 블루카본 개발 잠재력이 높

●●● 블루카본이란 어패류, 잘피, 염생식물 등 바닷가에 서식하는 생물뿐 아니라, 갯벌 등 해양 생태계가 흡수하는 탄소를 의미한다. 푸른 숲의 수많은 나무가 이산화탄소를 흡수하는 것처럼, 해양 생태계도 이산화탄소를 흡수하고 저장하는 역할을 한다. 최근 블루카본이 주목받고 있는 이유는 해양 생태계의 온실가스 흡수 속도가 육지 생태계보다 최대 50배나 빠르기 때문이다. 특히 삼면이 바다로 둘러싸인 우리나라는 다양한 잘피와 염생식물, 넓은 갯벌 등 풍부한 블루카본 자원을 보유하고 있어 블루카본 개발 잠재력이 높다.

으며, 갯벌의 경제적 가치는 매우 높다.

갯벌은 하천이나 강을 통해 육상의 유기물질이 끊임없이 공급되기 때문에 영양이 풍부해 수천 종에 이르는 동식물의 중요한 서식지가 된다. 지구상에 존재하는 생물의 20%가량이 갯벌에서 살아가고 있다. 갯벌이 주목받는 이유는 오염물질 정화, 수산물 생산, 다양한 생물의 서식처, 계절에 따라 대륙을 이동하는 철새의 쉼터로서 기능을 할 뿐만 아니라, 최근에는 아마존 숲과 더불어 지구의 허파로서 대기 중의 이산화탄소를 흡수·저장하여 온실가스를 줄여주는 기능이 크게 부각되고 있기 때문이다.

우리나라의 갯벌은 세계 5대 갯벌(전체 면적 2,482km^2)에 속할 만큼 세계적으로 인정받고 있다. 갯벌이 우리에게 주는 이익은 엄청난데, 먼저 우리나라는 갯벌에서 전체 어획량의 60% 이상을 생산한다. 갯벌의 생산성은 육지의 생산성보다 9배나 높으며, 게다가 갯벌은 오염을 정화시키는 기능도 한다. 갯벌은 생물학적으로도 연구 가치가 매우 크며, 교육과 함께 관광의 가치도 있다. 가장 큰 이익은 자연재해 예방과 기후조절 기능이 있다는 것이며, 해일의 세력을 약화시키고 해안침식을 막아주는 기능도 있다. 또 지구가열화의 주범인 이산화탄소를 흡수해 그 양을 줄여주는 역할도 한다. 우리나라 갯벌의 경제적 가치는 단위면적(1km^2)당 63억 원 규모로 알려져 있으며, 우리나라 전체 갯벌(2,482km^2)은 연간 약 16조 원에 이르는 경제적 가치를 창출하는 것으로 추정될 만큼 소중한 자원이다. 우리나라는 과거에 '서해안 개발'이라는 미명 하에 갯벌을 매립하여 공장을 짓고 도시를 건설하고 하구에 둑을 만들면서 갯벌 생물들의 서식지가 파괴되고 오염되기도 했다. 그러나 최근 들어와 해양수산부가 폐염전과 폐양식장 등 훼손되고 방치된 갯벌을 생명이 살아 숨 쉬는 갯벌로 복원하기 위해 노력하고 있는 것은 매우 긍정적이라고 생각한다. "자연은 보호해준 10배 이상으로 되돌려 준다."

5

원자력발전소가 필요하다

"역대 최대 규모의 강진에 이어 원자력 폭발 사고까지 예고 없이 찾아온 초유의 재난 앞에 한반도는 일대 혼란에 휩싸이고, 믿고 있던 컨트롤타워마저 사정없이 흔들린다. 방사능 유출의 공포는 점차 극에 달하고 최악의 사태를 유발할 2차 폭발의 위험을 막기 위해 발전소 직원인 '재혁'과 그의 동료들은 목숨 건 사투를 시작하는데…."

2016년 개봉되었던 영화 〈판도라〉의 소개 멘트다. 후쿠시마 원전에서 아이디어를 얻어 만들었다고 하는 이 영화는 많은 국민들에게 원자력에 대한 두려움을 심어주었고, 이후 집권한 정권은 원전을 없애는 방향으로 정책을 시행했다.

과장된 원전 위험

영화 〈판도라〉에서는 규모 6.1의 지진이 발생하면서 원전 사고가 발생한다는 설정을 한다. 이 정도의 지진이면 원전은 위험하지 않을까? 1995년 일본 고베神戶에서 발생한 대지진 때는 일본 기상청의 최대강진인 진도 7의 규모였음에도 근처에 있던 원전은 자동으로 가동을 멈추었고 격납시설도 파괴되지 않았다. 1988년 아르메니아에선 규모 6.8 지진으로 2만 명이 넘는 주민이 사망했지만 인근에 있는 메사모르Metsamor 원전은 피해가 발생하지 않았다. 그리고 우리나라 원전은 규모 6.5의 지진에 버틸 수 있도록 내진설계가 되어 있다. 가장 최근에 지은 신고리 3호기는 규모 7.0의 지진에도 견딘다. 영화 〈판도라〉처럼 규모 6.1 지진에 격납고가 파괴되고 원전 사고가 발생할 가능성은 매우 낮다고 본다.

원전을 반대하는 사람들의 이론적 근거는 체르노빌Chernobyl 원전 사고와 후쿠시마福島 원전 사고다. 그럼 정말 두 원전 사고로 인해 수많은 사람들이 사망했을까? 원자력을 에너지로 이용하기 시작한 1951년 이후 원전 사고는 총 30건이었다. 대부분 경미한 사고였지만 체르노빌과 후쿠시마 사고의 피해는 컸다. 1986년 체르노빌 원전 사고는 기술적 결함이 아닌 안전장치를 의도적으로 해제한 채 무리하게 실험을 감행한 기술자의 공명심 때문이었다. 세계보건기구는 원전 폭발로 직접 사망한 사람은 31명이며 장기간의 방사능 노출에 의해 조기 사망한 사람의 수는 4,000명에 이른다고 추정했다. 그러나 '방사능 영향에 관한 유엔 과학위원회'는 이 수치가 지나치게 과장된 것이라고 밝혔다. 2011년 후쿠시마 원전 사고도 기술적 결함은 아니었다. 지진해일에 의한 원자로 침수가 정전을 일으키면서 발생했다. 이 사고로 사망한 사람은 573명으로 집계되었지만, 방사능 피해와는 무관한 사망자였다. 방사능 영향으로 조기 사망한 사람은 전혀 없거나 1,000명 이내일 것으로 추정된다.

그런데 기후위기로 사망하는 사람이나 그 피해는 원전 사고가 발생했을 때의 사망자나 피해와 비교해 너무나 크다. 기후위기로 인해 사망하는 사람들의 수는 상상을 초월한다. 1975년 8월 중국 허난성河南省 반차오板桥댐이 태풍으로 붕괴되어 하루 만에 24만 명이 사망했다. 에너지원별 사고를 단순 비교한다면 수력발전이 원전보다 훨씬 위험한 발전이다. 세계보건기구WHO, World Health Organization는 매년 400만 명이 화석연료에 의한 대기오염으로 조기 사망한다고 발표하면서 지난 50년간 1억명이 화석연료 때문에 사망했다고 발표했다. 2021년《네이처 기후변화》에 게재된 자료에 의하면, 1991년부터 2018년 사이에 더위로 인한 사망의 37%가 기후변화 때문이라고 한다.[253] 세계보건기구에 따르면, 매년 15만 명이 기후위기로 인해 사망하고 있고, 미국 전미경제연구소의 세기말 사망자 수를 현재 인구로 추정하면 매년 570만 명이 기후위기로 사망한다. 2020년부터 전 세계를 강타한 코로나19로 인해 2022년 3월 12일까지 사망한 사람의 수는 604만 명이다. 기간을 환산해보면 기후위기로 죽는 사람의 수가 코로나19로 죽은 사람의 수보다 2배정도 더 많았다.

원전으로 기후위기를 막아야 한다

기후위기의 원인은 과다한 온실가스가 배출되기 때문인데, 온실가스는 화석연료를 사용하면 배출된다. 현재 전 세계 에너지의 약 84%가 석유, 석탄, 가스 등 화석연료에서 나온다. 온실가스 중에서 가장 큰 영향을 주는 이산화탄소의 배출량을 보면 킬로와트시kWh(당 석탄은 991g, 석유

---

253 A. M. Vicedo-Cabrera et al, The burden of heat-related mortality attributable to recent human-induced climate change, Nature Climate Change, Published: May 31, 2021.

●●● 동일한 에너지를 얻기 위해 배출되는 이산화탄소의 양에서 원자력은 석탄의 99분의 1밖에 되지 않는다. 태양광 등 신재생에너지는 빠르게 확대하기가 현실적으로 어렵다. 따라서 기후위기를 막는 현실적인 대안이 바로 원자력인 것이다. 원자력발전은 온실가스를 거의 배출하지 않을 뿐 아니라 전력생산 효율도 아주 높다고 말한다. 원전은 수요와 공급 변화에 따라 어느 정도 출력을 조절할 수 있기 때문에 전력망을 안정적으로 유지하고 탈탄소화 전략을 보완해 전력 안보에 다방면으로 기여할 수 있다. 〈출처: WIKIMEDIA COMMONS | CC BY-SA 2.0〉

는 782g, 가스는 549g, 태양광은 57g, 원자력은 10g이다. 동일한 에너지를 얻기 위해 배출되는 이산화탄소의 양에서 원자력은 석탄의 99분의 1밖에 되지 않는다. 태양광 등 신재생에너지는 빠르게 확대하기가 현실적으로 어렵다. 따라서 기후위기를 막는 현실적인 대안이 바로 원자력인 것이다.

영국의 화학자 겸 의학자이자 대기과학자인 제임스 러브록James Ephraim

Lovelock은 1979년에 펴낸 첫 저서 『가이아: 살아 있는 생명체로서의 지구』에서 지구를 하나의 작은 생명체로 보는 가이아 이론Gaia Theory을 제창했다. 가이아란 지구와 지구에 살고 있는 생물, 대기권, 대양, 토양까지를 포함하는 하나의 범지구적 실체로서, 지구를 환경과 생물로 구성된 하나의 유기체로 보는 것이다. 즉, 지구를 생물과 무생물이 서로에게 영향을 미치는 생명체로 바라보면서 '항상성', 즉 자기조절능력을 갖춘 생명체로 설정한다. 가이아는 그리스 신화에서 대지의 여신으로 인류를 따뜻하게 포용하는 어머니일 수 있지만, 인류가 지구를 병들게 하면 자비를 베풀지 않는다고 말한다.

러브록은 농업과 산림 훼손으로 인한 토지 변화를 '피부병'으로, 산성비로 인한 물질의 파괴를 '위궤양'으로, 오존층 파괴를 '오존층 결핍증'으로, 지구가열화를 '고열증세' 등으로 설명한다. 그리고 인류에 의한 생태계 파괴나 환경오염은 암세포의 활동이라고 본다. 반면에 현재 발생하고 있는 기후위기와 환경오염으로 인한 피해는 지구가 항상성을 유지하기 위한 자기조절이라고 본다. 그런데 자기조절을 넘어설 만큼 인류의 생태계나 환경파괴가 심각해지면 가이아는 4가지 가능성을 생각할 것이라고 본다. 첫째, 침입한 병원균(인류)의 박멸이다. 둘째, 만성적인 감염으로 장애를 안고 살아간다. 셋째, 침입당한 숙주 생명체(가이아)의 죽음이다. 넷째, 가이아에 침입한 인류와 서식처를 제공하는 지구가 '공생의 길'을 걷는 것이다. 병원균인 인류가 정말 지각이 있다면 자기를 살리고 있는 숙주인 지구를 죽여서는 안 된다. 인류가 기후위기와 환경 문제에 적극적으로 대처해야 하는 이유이다.

러브록은 2006년 『가이아의 복수』라는 저서를 통해 지구의 병세는 비상조치를 취하지 않으면 곧 숨이 넘어갈 정도로 위급하다고 진단했다. 그러면서 그는 인류의 에너지에 대해 언급한다. 첫째. 클린 에너지라 불리는 신재생에너지로의 전환은 위험하다고 말한다. 먼저 풍력발전은 소용돌이 바람을 일으켜 태풍이나 허리케인의 빈도를 높일 수 있고, 에너지 생산효율이 매우 낮다고 말한다. 예를 들어, 영국의 전기 수요를 충족시키려면 27만 6,000개의 풍력발전기가 필요한데 이를 세우기 위해 국립공원, 도시, 교외 산업지역을 제외하고 전국의 2.6km당 약 3대씩 설치해야 한다고 말한다. 또 바이오매스에 대해서도 비판의 날을 세운다. 많은 나라가 사탕수수와 옥수수, 유채 같은 농작물에서 바이오매스를 추출하여 휘발유를 대체하고 있다. 바이오매스는 지구가열화를 막아내는 좋은 방법인 것 같지만 대기 중의 이산화탄소를 흡수한 식물을 태워 다시 방출하는 것이기 때문에 탄소 저감과는 거리가 있다는 것이다. 그래서 러브록은 인류와 가이아가 같이 상생을 하기 위해서는 '지속 가능한 발전'이 아닌 '지속 가능한 후퇴'를 해야 한다고 주장한다. 여기에서 그는 신재생에너지의 개발과 보급이 아닌 원자력발전을 대안으로 꼽았다. 원자력발전은 온실가스를 거의 배출하지 않을 뿐 아니라 전력생산 효율도 아주 높다고 말한다. 그리고 원자력발전에 대한 위험과 사망자 등의 통계는 상당히 과장되었다고 지적한다.

국제에너지기구가 2022년 1월에 발표한 미래 원자력을 소개한다.[254] "원자력은 역사적으로 탄소 없는 전기의 가장 큰 세계적 기여자 중 하나로 전 세계적으로 발전량의 약 10%를 차지하며, 선진국에서는 거의 20%에 육박한다. 세계 원자력발전은 2020년에 비해 2021년에 3.5% 성장하여 2020년에 거의 4% 감소했던 것을 회복했다. 현재 일부 국가에서는 반대 여론과 안전성 우려로 원전을 단계적으로 축소하고 있지만, 또 다른 많은 나라들은 2021년 초 원자력발전의 미래 역할을 구상

---

254   IEA, NUCLEAR, IEA, Updated Jan 20, 2022.

하며 신규 원전 건설을 진행 중이다. 앞으로는 소형 모듈 원전^{SMR, Small} Modular Reactor[255]과 같은 차세대 설비의 개발로 원자력이 보다 더 많이 사용될 것이다. 원전은 수요와 공급 변화에 따라 어느 정도 출력을 조절할 수 있기 때문에 전력망을 안정적으로 유지하고 탈탄소화 전략을 보완해 전력 안보에 다방면으로 기여할 수 있다. 원자력은 지난 50년 동안 약 55기가톤^{Gt}의 이산화탄소 배출을 줄여주었는데, 이 정도의 양은 전 세계 에너지 관련 이산화탄소 배출량과 거의 맞먹는다. 현재 추세와 정책 목표에 따르면, 2040년 핵 용량은 582기가와트^{GW}로 2050년까지 순 제로 배출 시나리오에서 요구되는 730기가와트에 훨씬 못 미칠 것이다. 이 격차는 2040년 이후 더욱 커지기 때문에 원전의 가동과 신설이 2배 이상 늘어나야 한다." 원전으로 기후위기를 극복해야 한다는 말이다.

한국의 탈원전은 잘못된 정책이다

우리나라의 탈원전은 틀렸다고 강하게 주장하는 세계적인 환경저널리스트가 마크 라이너스다. 그는 『최종 경고: 6도의 멸종』에서 기후위기의 심각성을 고발한다.[256] 그는 인류가 2050년까지 '탄소중립'을 실천하지 못하고 지금처럼 탄소를 배출한다면 이번 세기에 6℃ 상승에 따른 생태계 붕괴와 대멸종이 일어날 수 있다고 경고한다. 지금과 같은 탄소 배출량으로는 2030년 평균기온이 2℃까지 오르게 되고, 영구동토층이 녹으면서 언 땅에 묻혔던 이산화탄소와 메탄이 대규모로 방출되어 '티

---

255 IEA, NUCLEAR, IEA, Updated Jan 20, 2022.

256 소형 모듈 원자로(SMR): 증기발생기, 냉각재 펌프, 가압기 등 주요 기기를 하나의 용기에 일체화한 소형 원자로를 뜻한다.

핑 포인트'인 3℃ 상승이 발생한다. 이어서 지속적으로 기온 상승이 이어지면서 6℃까지 상승한다고 본다. 이로 인한 결과는 참담하다. 가뭄으로 농경지대가 줄고 농작물 해충은 늘어나면서 전 세계적인 식량 위기가 도래한다. 저지대 섬 국가들은 흔적도 없이 사라진다. 중국과 인도 등 대부분의 국가가 거주 불가능한 지역이 되고, 90%의 생태계가 붕괴한다.

그는 《조선일보》와의 화상 인터뷰에서 "1.5℃를 지키기 위해서는 5년 안에 각국이 나라 전체의 생활 습관을 전부 바꿔야 한다. 그런데 각 나라들이 화석연료를 줄이기 위해 충분히 노력하지 않고 있으며, 원자력 발전소를 폐쇄하는 등 잘못된 정책을 펴는 국가도 있다"고 지적했다. 그는 한국 정부 등이 추진해온 탈원전 정책에 대해 비판하면서 "한마디로 원전 반대론자는 기후 운동의 적^{enemy}이다. 그들이 그렇게 생각하지 않는다고 해도 말이다. 원자력발전소는 인류가 필요한 만큼의 전기를 탄소배출 없이 안정적으로 생산할 수 있는 유일한 수단이다"라고 말한다. 그는 신재생에너지도 함께 만들어야겠지만, 에너지원이 워낙 불안정하기 때문에 그것만으로는 충분하지 않다는 것이다. 그러면서 탈원전의 대표적 사례로 독일을 들었다. 2011년에 탈원전을 선언한 이후 독일은 노후화된 원전들을 폐쇄해왔다. 그런 와중에 목표한 만큼의 신재생에너지를 확보하지 못한 독일은 전기료를 인상했고, 늘어나는 전기 수요를 충당하기 위해 석탄발전소를 더 많이 가동했다. 그러다 보니 전기료가 급격히 인상되고 이산화탄소 배출량이 오히려 더 늘었다는 것이다.

마이크로소프트의 전 회장이던 빌 게이츠는 『기후재앙을 피하는 법』에서 원전이 기후위기를 막을 수 있는 대안이라고 말한다.[257] 그는 "기후

---

257 빌 게이츠, 김민주 · 이엽 옮김, 《기후재앙을 피하는 법》, 김영사, 2021.

변화에 대한 대부분의 공론은 전기차 운전이나 태양 및 풍력 에너지 등 온실가스 배출량을 줄이는, 상대적으로 쉬운 방법에 초점을 맞춘다. 이해하지 못하는 것은 아니다. 왜냐하면 첨단 기술이 초기 단계임에도 충분히 성공하고 있다고 보여줌으로써 더 많은 사람이 제로 탄소 경제에 뛰어들게 할 수 있기 때문이다. 이처럼 쉬운 방법에 집중하는 것은 중요하다. 더구나 우리는 아직 이런 쉬운 일도 충분히 하고 있지 않다. 아직 하지 않은 쉬운 일들이 많다는 것은 좋게 말하면 큰 발전을 이룰 수 있는 기회가 있다는 말이다. 그러나 재생에너지로는 탄소중립을 이룰 수 없다. 기후위기와 탄소중립을 이루기 위해 원전이 필요하다"라고 말한다. 그러면서 그는 기존 원전 방식은 치명적인 안전 문제를 안고 있기 때문에 대안으로 나트륨(소듐) 냉각 방식의 고속 증식로를 적용한 소듐냉각고속로SFR, Sodium-cooled Fast Reactor를 제안했다. 중간 도시급은 1기가와트GW(또는 1,000메가와트MW), 작은 마을의 경우 약 1메가와트의 에너지로 운영될 수 있으며, 미국의 경우 1,000기가와트를 사용하고 세계는 5,000기가와트를 필요로 한다고 말하고 있다.

지금까지 신재생에너지의 선두주자로 화석연료를 퇴출하고 탄소중립의 목표를 이끌던 유럽국가들이 2021년에 기후변화로 인해 신재생에너지 발전량이 대폭 줄어들면서 심각한 전력난을 겪었다. 에너지 대란이 국가 안보까지 위협하는 상태에 이르자, 주요국들은 전력난 타개와 2050 탄소중립이라는 두 마리 토끼를 잡기 위해 원자력발전으로 회귀하고 있다. 그런데 유럽국가들의 원전 복귀는 지금까지의 대형 원전이 아닌 소형 모듈 원전인 SMR에 주로 투자할 계획이다. 탄소중립 시대에 주요국이 소형 모듈 원전인 SMR에 주목하는 이유는 무엇일까? 탄소중립으로 가기 위해서는 어쩔 수 없이 원자력의 역할이 계속 확대될 것이 분명해 보이기 때문이다. 탄소중립으로 가는 가장 빠른 길은 모든 에너지를 전기로 쓰는, 에너지의 전기화다. 무탄소 에너지를 만드는 방법은 결국 재생에너지와 원자력 두 가지밖에 없다. 그런데 신재생에너지는 간헐성 때문에 전기 수요를 모두 감당할 수 없어 원자력의 역할이 확대될 수밖에 없다고 보는 것이다. 신재생에너지의 간헐성을 극복하기 위해 액화천연가스^{LNG} 복합 화력 등의 백업 설비가 필요한데 LNG 역시 탄소를 배출하기 때문에 결국 원자력을 사용하는 것이 가장 유리하다. 그리고 소형 모듈 원전인 SMR은 기존의 대형 원전에 비해 안전성이나 경제성 등 뛰어난 장점이 있다.

6

소형 모듈 원전(SMR) 산업을
육성해야 한다

소형 모듈 원전인 SMR은 기존 대형 원전의 원자로, 증기 발생기, 냉각재 펌프, 가압기 등 주요 기기를 하나의 용기에 일체화한 전기 출력 300메가와트^{MW} 안팎의 소형 원자로를 말한다. SMR은 탄소배출이 거의 없고 대형 원전 대비 뛰어난 안전성과 경제성을 갖춰 미래 에너지의 게임체인저로 불린다. 특히 SMR은 기존 원자로보다 에너지 발전 효율이 훨씬 높다. 기존 경수로 및 중소로와 달리 고속 중성자를 이용해 핵분열을 일으킨 뒤, 이때 발생한 열을 액체 나트륨으로 냉각할 때 만들어진 증기로 전기를 생산한다. 냉각제로 물 대신 액체 나트륨을 사용하는데, 나트륨은 끓는점이 높고 물보다 더 많은 열을 흡수할 수 있어 폭발 위험이 줄어든다. 그리고 나트륨 발전소는 핵분열의 문제적이고 위험한 부산물인 폐기물도 덜 생산한다.

왜 세계는 SMR에 주목하는가

SMR의 첫 번째 장점은 막대한 초기 투자 비용이 요구되는 대형 원전 대비 전력 수요 증가에 따라 모듈을 추가로 건설할 수 있어(비용이 7분의 1 이하) 투자 비용 조달이 용이하고 금융비용을 절감할 수 있다는 점이다. 기존 원전의 약 100분의 1 이하 수준으로 크기를 줄일 수 있고 모듈 형태로 설계·제작되기 때문에 공장 제작과 현장 조립도 가능하다. 소규모이기 때문에 기후위기에 영향을 받는 신재생에너지의 간헐성을 보완할 수 있고 SMR에서 생산되는 전기와 고온의 수증기를 활용하면 그린 수소 에너지 생산도 가능하다. 대형 원전보다 건설 기간이 짧고 대형 원전처럼 해안이 아닌 내륙에도 건설할 수 있어 활용성이 뛰어나다. 높은 안전성으로 수요지와 근접한 곳에 설치할 수 있고 전력 공급 외에도 다양한 에너지원에 활용할 수 있다.

국제원자력기구(IAEA)에 따르면 한국 미국 러시아 중국 등 전 세계에서 71종 이상의 SMR이 개발되고 있는데, 미국(17개), 러시아(17개), 중국(8개), 영국(2개) 등이 주도하고 있다. SMR은 2030년 본격적으로 상용화될 것으로 전망된다. 영국 국립원자력연구소는 2035년에 가면 SMR 시장 규모가 최대 620조 원 규모에 이를 것으로 예측했다. 각국은 SMR을 중심으로 재편되는 세계 원전 시장에서 우위를 선점하기 위해 SMR 개발 경쟁에 뛰어들고 있다. 미국 바이든 행정부는 원전을 청정에너지 전환을 위한 수단으로 인식하고 에너지부(DOE)의 '원자력 전략 비전'에 따라 차세대 원자로 기술과 SMR 개발에 7년간 약 3조 8,000억 원을 투자하기로 확정했다. 프랑스의 마크롱 대통령은 2030년까지 SMR 개발을 포함한 원자력 부문에 약 1조 4,000억 원을 투자하겠다고 밝혔다. 영국도 에너지 대란을 겪은 후 원전 개발에 관심을 쏟고 있다.

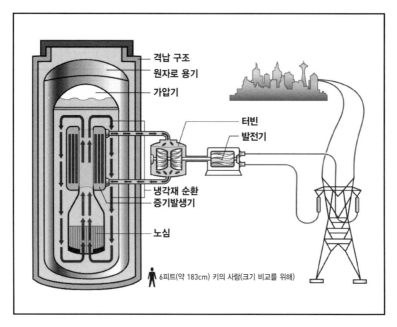

격납 구조
원자로 용기
가압기
터빈
발전기
냉각재 순환
증기발생기
노심

6피트(약 183cm) 키의 사람(크기 비교를 위해)

〈그림 9-1〉소형 모듈 원전(SMR) (출처: WIKIMEDIA COMMONS | Public Domain)

소형 모듈 원전인 SMR은 기존 대형 원전의 원자로, 증기 발생기, 냉각재 펌프, 가압기 등 주요 기기를 하나의 용기에 일체화한 전기 출력 300메가와트 안팎의 소형 원자로를 말한다. SMR은 탄소배출이 거의 없고 대형 원전 대비 뛰어난 안전성과 경제성을 갖춰 미래 에너지의 게임 체인저로 불린다. 특히 SMR은 기존 원자로보다 에너지 발전 효율이 훨씬 높다.

영국은 SMR 개발 상용화, 차세대 원자로 기술에 약 6,211억 원을 투자하는 한편, 기존 계획된 신규 대형 원전도 건설할 계획이다. 일본도 제6차 에너지기본계획 초안에서 후쿠시마 사고 이후 낮아진 원전 발전량의 비율을 2019년 6%에서 2030년 20~22%로 확대하겠다는 방침을 명시했다. 대형 원전과 함께 SMR 설치도 계획 중이다. 원자력 강국인 러시아는 세계 최초로 해상 부유식 SMR을 상용화해 2020년 5월부터 동시베리아의 페벡Pevek시에 전력을 공급하기 시작했다. 러시아는 2028년까지 동시베리아 야쿠티아Yakutia 지역에 육상 SMR을 건설해 상용화할 계획이다. 중국은 제14차 5개년 계획의 과제 중 하나로 해상 부유식 SMR을 선정하고 국유 기업인 중국 핵공업집단공사CNNC, China National Nuclear Corporation를 중심으로 기술 개발을 진행하고 있다.

민간에서의 SMR 개발도 활발하다. 미국 원자력규제위원회NRC, Nuclear Regulatory Commission로부터 최초로 SMR에 대한 설계 인증을 받은 뉴스케일파워NuScale의 SMR은 아이다호주 국립연구소Idaho National Laboratory 내에 발전소 건설을 확정했다. 빌 게이츠의 테라파워TerraPower는 1조 2,000억 원을 들여 와이오밍주 노후 석탄 화력발전소 부지에 사용 후 핵연료를 재활용할 수 있는 차세대 기술인 소듐 냉각 고속로가 적용된 SMR을 건설해 2030년 가동하는 것을 목표로 하고 있다. 영국의 항공기 엔진 제작업체인 롤스로이스Rolls-Royce도 영국 정부와 컨소시엄으로 SMR 개발에 나선다. 롤스로이스는 잠수함 추진용 원자로를 제조한 기술력을 활용해 2035년까지 SMR 10기 상용화를 목표로 하고 있다.

현재 주요 SMR 개발사로는 미국의 뉴스케일파워 · 테라파워 · 엑스-에너지 · 오클로 · 웨스팅하우스 · BWXT · GE-히타치가 있고, 영국에는 롤스로이스 · 유렌코 · 몰텍스에너지, 캐나다 SNC라발린 · 스타코어뉴클리어가 있으며, 프랑스에는 프라마톰 등이 있다. 개발된 SMR을 제품으로 제작할 수 있는 업체는 한국의 두산중공업을 비롯해 미국 BWXT, 프랑스 프라마톰, 스페인 엔사, 일본 미쓰비시중공업 · 이시카와지마중공업 정도다. 전 세계가 SMR 개발에 뛰어들고 있지만 실제 시제품 제작에 돌입한 SMR 개발사는 아직 미국의 뉴스케일파워가 유일하다. 뉴스케일파워의 SMR은 검증된 상용 경수로 기술을 기반으로 안전성과 경제성을 획기적으로 향상시킨 모델이다. 원자로, 증기발생기, 가압기와 같은 주기기를 하나의 모듈에 집약시키고 대형 원전의 격납 건물까지 모듈에 일체화했다. 피동형 설계로 외부 전력 공급이 중단되어도 안전성을 유지할 수 있고 전력 수요에 따라 모듈 개수를 조절해 운전할 수 있도록 제작되었다.

우리나라에서는 한국수력원자력이 1990년대 중반부터 SMR 기술 개발을 시작했다. 2012년 세계 최초의 SMR인 '스마트SMART'를 개발했으나, 탈원전 정책 기조에 따라 상용화 단계는 밟지 않았다. 우리나라의 두산중공업은 세계에서 SMR 제조 기술을 보유한 몇 안 되는 기업 중 하나다. 특히 미국 뉴스케일파워의 SMR 관련 핵심 기기를 만드는 제조사는 두산중공업과 미국 BWXT 두 곳뿐이다. 두산중공업은 2019년 미국 뉴스케일파워와 SMR 협력을 위한 양해각서MOU를 체결하고 약 519억 원을 투자했으며 2021년에도 약 708억 원을 추가로 투자했다. 이 투자를 통해 두산중공업이 확보하게 된 기자재 공급 물량은 수조 원 규모로 확대되었다. 또 두 회사는 SMR을 활용한 수소와 담수 생산 분야에서도 협력할 방침이다. 다만 문재인 정부에서는 SMR 상용화 기술이 개발되더라도 수출용으로만 쓰고 국내에는 SMR을 건설하지 않기로 결정했었다. 2021년 9월 산업통상자원부와 과학기술정보통신부가 혁신형 SMR(i-SMR) 개발 사업 예비 타당성 조사를 신청하면서 사업 목적에 '수출을 위한 개발'이라고 명시했기 때문이다. 이것은 2050 탄소중립 시나리오에서 원전 비율이 6~7%로 줄어드는 등 미래 주요 에너지원에서 제외된 데 따른 것이다. 전 세계적인 흐름과는 정반대의 흐름으로 가는 것이 한국이다. 그래서는 안 된다. 우리나라도 빨리 SMR 기술을 상용화하는 데 전력을 다해야 한다.

세계 각국의 원자력 정책

기후위기를 극복하기 위한 탄소중립에서 원전을 활용하지 않으면 목표 달성이 어렵다는 사실을 세계 각국이 깨닫고 있다. 기후변화에 관한 정

●●● 원전에 가장 적극적인 프랑스의 에마뉘엘 마크롱 대통령(오른쪽)은 외국에 의존하지 않는 에너지 독립과 함께 탄소중립을 달성하기 위해 원전 건설로 입장을 선회했다. 그는 제26차 유엔기후변화협약 당사국총회 기간 중 후쿠시마 원전 사고 이후 보류했던 원전을 다시 짓겠다고 선언했다. 아울러 SMR 개발과 수소발전에 약 41조 원을 투자하는 '프랑스 2030' 계획을 발표했다. 제26차 유엔기후변화협약 당사국총회 주최국인 영국 정부도 회의 기간에 원전 확대 비전을 제시했다.

부 간 협의체IPCC 특별보고서 "지구온난화 1.5℃"는 지구 온도 상승을 1.5℃로 제한하기 위해서는 화석연료를 파격적으로 줄이고, 재생에너지의 적극적인 확대와 함께 2050년까지 원자력을 2010년 대비 2.5~6

배 증가시켜야 한다고 주장한다. 원전에 가장 적극적인 프랑스의 에마 뉘엘 마크롱Emmanuel Macron 대통령은 외국에 의존하지 않는 에너지 독립 과 함께 탄소중립을 달성하기 위해 원전 건설로 입장을 선회했다. 그는 제26차 유엔기후변화협약 당사국총회 기간 중 후쿠시마 원전 사고 이 후 보류했던 원전을 다시 짓겠다고 선언했다. 아울러 SMR 개발과 수소 발전에 약 41조 원을 투자하는 '프랑스 2030' 계획을 발표했다. 제26차 유엔기후변화협약 당사국총회 주최국인 영국 정부도 회의 기간에 원전 확대 비전을 제시했다. 롤스로이스가 추진하는 SMR 컨소시엄에 예산 3,000여억 원을 투입하겠다고 밝혔다. 롤스로이스는 2031년쯤 SMR 16기를 제작해 설치할 계획이다. 영국은 국내 전력생산을 넘어 SMR의 해외 수출도 목표로 하고 있다. 폴란드, 불가리아, 루마니아, 헝가리, 체 코 등 동구권의 유럽연합 국가들도 탄소중립을 위해 원전 건설을 원하 고 있다. 캐나다도 SMR 개발·실증·도입 등 액션플랜을 발표했고 러시 아는 SMR을 활용한 극동지역 전력 공급을 추진할 계획이다.

유럽연합EU 행정부 격인 유럽집행위원회EC는 2022년 2월에 원전과 천연가스에 대한 투자를 환경·기후 변화 대응에 친화적인 '녹색 투자 green investments'[258]로 분류하는 초안을 작성했다. 탄소중립 목표와 재생 가 능 에너지로의 전환 과정에서 '재정적 과도기'를 두려면 온실가스 배출 량이 상대적으로 낮은 원전과 천연가스를 대체 수단으로 인정해야 한 다는 것이다.

초안에 따르면 방사성 폐기물을 안전하게 처분할 부지와 자금·계획 을 갖추고, 2045년 전 건축 허가를 받은 원전의 경우 '전환적 녹색 에너

---

[258] 어떤 산업 분야가 친환경 산업인지를 분류하는 녹색산업 분류체계로, 녹색 투자를 받을 수 있는 산업 여부를 판별하는 기준으로 활용된다.

지원'으로 분류한다. 액화천연가스^{LNG} 발전은 1킬로와트시^{kWh}를 생산할 때 나오는 온실가스가 270g CO2eq(이산화탄소 환산량) 미만이고, 환경오염이 더 심한 화석연료 발전소를 대체하며, 2030년 안에 건축 허가를 받아야 한다. 집행위는 "원전과 천연가스가 완벽히 지속가능한 에너지는 아니지만 산업 평균보다 배출가스가 적어 청정에너지로 전환하는 수단으로서 역할을 할 수 있다"라고 발표했다. 이들의 녹색 투자는 그린 택소노미$^{Green\ Taxonomy}$를 뜻한다.

그린 택소노미는 그린^{Green}(녹색산업)과 택소노미^{Taxonomy}(분류학)의 합성어로, 환경적으로 지속가능한 경제 활동의 범위를 정한 것을 말한다. 그린 택소노미는 유럽연합이 2020년 6월 처음 발표했는데, 당시에는 원전과 천연가스가 포함되지 않았었다. 그러나 2021년 초 유럽연합 과학자문담당인 공동연구센터^{JRC}가 "원전이 초래하는 환경적 피해는 다른 에너지원보다 크지 않다"라는 내용의 보고서를 발간했다. 그리고 집행위가 재검토를 맡긴 전문가 그룹 역시 추가 연구가 필요하다는 의견을 제출했다. 이후 원전에 대한 논의가 유럽에서 극심해졌다.

그런데 2021년 극심한 기후위기로 신재생에너지의 발전량이 줄어들면서 유럽 지역에 에너지 위기가 발생했다. 이때부터 프랑스 등 많은 나라들이 이제는 원전과 천연가스를 녹색 투자에 포함시켜야 한다고 주장하면서 유럽집행위원회에서 원전과 천연가스의 녹색 투자 분류를 승인하려는 절차를 밟고 있다. 녹색 투자로 지정받는 것이 왜 중요한가 하면 탄소중립을 이루는 친환경 에너지에 원전이나 천연가스가 포함된다는 뜻이며, 세계적인 투자사들의 투자도 받을 수 있기 때문이다. 원자력 발전을 미국은 그린 에너지로 규정하고 있으나, 한국은 현재 제외하고 있다.

현재 유럽연합 내에서는 수적으로 원전 반대국이 매우 적다. 반대 입장을 밝힌 나라는 독일, 오스트리아, 룩셈부르크, 덴마크, 포르투갈, 이렇게 5개국에 불과하다. 프랑스 주도로 동유럽 등 12개국이 원전을 친환경·전환기 에너지원으로 분류하자고 한목소리를 낸 것과 비교하면 탈원전 진영의 입지가 크게 밀린다. 여기에 소형 원자로에 관심을 돌리고 있는 스웨덴, 천연가스 발전 의존도가 높은 그리스, 몰타, 키프로스 등 남부 유럽 국가들까지 포함하면 유럽연합에서는 결국 원전과 천연가스를 녹색 투자로 정하는 것에 동의하게 될 것으로 보인다.

원전을 건설하는 시간과 비용 문제로 SMR을 추진하지만 대형 원전을 계속 건설하는 국가도 있다. 전 세계에 설치된 대형 원전은 모두 442기로 전 세계 전력 생산의 약 10%를 감당한다. 미국이 93기, 프랑스가 56기, 중국이 52기, 러시아가 38기 설치되어 있고, 한국은 24기의 원전이 있다.

세계의 이산화탄소 50% 이상을 배출하는 미국과 중국, 일본의 원전 정책도 바뀌고 있다. 미국의 바이든 정부는 재생에너지와 함께 원자력을 화석연료의 대체에너지로 보고 있다. 약 60억 달러를 투자하면서 세금 혜택을 통해 기존 원전을 보강하고 새 원자로를 짓겠다는 것이다. 이미 미국 에너지부는 소형 원자로 가동을 승인했다. 중국은 향후 15년 동안 150개의 원자로를 건설할 계획을 밝혔다. 한 해 10개씩 원전을 짓겠다는 어마어마한 계획으로 2030년이 되면 중국은 세계 최대 원자력발전 국가가 된다. 일본의 기시다 후미오岸田文雄 총리도 원전을 다시 짓겠다고 선언했다. 일본은 후쿠시마 원전 사고 후 50여 개에 이르는 원자로 가동을 중단했었다. 그러나 최근 국제사회의 원자력 부활 분위기를 타고 원자력 복귀를 노리고 있다. 수력발전에 주로 의존하던 브라질도 2021년 대가뭄으로 수력 발전량이 대폭 줄어들면서 발생한 에너지난을 체험한 후 네 번째 원전 건설을 공식화했다. 그 밖에 중동 국가들이나 인도네시아, 가나 등 원전 건설을 원하는 개발도상국들이 줄을 잇고 있다.

우리나라의 원자력 정책과 미래 대응

그럼 우리나라의 원자력 정책은 어떤가? 대통령 직속기구인 탄소중립 위원회는 2021년 8월에 '2050 탄소 중립 시나리오 초안'을 공개했다. 위원회에서는 미래에 우리나라 전체 전력 수요가 크게 늘어날 것으로 전망했다. 향후 산업·수송 분야에서 화석연료가 전기로 대체되는 데 따른 것이다. 위원회는 2050년 전체 전력 수요가 2018년보다 212.9% 늘어난 1,215테라와트시^{TWh}에 이를 것으로 전망했다. 이렇게 폭발적으로 늘어나는 전력 수요를 감당하기 위해 신재생에너지 발전을 대폭 늘린다는 것이 기본계획이다. 가장 급진적인 3안을 기준으로 보면 전력 부문의 재생에너지 비중이 70.8%까지 늘어난다. 2018년의 6.2%와 비교해 12배가량 높은 수치다. 우리나라는 태양광이나 풍력의 발전 효율이 낮은 나라에 속한다. 그럼에도 우리나라 전기 수요를 사실상 대부분 충당하겠다는 얘기다.

우리나라 전력 발전의 41.7%를 차지했던 석탄발전은 아예 중단하거나(2·3안), 1.5% 수준으로 그 비중이 크게 낮아진다. 그리고 탄소배출이 거의 없고 우리나라 전력시장의 4분의 1을 차지하는 원전 비중도 크게 낮아진다. 3안 기준으로 보면 원전 비중이 6.1%로 낮아지고 가장 온건한 1안으로도 7.2% 정도다. 정부는 이와 더불어 석탄발전을 중단하고(2안) 여기서 한 발 더 나아가 화석연료 발전도 모두 중단(3안)하는 방안도 검토하기로 했다. 중국이나 러시아에서 전력을 수입해오는 이른바 '동북아 그리드'의 비중도 최대 2.7%에 이른다. 동시에 아직 상용화도 안 된 수소 터빈 등 '무탄소 신新전원'의 비중도 최대 21.4%(3안)

까지 높게 책정했다. 그러다 보니 다시 원전으로 회귀하는 다른 나라들은 세계 최고 수준의 원전 기술을 보유한 한국이 왜 현재 25% 정도인 원전 비중을 2050년 6~7%까지 줄이는지 의아해한다. 에너지 전문가들은 탄소중립 시나리오가 정치적인 논리로 접근하다 보니 과학적으로 불합리한 결정이 이루어졌다고 말한다. 미래에 기술발전이 잘 될 것이라는 전제 하에 만드는 시나리오는 가정에 가정을 더하는 탁상공론밖에 안 된다.

우리나라의 택소노미에는 원자력이 들어 있지 않다. 우리나라 정부가 발표한 녹색분류 체계에는 태양광과 태양열 등 재생에너지 생산 활동과 관련 기반시설 구축 활동 등 69개 경제 활동을 포함했지만, 원전은 포함하지 않았다. 이것은 문재인 정부의 탈원전 기조 때문인 것으로 보인다. 정부는 '2030 국가 온실가스 감축 목표[NDC]'와 '2050 탄소중립 시나리오'에 원전을 늘리는 계획이 없는 점을 고려해 택소노미에서 원전을 뺐다고 밝혔다. 정부의 이런 정책은 2022년 들어와 뒤집혔다. 문재인 대통령은 2022년 2월 25일 '글로벌 에너지 공급망 현안 점검회의'를 주재하며 건설이 지연된 신한울 1·2호기와 신고리 5·6호기의 조속한 가동을 주문했다. 문 대통령은 이날 회의에서 "원전이 지속 운영되는 향후 60여 년 동안은 원전을 주력 기저 전원으로서 충분히 활용해야 한다"라고 밝혔다. 일각에서는 임기 종료를 앞두고 사실상 '탈원전 포기 선언'을 한 게 아니냐는 해석도 나왔다.

다행히 이번에 대통령으로 당선된 윤석열 당선인은 강력한 '원전 최강국 건설' 정책을 밝혔다. 그는 취임 직후 경북 울진군 신한울 3·4호기 건설 즉시 재개, 운영 중인 원전 유지 등 친[親]원자력 공약을 내세웠다. 대형 원전뿐 아니라 SMR에도 대대적인 투자를 해서 원전 강국으로 우리나라가 올라섰으면 좋겠다.

7

기후위기와 환경파괴를
막기 위한 행동이 필요하다

"오늘날 태어난 아이들은 2050년까지 탄소중립을 전 세계가 달성한다면 그들의 조부모들보다 평생 10배나 적은 탄소를 배출하게 될 것"이라고 국제에너지기구가 발표했다.[259] 탄소중립을 이루기 위해서는 기술 및 라이프스타일의 변화가 필요하다. 여기에 에너지원도 신재생에너지와 원전을 혼합하여 운용하되 2030년까지 세계 경제의 에너지 집약도를 매년 4%씩 개선해야 한다. 국제에너지기구는 이렇게 될 경우 한 사람의 출생 연도에 따른 평균수명 이산화탄소 발자국을 계산했다. 세계가 2050년까지 순 제로 배출에 도달하는 국제에너지기구 시나리오에서 1950년대에 태어난 평균적인 사람은 평생 350톤의 이산화탄소를 배출한다. 2020년대에 태어난 아기들은 순 제로 시나리오에서 각각 평균

---

259 Laura CozziOlivia et al, What would net zero by 2050 mean for the emissions footprints of younger people versus their parents?, IEA, Commentary, Feb 15, 2022.

34톤의 이산화탄소를 배출한다. 이렇게 획기적으로 이산화탄소 배출이
이루어져야만 인류의 생존이 담보되는 탄소중립이 가능해진다.

MZ세대의 외침

"현세대는 인류 역사상 처음으로 자연이 인류에게 주는 혜택을 체감하
면서 또한 자연이 얼마나 큰 재앙을 가져오는지를 눈으로 보고 느끼는

●●● MZ세대는 최근 전 세계를 휩쓸고 있는 극심한 기후재앙과 함께 코로나19를 겪으면서 이대로 인류가 생존할 방법은 없다고 느끼고 있다. 이들은 다양한 방법을 통해 어른들에게 기후위기를 저지하고 환경을 보호하라고 외치고, 또 많은 사람들이 이에 동참하도록 캠페인을 벌인다. 〈출처: WIKIMEDIA COMMONS | CC BY—SA 4.0〉

세대다. 그리고 극심한 자연재난을 멈추기 위한 노력을 하지 않으면 안된다고 믿는 세대다. 따라서 현세대만이 기후위기와 환경파괴로부터 지구를 되돌릴 수 있는 마지막 세대가 될지도 모른다. 이 세대에서 해결하지 못하면 인류는 멸종될 것이기 때문이다."

필자가 한 언론에 기고했던 글 중에 나오는 말이다. 여기에서 현세대는 MZ세대를 의미한다. 어려서부터 환경에 대한 관심을 가지고 자란 M세대와 함께 세상에 문제를 해결하라고 외치는 세대가 Z세대다. 이들은 최근 전 세계를 휩쓸고 있는 극심한 기후재앙과 함께 코로나19를 겪으면서 이대로 인류가 생존할 방법은 없다고 느끼고 있다. 이들은 다양한 방법을 통해 어른들에게 기후위기를 저지하고 환경을 보호하라고 외치고, 또 많은 사람들이 이에 동참하도록 캠페인을 벌인다. 이젠 누가 바꾸어야 할까? 바로 이 세대들이다. 엄청난 온실가스를 배출하면서 자기들의 행복만 추구하는 기성세대에게 더 이상의 희망은 없다. 그래서 필자는 최근 한국 정치판에 MZ세대의 목소리가 커지는 것이 너무나 좋다. 이들만이 우리의 희망이기 때문이다.

전 세계 청소년들이 기후위기에 대해 말하게 만든 어린 소녀가 스웨덴의 청소년 환경운동가 그레타 툰베리Greta Thunberg다. 그레타 툰베리는 전 세계적인 기후위기 앞에서 대응도 안 하고 긴장감도 없는 정부와 기성세대를 비판하면서 2018년부터 매주 금요일 등교를 거부하고 "기후를 위한 학교 파업"이라는 피켓을 들고 시위를 벌였다. 툰베리의 시위는 전 세계 청소년들에게 영감을 주었고 2019년 3월 15일 90여 개 나라에서 청소년 수천 명이 '미래를 위한 금요일Fridays for Future' 캠페인에 동참하며 공동시위에 나섰다. 현재 미래를 위한 금요일에는 미국, 인도, 러시아, 우간다, 한국 등 106개 나라 청소년 기후활동가들이 연대하고 있다.

툰베리의 영향으로 세계에는 Z세대의 운동가들이 많이 나왔다. 2021년 4월 세계 40개국 정상들이 개최한 기후정상회의에서 이들 세대는 어른들이 만들어낸 기후위기에 강력하게 항의했다. 멕시코 출신 환경운동가인 시예 바스티다Xiye Bastida(18)는 기후정상회의에 등장해 지구온난화 해결책은 "기후정의가 사회정의라는 사실과 일치해야 한다는 것"이라며 "전 세계가 신재생에너지로 즉각 전환하고… 화석연료 보조금 지급 및 기반시설 구축을 중단해야 한다"라고 말했다. 아울러 기후위기의 원인을 제공한 부국들이 식량·물 부족, 가혹한 날씨 등으로 고향에서 밀려난 '기후이민자'를 인정해야 한다고 촉구했다.[260] 그레타 툰베리는 이날 미 하원 환경소위원회가 '기후변화 대응과 화석연료 보조금의 역할'을 주제로 개최한 청문회에 화상으로 참석했다. 툰베리는 의원들을 향해 "당신들과 같이 권력을 가진 사람들이 얼마나 오랫동안 (온실가스 배출 책임을) 모면할 수 있다고 믿는 것인가"라며 경고했다.

툰베리는 2021년 10월에 이탈리아 밀라노에서 열린 청소년기후정상회의에 참석해 "정상들은 훌륭한 말들을 하지만, 지금까지 어떤 행동이나 희망, 꿈을 끌어내지 못하고 공허한 말과 약속만 남겼다"라고 비판했다. 툰베리와 기후행동가들은 탄소배출을 줄이지 않는 한 지구에 미래는 없다며 앞 세대가 행동에 나서 달라고 요구하고 있다.

기후위기를 막기 위해 2021년 11월에 소집된 제26차 유엔기후변화협약 당사국총회에서 각국이 합의에 이르지 못하자, 툰베리는 "2주 기간의 늘 하는 사업상 기념행사이고 '어쩌고저쩌고 헛소리blah blah blah'다. 기후 컨퍼런스가 아니고 세계적인 그린워싱greenwashing(친환경 이미지로 위장하는 것) 축제일 뿐이다"라고 강하게 세계 정상들을 비판했다. 이때 해수면 상승으로 위협받는 태평양 섬나라 사모아에서 온 23세 활동가 브리애너 프루언Brianna Fruean은 "나라를 잃을까 봐 무섭다"라고 말했으며, 우간다에서 온 환경운동가는 기후정의를 요구하며 "우리는 온실가스를 조금 배출하는데 크게 피해를 본다"라고 말했다. 엄마와 함께 온 9세 자라는 "나무를 더 많이 심으면 좋겠어요. 각자 변화를 만들 수 있다고 생각해요"라고 말했다.

우리나라 '청소년기후행동'의 활동도 매우 적극적이다. 2021년 4월 유엔의 기후정상회의에서 발표한 문재인 대통령의 말에 대해 청소년기

---

260 http://www.hani.co.kr/arti/international/international_general/992399.html

후행동은 청와대 앞에서 기자회견을 열었다. 이들은 "문 대통령의 기후 정상회의 발언에 실질적인 대책은 안 담겼다. 우리 정부는 너무나 부끄럽게도 거짓 가득한 말들로 기후위기 대응을 위해 마치 대단한 노력이나 하고 있는 것처럼 입장을 발표했다. 한국 정부가 기후 대응을 위해 어떤 의지도 없다는 것을 국제사회에 떳떳하게 말하는 모습을 보며 당황스럽고 부끄러웠다"라고 말했다. 필자는 한 소녀의 행동이 전 세계의 젊은 청소년들을 변화시키고 있고, 그 윗세대인 M세대를 움직이고 있다고 믿는다. 이런 MZ세대가 늘어날수록 지구의 미래는 더 밝아질 것이다.

슈퍼 인플루언서들도 동참하고 있다

필자가 가장 좋아하는 배우가 레오나르도 디카프리오^{Leonardo DiCaprio}다. 그는 2015년 개봉한 영화 〈레버넌트^{The Revenant}: 죽음에서 돌아온 자〉로 아카데미 남우주연상을 받았다. 이때 디카프리오 입에서는 뜻밖의 수상 소감이 나왔다. 그는 "〈레버넌트〉는 인간과 자연의 관계를 그린 작품"이라고 운을 뗀 뒤 환경오염과 기후위기에 대해 이야기했다. "우리가 지구에 산다는 사실을 당연하게 여기지 맙시다. 저 또한 오늘 밤 이 영광을 당연하게 여기지 않겠습니다"라는 말로 1분여의 수상 소감을 끝맺었다. 소망했던 꿈을 이룬 배우가 아닌, 행동하는 환경주의자로서 목소리를 낸 것이다.

디카프리오는 인스타그램 프로필에서 자신을 '배우 겸 환경주의자'로 소개한다. 그의 인스타그램은 스웨덴의 10대 환경운동가 그레타 툰베리, 바다를 떠다니는 비닐봉지와 미세플라스틱으로 생명의 위협을 받는 열대어와 바다거북이, 멸종위기에 놓인 히롤라(영양의 일종) 등 환경 관런 게시물로 도배되어 있다. 팔로워 수는 4,200만 명 이상이고, 매번 수십만 명의 팔로워가 그의 게시물에 '좋아요'를 누른다.[261] 그는 1998년 영화 〈타이타닉Titanic〉 촬영 후 자신의 이름을 딴 재단을 설립해 환경운동 지원금으로 1,000억 원이 넘는 돈을 썼다. 이들의 영향력은 우리가 말하는 이상으로 크다.

두 번째로 좋아하는 배우가 안젤리나 졸리Angelina Jolie다. 하얀색 드레스를 입고 검은 배경에 서 있는 할리우드 스타 안젤리나 졸리. 드레스와 배경 모두 어색하지 않다. 하지만 졸리의 몸에는 줄잡아 수십 마리의 벌이 붙어 있다. 졸리는 별다른 동요 없이 카메라를 응시한다. 어떻게 된 영문일까.《내셔널 지오그래픽》은 졸리와 함께한 '벌 프로젝트' 영상을 공개했다. 이번 프로젝트는 유엔이 제정한 '세계 벌의 날'을 맞아 진행한 것이다. 생물 다양성을 유지하는 데 꼭 필요한 곤충인 벌을 보호하자는 취지다. 촬영장에서 벌을 유인하기 위해 졸리는 온몸에 페로몬을 발랐다. 촬영 사흘 전부터는 샤워도 하지 않았다고 한다.[262]

할리우드에는 이들 둘에 못지않은 환경운동가들이 많다. 영화 〈파이트 클럽Fight Club〉과 〈버드맨Birdman〉의 주인공 에드워드 노튼Edward Norton과 〈어벤져스Avengers〉 시리즈의 헐크로 유명한 마크 러팔로Mark Ruffalo 등이 대표적이다.

한국이 낳은 세계적인 축구선수인 손흥민도 기후위기에 많은 관심을 가지고 있다. 그는 2021년 12월 코로나 양성으로 격리되었을 때도 세계식량계획 한국사무소 관계자들과 화상회의를 가졌다. 그는 이 자리에서 청소년들과 함께 세계 식량 문제에 대해 논의했다고 한다. 세계식량

---

261 http://economychosun.com/client/news/view.php?boardName=C00&t_num=13608768

262 https://n.news.naver.com/article/023/0003615434?lfrom=kakao

계획은 기후위기로 극심해지는 세계의 기아 문제를 퇴치하고 분쟁 지역에 긴급 구호 식량을 지원하는 유엔 산하 기구다. 손흥민이 세계식량계획 활동에 참여한 건 이번이 처음은 아니다. 2021년 6월엔 세계식량계획의 유튜브용 공익 캠페인 영상에 목소리를 기부하기도 했다.

한국이 자랑스러워해도 되는 기후환경 연예인이 블랙핑크다. 블랙핑크는 2021년 9월 23일 유튜브 오리지널에서 진행된 구글 '디어 어스Dear Earth' 행사에 참여했다. 기후위기를 주제로 기획된 캠페인으로, 프란치스코 교황, 버락 오바마Barack Obama 전 미국 대통령, 순다르 피차이Sundar Picha 구글 알파벳 CEO 등 세계적인 리더들이 메시지를 내는 자리였다. K팝 뮤지션으로는 유일하게 이름을 올린 블랙핑크는 전 세계 팬들에게 기후위기 인식 개선을 목표로 하는 의미 있는 메시지를 전했다. 블랙핑크는 지난 2016년 8월 데뷔 이래 수많은 히트곡을 배출하며 글로벌 톱 걸그룹으로 자리매김했으며, 유튜브 채널 구독자 수는 현재 7,370만 명으로 전 세계 아티스트 중 1위다. 블랙핑크는 제26차 유엔기후변화 당사국총회와 지속가능개발목표SDGs 외 각종 공익 캠페인 홍보대사, 산불 피해 복구를 위한 기부 등 다양한 사회공헌활동에 앞장서는 아름다운 연예인이다.

유엔기후정상회의에 참석해 연설을 한 BTS도 자랑스러운 한국 연예인이다. BTS는 유엔 연설에서 청년 세대를 향해 로스트 제너레이션Lost Generation이 아니라 웰컴 제너레이션Welcome generation이라 표현했다. 변화에 겁먹지 않고 '웰컴'이라고 말하면서 앞으로 걸어가는 세대라는 의미라고 한다. 그러기 위해 기후위기를 넘어 미래 세대가 환영받을 수 있도록 사회 변화를 위한 실천을 지금부터 당장 시작하자고 말했다. 이외에 가수 이효리가 텃밭에 채소를 키우고, 안 쓰는 커튼으로 쿠션을 만들고, 일회용 생리대 대신 면 생리대를 사용하는 등 친환경적인 삶의 모습을 보여주면서 환경전도사의 역할을 잘 수행하고 있다. 배우 류준열은 '플라스틱 제로' 캠페인의 아이콘이라고 할 만큼 환경에 대한 관심이 많다. 이런 영향력 있는 인플루언서들이 더 많이 기후위기 저지 캠페인에 참여했으면 좋겠다.

경영계와 정치계도 바뀌고 있다

최근 세계 경제의 최대 화두가 ESG 경영이다. 기업을 경영하는 데 있어 환경을 고려해야 하고 사회적으로 책임을 져야 하며 과거의 지배구조를 개선해야만 미래 기업환경에서 지속가능한 발전을 할 수 있다는 것이다. 영어 ESG는 'Environment', 'Social', 'Governance'의 머리글자를 딴 단어로, 이제는 ESG가 개별 기업을 넘어 자본시장과 한 국가의 성패를 가를 키워드로 부상하고 있다.

자원 절약과 재활용을 통해 지속가능성을 추구하는 친환경 경제 모델을 순환경제라고 하며 이는 ESG 경영에 속한다. "환경보호를 위하여 우리의 새 옷을 사지 마세요!"라는 광고를 한 회사가 있다. 세계적인 의류회사인 파타고니아 Patagonia로, 이들은 옷을 만드는 과정에서 발생되는 탄소로 인한 환경피해가 크기 때문에 이 같은 선전을 한다. 이들의 핵심 가치 중 하나는 최고의 제품을 만드는 것인데, 몇 세대에 걸쳐 입을 수 있는 제품을 만드는 것, 재활용이 가능한 소재로 제품을 만드는 것이 기후변화와 환경피해를 최소화하는 직접적인 방법이라는 것이다. 그래서 이들은 내구성이 좋고 수선이 가능한 튼튼한 옷을 생산하기 위해 노력한다. 파타고니아는 생산하는 옷의 70%가 재생 소재로 만들어져, 배출하는 이산화탄소량을 10~15% 줄일 수 있다. 또 수선이 가능한 옷은 모두 수선해주는 수선 서비스를 통해 옷을 더 오래 입을 수 있도록 장려

한다. 그리고 일반 의류기업의 재고율은 50%인 반면, 파타고니아의 재고율은 30%로 재고를 최소화하기 위해 수요보다 더 많이 생산하지 않는다. '자원채취 - 대량생산 폐기'가 중심축인 다량의 탄소를 배출하는 경제에서 탄소저감과 환경보호를 앞세운 순환경제의 좋은 모델을 추구하는 기업이다.

순환경제는 다양한 분야가 있는데 이 중에서 국제사회에서 주목하는 분야가 플라스틱이다. 플라스틱은 사용하기 쉬운 물질이지만 처리가 이루어지지 않으면 환경오염이 심각한 물질이다. 그래서 최근에 많은 기업들이 폐플라스틱을 이용한 품질 좋은 제품을 내놓고 있는데, 세계적 스포츠 브랜드인 아디다스^Adidas^사가 재활용 플라스틱으로 신발을 만들고 있다. 이들은 2018년에 폐플라스틱으로 500만 족의 신발을 생산했는데, 2019년에는 2배가 넘는 1,100만 족을 생산했고 지속적으로 늘려 나갈 계획이라고 한다. 아디다스사와 해양환경보호단체인 팔리포더오션^Parley for the Oceans^이 협력해서 해변에서 채취한 플라스틱을 재활용하고 있다. 채취한 플라스틱은 실로 만들어 아디다스사 신발의 갑피로 사용한다. 이들은 신발뿐 아니라 의류도 생산하는데, 독일의 FC바이에른 뮌헨의 챔피언스리그 유니폼, 세계적인 테니스 선수인 알렉산더 즈베레프^Alexander Zverev^ 선수가 착용했던 경기복도 재활용 플라스틱 소재로 만들었다. 아디다스사는 폐플라스틱 재활용을 통해 기후변화 방지, 환경오염 방지는 물론 뛰어난 신발과 의류 생산을 통한 기업 이미지 제고 등 엄청난 이익을 얻고 있다고 한다.

폐플라스틱을 활용해 신발 부품을 만드는 또 다른 회사도 있다. 버락 오바마 전 미국 대통령, 구글 창업자인 래리 페이지^Larry Page^, 유명한 배우인 레오나르도 디카프리오의 공통점은 무엇일까? 2019년 12월호《인터비즈^InterBiz^》에 실린 기사에 따르면, 이들 세 사람이 미국의 신발 브랜드 '올버즈Allbirds'의 광팬이라는 것이다. 올버즈는 양털, 나무 등 천연 소재로 신발을 만드는 스타트업이다. 창업 후 매출액도 급성장해서 출시 1년 만인 2017년에 약 900억 원의 매출을 올렸는데, 2018년에는 그 2배인 약 1,800억 원을 기록했다. 이들이 만든 신발 안감과 겉감은 양모로, 밑창은 사탕수수에서 추출한 당밀로, 운동화 끈은 재활용 플라스틱 병을 녹여 만들었다. 그야말로 혁신적인 신발이었는데, 가격도 나이키 고급제품보다는 훨씬 싼 95달러로 통일했다. 제조 공정에서는 다른 업체에 비해 적은 에너지와 물을 사용하고 있으며 사용한 물은 여러 번 재활용하는 철저한 친환경 저탄소 기업이다. 이들은 친환경 저탄소 기업 이미지로 2018년에 매출액의 10배 정도인 약 1조 7,000억 원의 기업가치를 인정받아 유니콘 대열에 합류했다. 필자도 올버즈 신발을 신고 있다. 아디다스나 올버즈의 경우 최근 부상하고 있는 ESG 경영의 한 형태라고 볼 수 있다.

세계적으로 연예인이나 정치인 못지않게 많은 팬덤을 자랑하는 기업인들이 있다. 이들의 공통점은 기후위기 대응과 환경보호에 관심을 갖고 있다는 것이다. 오래전부터 기후위기에 큰 관심을 가져온 사람이 빌 게이츠다. 그는 태풍을 약화시키는 연구에 투자하기 시작했고 빌 & 멀린다 게이츠 재단Bill & Melinda Gates foundation을 통해 기후위기에 취약한 가난한 나라 사람들을 돕기 위한 기부에도 열심이다. 또 최근에는 기후위기를 극복하기 위한 가장 좋은 방법이 소형 원전이라고 믿고 테라파워라는 원전기업을 설립해 차세대 원자로인 SMR 개발에 주력하고 있다.

최근 세계에서 가장 유명한 기업인이 테슬라Tesla 경영자인 일론 머스크Elon Musk다. 그는 2021년 1월에 새로운 탄소 포집 기술 개발에 1,200억 원을 투자하겠다고 약속했다. 기후위기를 극복하기 위해서는 가성비

●●● 사진 1: 오래전부터 기후위기에 큰 관심을 가져온 빌 게이츠는 태풍을 약화시키는 연구에 투자하기 시작했고, 빌 & 멀린다 게이츠 재단을 통해 기후위기에 취약한 가난한 나라 사람들을 돕기 위해 기부하고 있으며, 최근에는 기후위기를 극복하기 위한 가장 좋은 방법이 소형 원전이라고 믿고 테라파워라는 원전기업을 설립해 차세대 원자로인 SMR 개발에 주력하고 있다. 〈출처: WIKIMEDIA COMMONS | CC BY-SA 3.0〉

사진 2: 최근 세계에서 가장 유명한 기업인이 테슬라 경영자인 일론 머스크는 2021년 1월에 새로운 탄소 포집 기술 개발에 1,200억 원을 투자하겠다고 약속했다. 〈출처: WIKIMEDIA COMMONS | CC BY-SA 4.0〉

있는 탄소 포집 기술이 필요하기 때문에 "가장 유망한 기술력을 선보인 사람에게 1,200억 원을 기부하겠다"고 밝히기도 했다.

　세계 최고의 부자라고 알려진 아마존의 경영자 제프 베이조스Jeff Bezos 회장도 2021년 2월에 1조 2,000억 원 규모의 '베조스 어스 펀드Bezos Earth Fund'를 설립했다. 이 돈은 과학자, 활동가, NGO 등을 지원하는 자금으로 사용되고 있다. 베이조스는 2021년 9월에도 추가로 1조 2,000억 원을 투자해 지구 땅과 바다 면적의 30%를 보존하는 데 사용하겠다고 발표했다. 주요 지역은 아프리카 콩고 분지, 열대 안데스와 열대 태평양 등에 중점을 둘 예정이라고 한다. 그는 2030년까지 총액 12조 원

●●● 사진 3: 아마존의 경영자 제프 베이조스 회장은 2021년 2월에 1조 2,000억 원 규모의 '베조스 어스 펀드'를 설립하여 과학자, 활동가, NGO 등을 지원하고 있고, 2021년 9월에도 추가로 1조 2,000억 원을 투자해 지구 땅과 바다 면적의 30%를 보존하는 데 사용하겠다고 발표했다. 〈출처: WIKIMEDIA COMMONS | CC BY—SA 2.0〉

사진 4: 애플 창업자로 작고한 스티브 잡스의 아내 로렐 파월 잡스는 향후 10년간 기후위기 대응에 4조 1,300억 원을 투자하기로 했다. 그녀는 지금까지도 꾸준히 기후위기에 영향을 많이 받는 소외된 지역을 돕는 활동을 해왔다. 〈출처: WIKIMEDIA COMMONS | CC BY—SA 4.0〉

을 계속 더 투자하겠다고 약속했다.

　애플 창업자로 작고한 스티브 잡스의 아내 로렐 파월 잡스^{Laurene Powell}^{Jobs}는 향후 10년간 기후위기 대응에 4조 1,300억 원을 투자하기로 했다. 그녀는 지금까지도 꾸준히 기후위기에 영향을 많이 받는 소외된 지역을 돕는 활동을 해왔다. 우리나라 기업인들도 시대적 흐름인 기후위기에 더 많은 관심을 가졌으면 좋겠다.

　기후운동은 바위에 계란 던지기일까? 아니다. 우리나라같이 반응이 적은 나라도 있지만 선진국을 중심으로 인식이 크게 바뀌고 있다. 좋은 예로 기후위기 운동이 화석연료 시대의 상징과도 같은 글로벌 석유 메이저사들을 상대로 잇따라 승리를 거뒀다.[263] 세계에서 가장 많은 온실가스를 배출하는 기업들이 석유기업들이다. 그런데 세계 최대 정유기업 중 하나인 엑손모빌ExxonMobil은 석유·가스 사업 비중 축소를 요구하는 후보들에게 이사회 의석 중 2석을 내주었다. 셰브론Chevron 주주들도 탄소배출량 감축을 위해 노력하라는 결의안을 채택했다. 로열더치셸Royal Dutch-Shell은 법원으로부터 온실가스를 더 큰 폭으로 감축하라는 판결을 받았다. 같은 날 동시에 일어난 이 사태를 두고 사람들은 "석유 거인들의 역사적 패배를 상징한다"라고 말한다. 세계적인 석유기업들이 미국의 소형 행동주의 펀드인 '엔진 넘버원Engine No.1'이 추천한 이사를 받아들일 수밖에 없었던 것이다. 그리고 국제환경단체인 그린피스Greenpeace와 '지구의 벗' 등이 다국적 석유기업인 로열더치셸에 소송을 제기했다. 이에 네덜란드 헤이그 지방법원은 2030년까지 탄소배출을 2019년 대비 45%로 줄이라는 판결을 내렸다. 국제환경단체는 네덜란드 시민 1만 7,000명을 대표해 로열더치셸의 화석연료 투자 확대가 인권을 침해한다고 소송을 냈었다.

정치권에서도 기후위기와 환경보전을 당론으로 내세우는 녹색당이 세력을 키워가고 있다. 녹색당은 1960년대에 자연과 삶의 조화라는 이상 사회를 꿈꾸는 '신좌파' 사회운동과 학생운동이 모태가 되어 탄생했다. 이후 각국 정치권의 문을 두드리기 시작했다. 그리고 1990년대부터는 유럽 전역에 걸쳐 전국 및 지방 단위 선거에 본격적으로 뛰어들어 입지를 굳혀나갔다. 녹색당이 가장 강력한 힘을 행사하는 곳은 유럽이다. 녹색당은 2000년대 들어 오스트리아, 벨기에, 핀란드, 아일랜드, 룩셈부르크, 스웨덴, 프랑스, 이탈리아에서 정당 연합의 형태로 집권당

---

263 http://news.khan.co.kr/kh_news/khan_art_view.html?artid=202105271704001

에 참여했다. 유럽 중에서도 녹색당의 세력이 가장 강한 곳이 독일이다. 독일의 녹색당은 1998년부터 2005년까지 연정에 참여하기도 했다. 2017년 독일 총선에서 독일 녹색당은 709석 중 67석을 얻어 의석을 조금씩 늘려가고 있다. 2018년에는 최대 24%까지 지지율을 받는 정당이기도 하다. 라트비아에서는 지난 2004년 녹색당 출신 총리가 처음으로 나왔다. 2022년 독일 총선에서는 총리를 노릴 만큼 세력이 커졌다. 뉴질랜드에서는 녹색당이 2017년에 처음으로 집권 여당의 일부로 참여했다. 남미의 멕시코에서는 녹색당이 지난 10년 사이에 500명의 하원의원 중 47명, 128명의 상원의원 중 9명을 배출했다. 콜롬비아 상·하원에는 9명의 녹색당 의원들이 있고 보고타 시장도 녹색당 출신이다.

그러나 미국, 아시아, 아프리카, 중동 지역에서는 녹색당의 활약이 상대적으로 매우 약하다. 2022년 우리나라의 대선 결과를 보면 우리나라의 기후나 환경을 대변하는 정당의 미래는 암담하다. 새 정부에서는 미래 우리 아이들을 위한 특단의 기후위기 저지와 환경보호에 최선을 다해주기를 바란다.

초판 1쇄 인쇄 | 2022년 9월 1일
초판 1쇄 발행 | 2022년 9월 8일

지은이 | 반기성
펴낸이 | 김세영

펴낸곳 | 프리스마
주소 | 04029 서울시 마포구 잔다리로 71 아내뜨빌딩 502호
전화 | 02-3143-3366
팩스 | 02-3143-3360
블로그 | http://blog.naver.com/planetmedia7
이메일 | webmaster@planetmedia.co.kr
출판등록 | 2005년 10월 4일 제313-2005-00209호

ISBN | 979-11-86053-19-5 03300